Análise estrutural de romances brasileiros

Affonso Romano de Sant'Anna

Professor da Universidade Federal do Rio de Janeiro
e da Pontifícia Universidade Católica-RJ

Análise estrutural de romances brasileiros

editora
unesp

Fundação Editora da Unesp (FEU)
Praça da Sé, 108
01001-900 – São Paulo – SP
Tel.: (0xx11) 3242-7171
Fax: (0xx11) 3242-7172
www.editoraunesp.com.br
www.livrariaunesp.com.br
feu@editora.unesp.br

CIP – Brasil. Catalogação na fonte
Sindicato Nacional dos Editores de Livros, RJ

S223a

Sant'Anna, Affonso Romano de, 1937-
Análise estrutural de romance brasileiros / Affonso Romano de Sant'Anna. – 1. ed. – São Paulo: Ed. Unesp, 2012.
304p. : il.

Inclui apêndice e bibliografia
ISBN 978-85-393-0258-1

1. Romance brasileiro. 2. Literatura – História e crítica. I. Título.
12-4659. CDD: 869.98
CDU: 821.134.3(81)-8

Editora afiliada:

Asociación de Editoriales Universitarias de América Latina y el Caribe

Associação Brasileira de Editoras Universitárias

Para os alunos da primeira turma de pós-graduação em Letras da PUC-RJ que comigo fizeram esses primeiros exercícios, entre 1970-1973

Sumário

APRESENTAÇÃO

Há várias novidades nesta nova edição que a Editora da Unesp faz deste *Análise estrutural de romances brasileiros*. A primeira é um ensaio do professor Antonio Candido: "A passagem do dois ao três: contribuição para o estudo das mediações na análise literária". Ele escreveu seu estudo a partir da análise de *O cortiço*, de Aluísio Azevedo, que está neste volume. A outra novidade é a resposta que dei ao ensaio dele: "Curtição: o cortiço do mestre Candido e o meu".

Esses textos, agora reagrupados, permitem aos alunos e professores não só acompanhar e participar do debate ocorrido na década de 1970, abordando os diferentes métodos de análise literária, mas possibilita também um entendimento mais amplo das questões que envolveram o verdadeiro *tsunami* que foi o Estruturalismo nos idos dos anos 1960.

Como o professor Candido me dizia por carta naquela época: "Acho que demos um bom exemplo de como se debate de maneira civilizada e construtiva, visando aos problemas, não às pessoas; visando a esclarecer, não a aproveitar o ensejo para exibição pessoal. No Brasil isso é útil, porque costuma reinar o contrário...".

Este livro, que já teve dez edições, foi publicado primeiramente em 1973 – e escrevo este novo texto de apresentação em 2012. As análises que fiz foram escritas entre 1971 e 1972, portanto, há mais de 40 anos. Eu havia obtido o título de Doutor em Literatura Brasileira (1969-UFMG) e fui chamado para coordenar a pós-graduação de Literatura Brasileira da PUC-RJ. Meus colegas de coordenação nas outras áreas eram Evanildo Bechara (Língua Portuguesa/Linguística) e Cleonice Berardinelli (Literatura Portuguesa) – hoje, ambos, na Academia Brasileira de Letras. Em pouco tempo a PUC-RJ transformou-se num polo de discussão sobre as formidáveis transformações que estavam ocorrendo nas Ciências Humanas. Isso explica porque Michel Foucault esteve no nosso departamento dando um memorável curso sobre "A verdade e as formas jurídicas". Hoje nossos ex-alunos ocupam postos relevantes em várias áreas do ensino, da pesquisa e da vida literária.

O referido texto do professor Candido foi apresentado na PUC-RJ em 1975, num dos muitos encontros nacionais que fizemos, enfrentando a repressão da ditadura e tentando repensar a cultura brasileira. Originalmente foi publicado nos *Cadernos da PUC – Prática de interpretação textual* (1976). Aquela foi a época em que a PUC-RJ, pioneiramente, abriu espaço para o estudo da Música Popular Brasileira e da literatura infantojuvenil e propôs a revisão da poesia brasileira ao reunir 600 poetas de todas as tendências por meio da "Expoesia" – momento em que a "poesia marginal" foi acolhida pela universidade.

A persistência deste livro na bibliografia dos estudiosos de literatura brasileira nessas quatro décadas talvez se deva também ao fato de que não se trata de uma obra de ingênua adesão "estruturalista", mas uma reflexão "estrutural" que questiona alguns exageros do próprio pensamento "estruturalista". A leitura interdisciplinar, a criação de modelos operacionais extraídos das próprias obras fazem parte de um projeto de leitura do Brasil e do nosso tempo, desenvolvido em ensaios que publiquei, seja "Drummond, o *gauche* no tempo", "Barroco do quadrado à elipse" ou o recente "O enigma vazio".

Finalmente, é preciso dizer que a autêntica análise estrutural ultrapassa os modismos e tem muito a nos ensinar em termos de compreensão sistêmica do real.

Affonso Romano de Sant'Anna
Junho/2012

INTRODUÇÃO À PRIMEIRA EDIÇÃO

Pensei antes em fazer uma introdução teórica onde meteria as mãos (ou os pés?) nessa interminável e, talvez, ociosa discussão sobre o Estruturalismo e seus métodos. Mas por força de temperamento e de tanto ter lido Machado de Assis me poupo.

Se essa simples introdução tivesse alguma intenção polêmica, começaríamos por desenvolver aquela platitude: sobre qual estruturalismo estamos falando? E por aí se poria uma dissertação sobre os diversos estruturalismos (genético, ontológico, de modelos etc.), suas tendências, êxitos, falácias, contradições e até suas virtudes. É possível que ainda haja alguém interessado nessas demonstrações. Quanto a mim, prefiro as discussões mantidas dentro das classes, onde o que se estabelece é o diálogo esvaziado dos trejeitos retóricos e onde o objetivo é produzir não apenas a prática, mas a repensagem dos textos literários (brasileiros). Por isso, lembrando Jorge Luis Borges, que disse: "que outros se jactem das páginas que escreveram, a mim me orgulham as que tenho lido", eu diria parafraseando: que outros se orgulhem das discussões que mantiveram, que eu me orgulho daquelas de que me abstive. Mesmo porque a análise estrutural de qualquer discussão nos levaria a ver que a polêmica se afasta de ser um comentário do assunto *x* ou *y* e passa a ser sempre uma polêmica sobre a polêmica numa espécie de metalinguagem que para alguns pode ter o efeito de afrodisíaco, mas para mim traz um tédio salomônico.

Isso posto, consideremos: quando em 1970 iniciei os cursos de pós-graduação em Literatura Brasileira na PUC, Rio de Janeiro, foi impossível localizar material que exemplificasse a aplicação do método estruturalista em narrativas brasileiras. Tudo eram discussões teóricas rebarbativas em revistas de divulgação. Denunciava-se, assim, uma lacuna que os alunos e os professores descobriram ser estranha e que precisava ser superada de alguma forma para o desenvolvimento dos estudos dos textos propostos em classe. Hoje [1973], felizmente, já existem algumas revistas universitárias que divulgam tal método de trabalho, entre as quais incluímos os *Cadernos da PUC* com três números dedicados à análise de textos portugueses e brasileiros.

Uma solução talvez tivesse sido o transplante de métodos aplicados por Greimas, Bremond, Jakobson, Todorov, Poitier, Barthes, Kristeva, Lacan, Lévi-Strauss etc. Mas o transplante puro e simples de ideias, além de não ser o meu forte, não era a atividade mais apropriada à prática pedagógica, principalmente nos cursos de pós-graduação. O conhecimento da situação da crítica literária no Brasil e dos métodos de ensino me convenceram que não se poderia discutir o Estruturalismo do lado de fora. A prática do ensino e da crítica apontaram alguns vazios que o professor deveria tentar pensar. Pensar esse vazio passou a ser a tarefa mínima para quem não mais se satisfazia com o pleno que eram os métodos até então vigentes de compreensão do texto. De repente, aluno e professor começaram a *ler* os textos mais comuns da literatura brasileira pela primeira vez. Não se tratava de conferir a leitura com outras leituras preexistentes. Tratava-se, inclusive, de criar os próprios parâmetros da leitura.

O trabalho, portanto, se desdobrou em dois níveis. Retomamos obras como: *O guarani*, *Senhora*, *O cortiço*, *O Ateneu*, *A Moreninha*, *Quincas Borba*, *Dom Casmurro*, *Memórias póstumas de Brás Cubas*, *O alienista*, *Esaú e Jacó*, *Memórias sen-*

timentais de João Miramar, *O Quinze*, *Terras do sem-fim*, *Usina*, *Tutameia*, *A maçã no escuro*, *Laços de família*, *Legião estrangeira*. Sobre elas experimentamos o mais variado instrumental de análise estrutural. À medida que o trabalho ia avançando em seminários, as teorias iam se agrupando, se reagenciando. Para organizar melhor essas ideias elaboramos duas apostilas que vão reproduzidas neste volume – "A narrativa de estrutura simples e a narrativa de estrutura complexa" e "Elementos para uma teoria do romance (no Brasil)". Na verdade, elas encaminharam dois tipos de cursos diferentes e complementares: no primeiro a tentativa de prática da análise estrutural ensaiada em diversos romances brasileiros; no segundo o esforço por desentranhar uma "teoria" que reaglutinasse as narrativas a partir de outras variáveis que não as usuais-consagradas. O ideal seria não apenas reproduzir esses textos teóricos, mas as análises de todos aqueles romances, e mais ainda: as análises feitas pelos alunos. Os estudantes não só desenvolveram as ideias propostas como corrigiram e confirmaram a viabilidade do instrumental apresentado. Há muitos pontos onde se torna até impossível dizer quem pensou o que e quando. É um trabalho conjunto, ainda que pobre e pequeno. Acredito que possa ter algum interesse para os milhares de estudantes de literatura do país.

Quanto às análises propriamente, parece-me que a estipulação daqueles três níveis: *narração*, *personagens*, língua(gem) ajuda a operacionalizar o estudo. Na verdade, torna-se difícil separar um nível do outro, a não ser para efeito analítico, como modo de penetrar com mais método no texto. Pode-se dar que, depois de extraídos os *modelos* do texto, se apague essa cicatriz da abertura operacional.

A prática da análise talvez leve o leitor a sentir melhor a diferença entre aqueles três níveis. Apenas a título de introdução pode-se dizer que o chamado texto literário apresenta três características evidentes: em primeiro lugar é uma sucessão de fatos, imagens ou eventos numa sequência que pressupõe ordenação (narração); em segundo lugar, é comum nesses textos o encaminhamento das sequências por meio de caracteres ou tipos a que a tradição chama de personagens; finalmente, a sequenciação e o cruzamento dos tipos só se efetivam por intermédio de um elemento concreto, que é uma língua específica. Todo esse estudo, numa análise, reverte num fenômeno não só de língua, mas de linguagem, e o texto literário se revela um complexo de símbolos semiologicamente configuráveis.

Pode-se dizer então que a *narração* não se confunde com a narrativa. Narrativa é o nome geral e genérico dado aos textos que apresentam uma história ou uma sequência de eventos. A narrativa é o *récit* dos franceses. A narração é o modo como a narrativa se monta, é o discurso em sua articulação. A leitura da narração é mais paradigmática (ou verticalizante) do que sintagmática e superficial. Aí se localizam as articulações menos visíveis da história. Estabelece-se a relação entre os *suportes* tradicionais da narrativa, que são o *Mito* e a *História* (ver *A Moreninha* e *Esaú e Jacó*). Localizados os arquétipos que sustentam os grandes núcleos do texto pode-se partir para desvendar a ordem não aparente dos capítulos. Na narração se estudam os diversos códigos de que a narrativa se utiliza para se inscrever (*O guarani*). Aí se pode localizar a proximidade ou o distanciamento do texto em relação a uma determinada ideologia tanto dentro da *série social* quanto da *série literária* (*O cortiço*). Procura-se na narração o estabelecimento das grandes *funções* do texto. Busca-se mais a articulação das partes, os grandes planos de composição. E é na narração que se configuram os motivos em torno dos quais se organiza a narrativa (*Vidas secas* e *Laços de família*/*Legião estrangeira*). Armando uma proporção: a narrativa está para a narração assim como o enunciado para a enunciação.

Já no nível dos personagens estuda-se aquilo que muitas vezes denominamos *elementos* na tentativa de desvestir o significado psicologizante do termo personagem/persona. Greimas preferiria o termo "actantes", mas a preferência pelo termo – elementos – se prende ao uso que fazemos da teoria dos conjuntos matemáticos. A natureza dos conjuntos em que se organizam os elementos vai indicar inclusive a simplicidade e a complexidade da narrativa. Existiria, portanto, um relacionamento dos elementos dentro dos conjuntos e depois um relacionamento dos conjuntos entre si. A relação entre os elementos ajuda a fixar o modelo que já deve vir sendo testado desde o nível da narração.

No nível da língua(gem) temos dois enfoques. O primeiro é de natureza estilística. Estuda-se a língua com os recursos que a Estilística colocou a nosso dispor como sucedânea da Retórica. Consultam-se a construção da frase e seus efeitos expressivos. Esse estudo, obviamente, é seletivo. Não se trata de ir destacando toda sorte de efeitos estilísticos que o autor forjou no texto; trata-se, isto sim, de ordenar esses efeitos segundo critérios de prioridade a fim de que se veja como, nesse nível, os modelos já trabalhados nos outros níveis podem ser comprovados ou não.

Já o segundo enfoque dentro do nível da língua(gem) ultrapassa o levantamento estilístico e repõe o problema num sentido semiologicamente mais amplo. É por aqui que se observa ser irrelevante e desfocada a discussão sobre o emprego ou desemprego da Estilística diante do Estruturalismo. A Estilística tem sua função dentro dos estudos estruturalistas. O que sucede é que ela não vai se limitar pura e simplesmente ao plano minimal da frase. Ela não vai se bastar mais com o se espraiar no nível sintagmático e horizontalizante do texto. Aqui os estudos de estilo penetram pelos esteios paradigmáticos da obra e, em vez de se ler apenas a superfície da frase, vai se ler a sua estrutura congeminada à estrutura geral da obra. E estudo do estilo pode funcionar mesmo como uma prova dos nove dos modelos operacionalizados anteriormente nos outros níveis. A análise deve integrar a micro e a macroestrutura da obra. Seria de se estranhar se toda a camada estilística fosse refugada no conhecimento da obra. Parece que alguns teóricos da literatura estão querendo ser mais realistas que o rei, uma vez que a própria Psicanálise (ver Freud, Lacan, Leclaire) concede importância básica aos compostos linguísticos e até a Antropologia de Lévi-Strauss aí se abastece à larga. Não posso compreender que raciocínio tão binário ou de explosão em dois tempos é esse que leva a relegar uma corrente teórica apenas por apego a outra. Inda mais quando todos os estruturalistas de renome tiveram uma formação estilística que nem sempre conseguem escamotear.

No nível da língua(gem), o analista se reenvia ao estudo da linguagem atando as pontas de seu bordado, fazendo confluir narração/personagem/língua dentro de um mesmo complexo. Na verdade, toda análise é uma operação de linguagem sobre a linguagem.

Cabe ainda assinalar que há vários tipos de análise estrutural e que a análise preocupada em desentranhar os *modelos* do texto é, para mim, a mais rigorosa e a mais difícil de todas. O modelo percorre todos os níveis conferindo a coerência sistêmica do raciocínio e da análise. As análises deste livro revelam o interesse na fixação dos modelos articuladores dos romances. São análises diferentes, mas se identificam em uma série de fatores, revelando um trabalho situado na área da pesquisa e da experimentação.

Gostaria, no entanto, de assinalar que a publicação dessas análises não autoriza a ninguém classificar o autor de estruturalista. O empenho na aplicação do método não se confunde com a inclusão do autor em partidos ou credos. Não se confunda a atividade profissional com carência emocional que faz que indivíduos se unam evangelicamente em torno de um líder ou ideia. É bem possível que dentro da cena brasileira o Estruturalismo tenha se convertido numa tábua de salvação para aqueles que tiveram de substituir valores apressadamente num certo momento de desorientação política ou existencial. Sem escamotear nada, devo dizer que, assim como acho impertinentes aqueles achaques que "de fora" movem ao Estruturalismo alguns de seus detratores, por outro lado acho prova de imaturidade intelectual e emocional a atitude daqueles que "de dentro" do Estruturalismo advogam que somente certas (as suas) posições são as verdadeiras. Não posso ver com bons olhos um certo racionalismo que elege o Estruturalismo como "o verdadeiro método de estudar" numa atitude muito à la Antonio Verney (séc. XVIII). Indivíduos mais respeitáveis, como Lévi-Strauss, a todo instante advertem em suas obras sobre os possíveis erros e exageros de seu pensamento. Acho que se mede a seriedade de um pensador pelo grau de desconfiança que ele mesmo tem daquilo que é levado a afirmar como verdadeiro. Como viu Aran Kaplan: "a medida sempre envolve o erro. A melhor descrição ou previsão que o cientista pode apresentar não deixa de ser aproximada. Uma correspondência perfeita com a observação, que às vezes ocorre, deve ser encarada como acidental e, segundo Jevons, deve antes provocar suspeita que satisfação".

A verdade continua sem centro desde Copérnico/ Galileu/Einstein. Continua sem centro a despeito mesmo de Jacques Derrida, que é quem ultimamente mais tem repetido que a verdade não tem centro.

1
A NARRATIVA DE ESTRUTURA SIMPLES E A NARRATIVA DE ESTRUTURA COMPLEXA

"... quando se trata de uma verdade nova, não nos podemos contentar com dar-lhe o lugar que lhe cabe, pois o que é necessário para nós é tomar lugar nela. Ela exige que nos incomodemos. Não bastaria habituar-nos a ela. Habituamo-nos ao real. A verdade, recalcamo-la".

Jacques Lacan, Écrits

INTRODUÇÃO

O estudo do romance e da novela tem dado margem a uma série de rotulações que pretendem de maneira localizada explicar certos tipos de composição. Dependendo sempre da argúcia momentânea ou profissional do analista, pode-se criar uma vasta terminologia.

No grau de desenvolvimento em que se encontram a crítica e a análise da narrativa, parece ser possível ir além das catalogações das obras em gênero, estilo e escolas; parece ser possível ir um pouco além das classificações como: romance, novela, novela curta, novela longa, romance histórico, biografia romanceada, romance de ideias, de aventuras, de tempo e espaço, novela psicológica, policial, picaresca etc. Quanto à técnica propriamente empregada, parece ser possível remeter o aspectual ao estrutural e reverter classificações como: romance em patamares, romance em círculos (Todorov); romances fechados e abertos (Skolovsky); narração com marco, contraponto, ações múltiplas e panorâmica (Goyanes); técnica dos vasos comunicantes, caixas chinesas e salto qualitativo (Vargas Llosa); isso sem mencionar outras técnicas que Edwuin Muir (*A estrutura do romance*), Percy Lubbock (*The craft of fiction*) e E. M. Foster (*Aspects of the novel*) estatuíram em suas colocações pré-estruturalistas.

Talvez já seja hora de se pensar na articulação de modelos interpretativos que substituam o aspectual pelo estrutural. Nesta reversão, o histórico é submetido a outro tratamento que não o linear e o casual. É tarefa ambiciosa, mas por isso mesmo inevitável. E é nessa direção que parece se encaminhar a crítica, até que um dia se constitua uma disciplina auxiliar – a Teoria Geral dos Modelos – que, em última instância, será um dos compartimentos da Epistemologia e da Teoria da Linguagem.

PROPOSIÇÃO

Pretendemos desenvolver aqui quatro pontos básicos:

1. É possível a fixação de dois modelos[1] interpretativos da narrativa em qualquer época, e que chamamos: narrativa de estrutura simples e narrativa de estrutura complexa.

---

1 *Modelo* é o termo incorporado à crítica literária pelos estruturalistas. De um ponto de vista matemático, um modelo é uma equação que representa um fenômeno. Utilizado epistemologicamente, como fez Umberto Eco, é "uma forma comum a diversos fenômenos", é uma "categoria crítica" elaborada "com ajuda de numerosas análises concretas", mas é uma abstração que independe da existência factual de obras definíveis como simples e complexas. Ver Eco, *Obra aberta*, 1968, p.26, e Katz et al,

2. A narrativa de estrutura simples acha-se ligada ao mítico e ao ideológico, e pretendendo ser uma continuidade do real termina por descentrar-se de si mesma. Situa-se no polo da denotação e do significado.[2]

3. A narrativa de estrutura complexa é uma ruptura com o ideológico na sua versão do real e distancia-se do mítico para se desenvolver no imaginário-em-aberto. É a narrativa centrada em si mesma, situando-se no polo da conotação e do significante.[3]

4. A arte é uma tendência ao equilíbrio e uma busca de redução da "dissonância cognitiva" que o mítico resolve magicamente e o ideológico pensa solucionar pela codificação do cotidiano num universo de infinitude fechada.[4]

Dicionário crítico de comunicação, 1971. Para um estudo mais acurado do termo *modelo*, ver também: Lévi-Strauss, *Antropologia estrutural*, capítulo XV, e Badiou, *Le concept de modele*, [O conceito de modelo], 1972.

2 Por *denotação* entendemos o sentido primeiro das coisas, a palavra dicionarizada. O termo *significado* é aqui usado mais abertamente, seguindo a mesma inclinação em várias disciplinas que alargaram o sentido saussuriano do vocábulo. Daí que significado seja o conceito, o ordinário, o universal e comum.

3 Por *conotação* queremos dizer o sentido segundo das coisas, aquilo que não foi dicionarizado, a ideia intersticial, as relações que o espírito faz a partir de um elemento dado. *Significante*, que a linguística de Saussure dá como a "imagem acústica", é entendido como aquilo que varia, o não situável, o que se encontra mais na região do inconsciente.

4 Essa expressão "infinitude fechada" nos vem de Badiou, A autonomia do processo estético. In: Coelho, (Org.). *Estruturalismo*, 1968, p.397. Nossas colocações diferem, no entanto, daquele epistemólogo francês, uma vez que não nos interessa aqui a discussão se a arte é ou não ideologia, mas demonstrar que a ideologia também tem sua arte, e como esse tipo de arte se diferencia do mítico e do complexo. Os eventuais pontos de contato entre o pensamento de Badiou e o nosso são destacados no decorrer deste capítulo.

DESENVOLVIMENTO

Em sua forma oral ou escrita, no passado ou no presente, a narrativa esteve sempre envolvida com dois elementos: o *mito* e a *ideologia*. Compreender a forma de narrar das comunidades primitivas passou a ser uma maneira de perceber os primórdios da literatura.

Neste livro iremos definindo mito e ideologia por meio dos exercícios e de algumas citações teóricas. Por ora, queremos ressaltar que o que denominamos *narrativa de estrutura simples* tem muita vinculação com uma forma de narrar que repousa sobre a oralidade e que se comporta de uma maneira ingênua, natural e primitiva. Tal narrativa revela muito mais o interesse em endossar as formas convencionais de comportamento social e literário do que efetivar uma crítica do sistema de ideias e de atitudes da comunidade. Por ser uma maneira cômoda de contar, ela não chega a perturbar o público e o sistema.

Diferentemente, a *narrativa de estrutura complexa* provoca um distanciamento entre o indivíduo e a realidade ordinária. Ela é crítica do real e crítica da própria forma de narrar. Sua complexidade vem de que ela trabalha de maneira diferente os mitos em que repousam os valores da sociedade. Ao proceder assim já estabelece uma crítica ideológica. A narrativa de estrutura complexa, no entanto, não é uma invenção contemporânea, embora a partir do século XVIII tenha se tornado mais comum, conforme mostram o surgimento sistemático do anti-herói e uma maneira muita vez insólita de organizar o livro.

Assim, na narrativa de estrutura simples parece haver uma atração normal entre o mito e a ideologia, enquanto na narrativa de estrutura complexa mito e ideologia são submetidos a um tratamento cáustico, denunciador de outras realidades. A narrativa de estrutura complexa é uma inversão do ideológico e uma recriação do mítico a tal ponto que o mito aí é um elemento aspectual e acessório, mas nunca estruturante.

Exemplo de como a narrativa mítica e a ideológica se solicitam e se explicam temos na novelística romântica dos séculos XVIII e XIX, centrada sobre a recriação dos mitos e símbolos medievais. Seja Walter Scott na Europa ou Alencar no Brasil, o que houve foi uma revalidação mítica e ideológica da Idade Média em pleno século romântico. O processo de endosso do mítico por meio do ideológico testifica-se pelo artifício da reduplicação dos modelos da narrativa. Afastados os ingredientes exteriores e aspectuais, tirada a máscara dos personagens, subjaz uma mesma estrutura que repousa num maniqueísmo que visa ele mesmo ser o preenchimento de um vazio. Estipulando um mundo de mais ou menos, de positivo e negativo, claro e escuro, sonho e realidade, e muitas outras variantes, tanto o autor medieval quanto o romântico reduplicam a mensagem de sua ideologia já denunciada na estrutura antitética de seu pensamento.

O romance-folhetim parece ser formalmente a comprovação dessa reduplicação dos modelos. Por detrás da aparente descontinuidade de sua construção, uma vez que entre um capítulo e outro seguem-se sempre uma lua e outras consuetúdines,[5] o que o romance-folhetim faz é validar a continuidade cotidiana como forma ideológica de reafirmar o transcurso inexaurível da História, tal como a concebia o homem do século XIX. A sociedade que se estabeleceu como uma "sociedade do devir" – con-

5 Lévi-Strauss, em *Le origine des manières de table (Mythologiques)* [A origem das maneiras à mesa (Mitológicos)], estuda no capítulo "Du mythe au roman [Do mito ao romance]" a passagem que se estabelece entre o mito e o romance-folhetim. Cria uma homologia entre transformações dos mitos relativos à origem das constelações e à origem do Sol e da Lua, e a passagem que se dá da narrativa mítica ao romance-folhetim.

forme terminologia de Charles Morazé[6] – só poderia conceber também uma "estética do devir"; ou seja, uma estética da continuidade, da não aceitação do vazio, que, de resto, já nos fora ensinada com um pouco mais de sofisticação por São Tomás de Aquino em sua *Súmula teológica* e por Dante na *Divina comédia*, quando se estabeleceu que do *Inferno* ao *Paraíso* estava a grande chance de continuidade do homem.

A vertigem do vazio levou o homem do século XIX a preencher os desvãos do desconhecido com um novo recurso: a História que se converteu no mito onde o homem repousou sua alma. Como assinala Arnold Hauser,[7] a História serviu de leito tanto para o proletariado e a classe média como para a própria aristocracia, que procurando elementos de sustentação no presente e no futuro foi se justificar pela sua atuação no passado, alegando que as melhores sociedades foram aquelas que a aristocracia dirigiu. Evidentemente que a aristocracia está certa em pensar que a melhor sociedade é aquela que ela geriu, assim como o proletariado há de sempre achar que a melhor sociedade há de ser aquela que ele instaure. De resto, de todo o seu empenho em ser ciência, é inevitável ver no Marxismo o seu caráter não apenas mítico e utópico, mas aquilo que Manuel Diègues[8] denunciou como "séraphisme marxiste" [serafismo marxista] e "angelisme autopropulsive du mythe" [angelismo autopropulsivo do mito].

A ideologia, portanto, mesmo em seu modelo mais ambiciosamente científico – o marxismo althusseriano[9] –, não

6 Morazé, *Os burgueses*: a conquista do mundo (1780-1895), 1965.

7 Hauser, *Historia social de la literatura y el arte* [História social da literatura e da arte], 1969, v.2.

8 Diègues., *Science et nescience*, 1970.

9 Nessa obra Diègues analisa as posições epistemológicas de Louis Althusser (*Pour Marx* [Para Marx] e *Lire le Capital* [Ler o Capital]), intérprete do pensamento marxista.

esconde suas relações com o mítico. Daí que o teórico no auge do seu esforço não consiga mais que ser "le triomphateur rationnel, l'organisateur d'une foi savante [o vencedor racional, o organizador de uma fé acadêmica]".[10] É a isso que se refere Diègues comentando Althusser, aproximando ideologia e religião: "sous la Théorie, au plus intime du personnage althusserien, l'examen de la subjectivité mythique conduit à la structure du christianisme idéologique [sob a teoria, no caráter mais íntimo do personagem althusseriano, o exame da subjetividade mítica conduz à estrutura do cristianismo ideológico]"[11] daí que ele diga que "les théoriciens sont la nouvelle armée des Jésuites, et Althusser est leur général, l'Ignace de Loyola du marxisme [os teóricos são o novo exército de jesuítas, e Althusser é o seu general, o Inácio de Loyola do marxismo]".[12]

A narrativa de estrutura simples persiste ainda hoje, e parece que há de persistir sempre, pelo menos enquanto houver mito e ideologia e a possibilidade de cruzamento dos dois. Como forma remanescente ela se desdobra nas novelas de televisão, numa certa forma de cinema estandardizado por Hollywood, e reafirma-se nas histórias em quadrinhos;[13] por sua estrutura são formas continuadoras do romance-folhetim, que por sua vez era já uma re-forma das antigas novelas lidas nos serões familiares,

10 Diègues, op. cit., p.165.

11 Id., ibid., p.165.

12 Id., ibid., p.144.

13 Umberto Eco, em *Apocalípticos e integrados*, estuda as histórias em quadrinhos – *Superman, Peanuts* – e as narrativas televisionais como continuadoras de um estilo narrativo romanesco. Em Umberto Eco e em outros analistas modernos, como Roland Barthes, narrativa é um termo genérico que inclui desde vitrais de igreja, cinema, TV, jornais até pantomima, conversas, mitos, quadros pintados etc. Leia-se a propósito Barthes, Introdução à análise estrutural da narrativa. In: *Análise estrutural da narrativa*, 1973.

mas cuja origem mais remota estava nos oráculos e feiticeiros tribais das primeiras comunidades.

O mito e o folhetim baseiam-se em lugares-comuns que a Retórica chamou de *tópica*, que Ernst Curtius estudou nas obras clássicas e Umberto Eco tenta localizar nas histórias em quadrinhos. Como viu Curtius, "no antigo sistema da retórica, é a tópica o celeiro das provisões".[14] O orador tinha aí uma série de artifícios para preencher o vazio de seu discurso, desde o tópico do inexprimível, segundo o qual o autor não encontrava palavras suficientes para elogiar o homenageado, até outros subterfúgios, como a invocação à Natureza e a *tópica* da modéstia afetada.

A narrativa de estrutura simples parece ter cristalizado não apenas uma série de *topoi*, mas de tipos. Como mostra Umberto Eco, a narrativa ideologizante chegou a estabelecer em seus extremos (capitalista e comunista) o que seria o tipo positivo ou o tipo conveniente a uma sociedade, numa mitificação (ou mistificação?) do indivíduo. Exemplificando um dos polos dessa observação, é muito significativo que o Relatório do I Congresso de Escritores Soviéticos, 1934, tenha aconselhado "aquele romantismo que está na base do mito e é útil para favorecer e despertar uma atitude revolucionária rumo à realidade, de uma atitude que muda praticamente o mundo".[15]

Na outra extremidade da exemplificação encontramos o mito do *Superman* analisado por Eco como o modelo de homem heterodirigido. Esse tipo é o limite da simplicidade. Suas aventuras, estruturalmente, são sempre as mesmas. A redundância de suas mensagens é absoluta. Do lado da ordem, da lei e da polícia, ele justifica a sociedade que o gerou reduplicando-a ideo-

---

14 Curtius, *Literatura europeia e Idade Média latina*, 1967, p.82.

15 Cf. Eco, *Apocalípticos e integrados*, p.214.

logicamente. *Superman* é o exemplo da consciência civil ingênua de toda uma comunidade, e aí "o mal assume o aspecto único de ofensa à propriedade privada, o bem configurando-se apenas como caridade".[16]

Quiséssemos completar esses exemplos e lembraríamos o modelo de herói da sociedade nazista, que foi buscar no Vahala, nas Valquírias, na mitologia germânica e céltica os elementos essenciais de sustentação da ideologia oficial. A espantosa necessidade que o ideológico tem do mítico, seja em que faixa for, há de reafirmar sempre a vocação para um universo linear, que não consegue outra infinitude a não ser a infinitude fechada. Reduzidas estruturalmente, as formas narrativas ideológicas se identificam com o mítico. De fato, a fábula repete a ideologia, assim como a ideologia repete a fábula. Aí estão os *topoi* da bruxa má, do príncipe encantado, da virtude recompensada e da fada salvadora.

Enquanto a narrativa de estrutura simples repousa sobre lugares-comuns e faz da simetria dos aforismos o seu esteio, repisando: – o crime não compensa, a verdade sempre vence, bem-aventurados os virtuosos, o amor resolve todos os conflitos – a narrativa de estrutura complexa introduz *estranhamentos*[17] nos aforismos, na construção das frases, na articulação dos personagens e na disposição da massa narrativa. Desse modo uma narrativa de estrutura complexa como *La rayuela* de Julio Cortázar pode se apresentar dizendo: "A su manera este libro es

---

16 Id., ibid., p.277.

17 *Estranhamento* – termo que a Retórica já arrolava, foi posto de novo em circulação pelos formalistas russos, conforme o demonstra Erlich em *Il Formalismo russo* [O formalismo russo], 1966. O "estranhamento" ou "priem ostrannenija" consiste em introduzir alterações no signo convencional, até que ele se torne polissêmico, aumentando assim sua carga informacional. O "estranhamento" é um desvio da norma, uma ruptura com o significado, uma expansão do significante.

muchos libros, pero sobre todo es dos libros [À sua maneira este livro é muitos livros, mas sobretudo é dois livros]",[18] indicando o autor as várias e mais aconselháveis maneiras de leitura. Na mesma faixa e como expressão máxima põe-se o *Finnegans Wake*, obra que Campbell e Robinson qualificaram de "estranho livro e misto de fábula, sinfonia e pesadelo, um monstruoso enigma a acenar imperiosamente dos abismos sombrios do sono".[19]

No *Finnegans Wake*, com efeito, a complexidade aparece nos três níveis mínimos que estabelecemos para estudar a estrutura da obra: a narração, os personagens e a língua. Essa obra, efetivamente, não tem fim nem começo e o que supostamente é o seu princípio – "riverrun past Eve and Adam's from swerve of shore to Bend of bay brings us by a commodius vicus or recirculation back to howth Castle and Environs" [riocorrente, depois de Eva e Adão, do desvio da praia à dobra da baía, devolve-nos por um commodius vicus de recirculação devolta a Howth Castle Ecercanias][20] – é continuação do fim, uma vez que o romance não termina em ponto-final, mas em aberto. Também no nível dos personagens a mesma complexidade, pois o personagem Tim Finnegans é também Fimm MacCool, HCE e identifica-se com Thor, Prometeu, Osíris, Cristo e Buda. A mesma multiplicidade da personagem feminina Ana Livia Plurabelle e nos filhos Shen e Shaun, que são elementos poliédricos rompendo com toda lógica espaço-temporal.

Na literatura brasileira dois autores podem ser tomados como exemplos do simples e do complexo – José de Alencar

---

18 Cortázar, *La rayuela* [O jogo da amarelinha], 1963.

19 Campbell & Robinson, Introdução a um assunto estranho. In: *Panorama do Finnegans Wake*, 1962, p.61.

20 Joyce, *Finnegans Wake*, p.3. A tradução entre colchetes se encontra no livro *Panorama do Finnegans Wake*, de Augusto e Haroldo de Campos (Perspectiva, 2001).

e Machado de Assis. Enquanto em *O guarani*[21] Alencar revalida a ideologia medieval em sua versão mítico-indianista, em *Senhora*, afastando-se do apoio mítico, ele exercita a ideologia romântico-burguesa por meio de uma estética idealista. Nessa obra abre-se a contradição do narrador: pretendendo denunciar o "mercado matrimonial" organizado pela sociedade burguesa, ele termina por revalidar todos os valores da sociedade. Os personagens se encontram depois de preencher os papéis positivos que a sociedade romântica estatuiu. Eles sonham e se realizam dentro da comunidade que o autor quer censurar.

Bem diferente é a posição de Machado de Assis, que parece ter sido quem iniciou entre nós a narrativa de estrutura complexa. Ele efetiva a subversão do código real e do ideológico em favor do simbólico ao contestar a *razão* sobre a qual a comunidade se ergue e colocá-la no mesmo nível de *sandice*, mostrando que verdade e mentira são resultantes de um código preestabelecido e que a ausência é tão presente como a mais presente das realidades. Não é por acaso que em Machado temos um antirromântico (antimítico) e um antirrealista (anti-ideológico). É que ele fundou sua obra num terreno mais difícil e sem os suportes tradicionais. Ele faz uma inversão: em vez de uma obra denotativa alinhavando os significados, ele articula um universo de conotação prenhe de significantes.

Com efeito, essa análise do simples e do complexo bem poderia ser reduzida a essas duas categorias. O simples está do lado do significado, do estatuído, do conceitual, da infinitude fechada; o complexo está do lado do ambíguo, do inconsciente, do imaginário-em-aberto e do significante.

O significado das palavras e do mundo está no dicionário, na ideologia. No dicionário sabe-se que a palavra *enigma*

---

21 Ver análise do aludido romance publicada neste volume.

pode ser definida como "aquilo que dificilmente se compreende; coisa obscura".[22] O dicionário não entende que o poeta construa um "claro enigma",[23] inda mais que, não sendo de todo escuro, o enigma não deixe nunca de ser enigma. Igualmente, o dicionário – codificador de significados, legislador da simplicidade – sabe que existe a palavra *balaústre* (que em inglês seria *banisters*); mas o dicionário não prevê que Joyce mescle duas palavras e escreva *bannistars* significando ao mesmo tempo "balaústre" e "estrela", e que Haroldo de Campos traduza isto por "baluastros".[24]

Esse imprevisto, essa inovação dentro do sistema linguístico ou dentro da narrativa, faz-nos ver que o que acontece na narrativa de estrutura complexa é o preenchimento do vazio de modo insólito, exatamente como sucede nas chamadas *sentenças abertas* de que se ocupa a Matemática. Existiria uma homologia entre as narrativas de estrutura simples e complexa e as sentenças fechadas e abertas da Matemática. Enquanto na sentença fechada todos os termos estão explícitos (2 + 3 = 5), na sentença aberta existe um valor variável e oculto (x + 3 = 5). As sentenças abertas, portanto, são homólogas às fechadas, o que varia são os elementos colocados em função.

A sentença e/ou narrativa aberta se utiliza de variáveis não programadas, não apontadas de fora, não prefixadas pela ideologia ou pelas estruturas de reduplicação. Por isso que a leitura tanto da sentença aberta quanto da narrativa complexa é difícil. Há que deduzir a variável que ali aparece sob a capa de um *x*, *y*, e de outros *guardadores de lugar*. Esses guardadores de lugar

---

22 Cf. Ferreira, *Pequeno dicionário brasileiro da língua portuguesa* (edição refeita por Aurélio Buarque de Hollanda Ferreira), 1957.

23 Referência ao livro de poemas de Carlos Drummond de Andrade *Claro enigma*, publicado em 1951.

24 Referência à tradução de *Finnegans Wake* e ao comentário introdutório de Haroldo de Campos à edição já citada.

(s, y, ▱, △) surgem como sinônimos de significante, enquanto o número claramente indicado funciona como o significado. Esse número expresso (aqueles 2 e 3 dos exemplos anteriores) é uma *constante*, é a palavra dicionarizada, fornecida pela ideologia. A letra (que é apenas o guardador de lugar) é o significante, o ausente, o arbitrário.

Esse vazio que o dicionário não registra, aquilo que o código não prevê, aquilo que nasce da sintaxe dos elementos é exatamente a conotação e o significante. É a palavra não dita, é o descontínuo, é aquilo que a História refugou, é o lugar da articulação do inconsciente. Não se estranhe, portanto, que o ideológico esteja situado no nível do contínuo e do real, porque o ideológico, por mais que seja a perversão do mito por meio de sua prática preguiçosa e ingênua, define-se sempre como o estabelecimento da continuidade. Ao repousar sobre o ideológico, a arte empobrece-se a si mesma porque se apodera de uma realidade colocada fora dela, porque essa realidade mítica e ideológica é uma realidade fechada. Não é que arte ideológica e arte mítica não sejam arte, senão que elas apontam para fora de si mesmas, para se centrarem em outras regionalidades.

Chegados a esse ponto de nossa colocação, retomemos a ideia abstrata de modelo tentando descrever o simples por antinomia ao complexo. Assim, a narrativa de estrutura complexa possui, entre outras, as seguintes características:

1. A história não se apoia em simetrias, paralelismos e oposições sistemáticas. Em todos os níveis a construção da obra não se baseia em alteridades de equilíbrio e desequilíbrio, que surgem aleatoriamente.

2. Alto índice de ambiguidade e de abertura.

3. Anacronismo e introdução de efeitos sem causa determinada e presença do imprevisível.

4. Impossibilidade de se lhe justapor um único modelo de interpretação devido a dificuldades de determinar o que é subordinante e o que é subordinado. Os modelos coabitam apesar de se contradizerem aparentemente, pois a solidariedade entre eles se dá num plano mais alto, que é o do princípio da complementaridade.[25]

Visto o que caracteriza uma narrativa de estrutura simples e uma narrativa de estrutura complexa, retomemos a problemática da genealogia de ambas. Na verdade, elas são tentativas de continuidade. Apenas a narrativa de estrutura complexa opera uma inversão: ela não busca a continuidade no mundo real da ideologia nem a ingenuidade do mito puro. Mas de qualquer forma ela busca um prolongamento, uma harmonia, porque o homem não tolera a descontinuidade.

Evidentemente há um ponto em comum entre o mito, a ideologia, a arte e a ciência. São modos de preencher o vazio, uma invenção da continuidade. É bem verdade que cada uma dessas séries busca o contínuo ao seu modo. Exercitando-se miticamente, o pensamento selvagem delega continuidade ao próprio tempo e espaço, na medida em que institui deuses que criam magicamente aquilo que o homem não poderia ter criado.

---

25 O conceito de complementaridade tem sido usado para explicar certos elementos da composição artística. A ele se refere Wylie Sypher em *Loss of the self in modern literature and art* [Perda do self na arte e na literatura moderna], J. Bronowski em *Science and human values* [Ciência e valores humanos] e Umberto Eco em *Obra aberta*. Remetendo a Werneck Heisemberg em *Natura e fisica moderna*, Umberto Eco assinala que pelo princípio da complementaridade é possível utilizar diversos modelos para explicar o comportamento também diverso dos elementos. Tais modelos "são, portanto, justos quando utilizados no lugar apropriado, mas se contradizem entre si e se chamam, por isso, reciprocamente complementares". Eco, op. cit., p.57.

Por meio dos mitos se descrevem não só as origens, mas justifica-se a própria morte, como o demonstrou Lévi-Strauss em *Le cru et le cuit*[26] analisando o "mito da vida breve".

Posto que a mitologia é inconscientemente um *referendum* da ideologia na medida em que guarda os mesmos lugares de dominante e dominado, a ideologia, com ser um mito-menor, um mito pervertido, é também uma tentativa de preencher lacunas. Não se pense, portanto, que a ideologia seja incapaz de destilar sua arte. Ela é o recheio de seu vazio. Ela só existe e é alimentada, dirigida, programada e estabelecida dentro de certos parâmetros. E porque a ideologia é também um exercício sobre o vazio é que se conclui que ela não despreza o inconsciente em detrimento do consciente. Ela apenas canaliza os símbolos do inconsciente e sua capacidade ociosa para desempenhos e funções determinadas. A arte ideológica também canta uma ausência, ela também é fantasia, ainda que retificando o esquema social, ainda que sonhando dentro de formas. A fantasia do *Superman* é apenas a outra metade de Clark Kent. O herói mítico sempre levado ao êxito nasce do vazio do homem prosaico oprimido no dia a dia. Apenas ele se esforça (fantasiosamente) para ter seu êxito nos mesmos escaninhos da cultura que o reprime. Mas esse espaço vazio que a fantasia ideológica tenta ocupar é também um exercício do inconsciente, do significante. A diferença é que o significante aí está a comando do significado, como extensão rasteira da realidade cotidiana.

Toda ideologia tem sua arte, toda realidade tem seu sonho, toda presença tem sua ausência. Ao estipular qual é a sua arte, a ideologia está tentando ela mesma preencher os vazios que na prática não preencheria jamais. A continuidade dá-se no

---

26 Lévi-Strauss, *Le cru et le cuit* [O cru e o cozido], 1964.

plano da *langue*[27] do consenso social. Aqui o significante (fantasia) valida o significado (sociedade). Na vivência do ideológico, o homem é usuário sem contestação.

Evidentemente que o mito, a ideologia, a arte e a ciência são investimentos no vazio. O homem não tolera o descontínuo e tem pouca ou nenhuma resistência à dissonância cognitiva.[28] Como viu Heider, "se não existe equilíbrio aparecerão forças em direção a este estado".[29] Diante de dois pontos o homem nunca deixa de tentar uma ligação. Por outro lado, como afirmou Freud, o indivíduo não renuncia a nada, apenas esconde seu desejo ou substitui o objeto de seu desejo por outro.[30] A fan-

---

27 Retomamos aqui uma categoria de Ferdinand Saussure em seu *Cours de linguistique general* [Curso de linguística geral]. *Langue* (língua) é a parte social da linguagem, em oposição a *parole* (fala), que é a expressão do indivíduo, seu modo de articular a língua.

28 O estudo da dissonância cognitiva, que influenciou bastante as pesquisas de psicologia social nos Estados Unidos, parece ter alguma contribuição a dar em certas colocações epistemológicas, estruturalistas e pós-estruturalistas. Os princípios básicos foram resumidos por Festinger (*A theory of cognitive dissonance* [Uma teoria da dissonância cognitiva], 57): "1. There may exist dissonant or *nonfitting* relations among cognitive elements. 2. The existence of dissonance gives rise to pressures to reduce the dissonance and to avoid creases in dissonance. 3. Manifestations of the operation of these pressures include behavior changes, changes of cognition, and circumspect exposure to new information and new opinions [1. Podem existir relações dissonantes ou *inadequadas* entre elementos cognitivos. 2. A existência de dissonância dá origem a pressões para reduzir a dissonância e evitar desdobramentos dela. 3. Manifestações da operação dessas pressões incluem mudanças de comportamento, mudanças cognitivas e exposição cautelosa a novas informações e opiniões]". Cf. Rodrigues, Consistência cognitiva e comportamento social. In: *Arquivo Brasileiro de Psicologia Aplicada*, 1969, p.16.

29 Id., ibid., p.18.

30 "En realidad, no podemos renunciar a nada, no hacemos más que cambiar unas cosas por otras; lo que parece ser una renuncia es, en realidad, una substitución o una subrogación [Na realidade, não podemos

tasia é a prova de que não renunciamos; os sonhos nos gratificam, os mitos nos tranquilizam. Aquilo a que não renunciamos é que vai preencher o lugar daquilo que nos faltou. Se o organismo pudesse abrir mão de algum de seus desejos e impulsos, isso seria a maior prova de que há descontinuidade, de que o homem termina em assombrosas falésias sobre o nada. No entanto, o mito, a ideologia, a arte e a ciência são forças por meio das quais o homem busca o equilíbrio.

Mas se mito, ideologia, ciência e arte estão unidos em sua genealogia, são diversos em seu procedimento. A arte, enquanto exemplificada na narrativa de estrutura complexa, opera a inversão: a continuidade e o equilíbrio ela os busca na *langue* da ideologia, mas na *parole* do inconsciente, no não codificado. É por isso que a narrativa de estrutura complexa inverte o esquema e a ela se ajustam aquelas palavras de Alain Badiou: "O efeito estético é, na verdade, imaginário; mas esse imaginário não é o reflexo do real, dado que é o real deste reflexo".[31]

Ao proceder uma ruptura com o real e se definir como o preenchimento de uma ausência, a narrativa de estrutura complexa diferencia-se da simples por ser uma soma. Enquanto as narrativas de estrutura simples são dízimas periódicas, acréscimos sem diferenciações, a complexa é sempre + 1. Na estrutura simples os lugares estão reservados e sempre se sabe quais são seus ocupantes, pois a ideologia os fornece. Na complexa, os lugares são novos e variam dinamicamente com as regras do jogo. Se modelos existem para se estudar a narrativa complexa, estes devem

---

renunciar a nada, só trocamos umas coisas por outras; o que parece ser uma renúncia é, na realidade, uma substituição]". Freud, *Obras completas*, 1948, v.II, p.966.

31 Badiou, A autonomia do processo estético. In: Coelho (Org.), *Estruturalismo*, 1968, p.397.

ser extraídos dos arquétipos (universais-inconscientes) e não dos tipos (regionais e conscientes).

Em relação à ideologia e ao social, a narrativa de estrutura complexa é uma ruptura e uma inversão. Seus personagens estão conflituados com a realidade ou desinteressados de correr as carreiras estipuladas pela sociedade. O personagem da narrativa complexa é uma anomalia como *Macunaíma*, *Dom Quixote* e *Finnegans Wake*; é um anti-herói, um ex-cêntrico, um *displaced* [deslocado], um *gauche* [desajeitado], mas é uma afirmação maior do indivíduo diante da perversão social, liberação da natureza diante da cultura. Aqui a arte é um reflexo invertido da sociedade e do real. É reflexo exatamente daquilo que a comunidade reprimiu. Aqui a arte não é um reflexo de aparências, mas de tudo aquilo que a ideologia não deixou que se refletisse, e é assim que se deve entender aquela afirmação de Badiou. Centrando-se sobre o significante, sobre suas ausências, ela não teme o vazio e expande-se no imaginário-em-aberto. Todos os absurdos lhe são lícitos, porque seu código redefine o absurdo colocando-o apenas como um dos elementos do todo. Ela dá um salto sobre o abismo ao desinteressar-se de seus apoios mais fáceis e tradicionais, que são o repertório mítico universal e o ideológico regional. Ao fazer isso, ela transforma a morfologia do cotidiano numa metamorfose do inconsciente. Sua inclinação é justamente assumir o nada para revesti-lo de concretude. Nesse salto mortal ela se institui como narrativa complexa, porque, alienando-se de todos os símbolos usuais, ela passa a falar de si mesma.

É esse tipo de composição que se vem praticando notadamente a partir de Mallarmé, a composição interessada em seus próprios materiais, que discursa sobre si mesma. A poesia vem se convertendo em poesia da poesia e a narrativa em narrativa da narrativa até que, chegando a James Joyce e seu *Finnegans Wake*, Samuel Beckett possa dizer: "his writing is not about *some-*

thing, it is that *something itself* [seu texto não é sobre *alguma coisa*, ele é essa *alguma coisa em si mesmo*]", pois aí forma é conteúdo e o conteúdo é forma. Esses tempos de metapoesia e metarromance são o tempo do florescimento irreprimível da narrativa de estrutura complexa que, no entanto, já existia embrionariamente na Antiguidade. É por aí que se deve entender que, estudando a Odisseia e o canto das sereias, Todorov diga que elas cantam uma canção que não tem história, pois "as sereias só dizem uma coisa: que estão cantando – vem cá! Vem cá! Ulisses tão louvado! A honra de Acaia!... Para teu barco; vem escutar nossas vozes!"[32] Por isto não é de todo estúrdio concordar que "o tema da Odisseia não é a volta de Ulisses para Ítaca; essa volta é, pelo contrário, a morte da Odisseia, seu fim. O tema da Odisseia são as narrativas que formam a Odisseia, é a própria Odisseia. Eis por que, voltando a seu país, Ulisses não pensa nisso nem se alegra; ele só pensa nos 'contos e nas mentiras'; ele pensa na Odisseia".[33]

Desinteressando-se das imagens que o mundo propõe, afastando-se da ideologia e estabelecendo novo código, a narrativa de estrutura complexa em sua versão metalinguística opera, no entanto, o mesmo preenchimento do vazio que fazem o mito, a ideologia e a ciência. No interior da metalinguagem se encontrará um mundo inversamente homólogo àquele recusado.

CONCLUSÃO

O problema da crítica é o mesmo da ficção. O problema central é o ausente. Por isso o estabelecimento de dois modelos operacionais (narrativa de estrutura simples e narrativa

32 Todorov, *As estruturas narrativas*, 1969, p.110.

33 Id., ibid., p.110.

de estrutura complexa) não me ilude. São um artifício da razão que quer continuidade. E a razão, mostra-o Manuel Diègues, é também um mito subjacente onde se empoleira o pensamento carente do homem. A menos que a razão recue de si mesma e veja os vazios de seu universo.

O modelo que se proponha como acabado, como uma cobertura da realidade, instaura-se como uma mentira. E o problema da crítica, mais que enfrentar dois elementos – a verdade e a beleza –, é coabitar com duas constantes – o marcado e o não marcado, o presente e o ausente, o significado e o significante. O homem e as raposas têm diante de si o mesmo problema: cobrir o espaço vazio entre eles e as uvas. E o homem e as raposas não toleram a descontinuidade. Por isso entre um ponto e outro traçam uma linha (reta ou curva), e não satisfeitos com isso continuam a unir os pontos até que, as linhas se cruzando, formem um sistema atrás do qual imaginam uma estrutura. O pânico do vazio une as estrelas num voo, cura as doenças, origina as religiões e ideologias, e impele à análise literária. Daí que se criem sistemas e teorias, que se pense em modelos como modo de articular peças que vagam aleatoriamente resistindo a se reunirem em sistema. A razão bem pode ser um cancro no azul.[34] A razão é um mito, talvez menos azul que o mito originário. O bom seria aprender com Malevitch a pintar o branco sobre o branco, a suprema redundância do nada, ou, se quiserem, a presença completa emergindo da ausência.

---

34 Alusão ao verso de Ezra Pound: "Azure hath a canker by usura..." traduzido por: "A usura é um câncer no azul", cf. Campos et al, *Ezra Pound cantares*, 1960.

2
Elementos para uma teoria do romance (no Brasil)

"Acho-me na interessante posição de não saber se o que tenho a dizer deve ser olhado como alguma coisa há muito tempo familiar e evidente, ou como uma coisa inteiramente nova e espantosa."

Freud

INTRODUÇÃO

No capítulo anterior apontei a necessidade e alguns caminhos para se tentar a compreensão do fenômeno da produção das narrativas literárias a partir de uma ótica que, abrindo mão das classificações disfarçadamente cronológicas, consultasse não a periferia das obras, mas a estrutura de sua composição. Os modelos do "simples" e do "complexo" seriam operadores de um raciocínio mais amplo e criador que, daí partindo e aí nunca se limitando, ultrapasse a tendência da crítica e dos analistas de procurarem rótulos para fixar na lombada das obras. A ideia, então, não era de colocar as diversas obras dentro desses estreitos escaninhos, mas propiciar elementos para a sua análise.

Este trabalho analítico de decomposição estrutural das obras a partir de uma *teoria da linguagem* deve contar com o apoio de vários modelos que se agrupem sistêmica e não conflitantemente. Nesse sentido é que desdobramos os modelos das narrativas de estrutura simples e complexas neste outro capítulo. Este texto é muito mais uma proposta de trabalho que um trabalho concluído. Foi a partir de suas ideias que realizamos nos dois semestres de 1972 cursos para alunos de graduação e pós-graduação da PUC-RJ, sobre uma possível teoria do romance (no Brasil).

Na verdade, o trabalho realizado dentro das classes foi muito mais amplo e, certamente, mais criador. A proposta foi trabalhar em três níveis que se inter-relacionam, formando um conjunto a partir do qual se podem entender a *theoria* e a *práxis* da narrativa (no Brasil). O primeiro nível de estudo foi o exame das teorias e de depoimentos dos autores a respeito de suas próprias obras e aquilo que pensam sobre a escrita do romance. Num segundo nível estudamos de cada um desses autores, pelo menos, uma narrativa. Num terceiro nível desenvolvemos um sistema teórico habilitado a confrontar a prática e a teoria dos narradores, e a destacar daí elementos que compreendessem a narrativa como um objeto passível de ser estudado a partir de uma teoria da linguagem.

Assim teríamos três camadas de estudo: a teoria do autor, a sua prática e uma teoria abrangente do fenômeno da escrita literária (ou escritura). O curso pretendia ser uma elaboração inicial do problema porque se sabia impossível em tão curto prazo esgotar todas as narrativas e todos os textos compostos ao redor delas por seus autores.

Este texto foi apenas o ponto de partida para os seminários. Os conceitos e as ideias aqui expressos foram desenvolvidos no sentido de transformar essa minuta em amplos trabalhos de estágio. Esse é apenas o conjunto de ideias motivadoras. Realizar um estudo sobre a teoria do romance (no Brasil) seria assunto para uma tese e muitos anos de pesquisa. O que aqui se segue é, realmente, um pequeno ponto de partida. O ideal seria reproduzir os trabalhos dos alunos, em alguns aspectos melhores do que o do professor. Seguem, no entanto, essas indicações para serem retomadas um dia, talvez pelo próprio autor.

PROPOSIÇÃO

Este trabalho se desenvolverá em torno dos seguintes pontos:

A narrativa e o espaço real

Há um tipo de narrativa interessada predominantemente em descrever e criticar o espaço real, afirmando-se por meio dos princípios de verossimilhança externa. Esse tipo de narrativa se desdobra em duas manifestações:

- A narrativa ideológica, que relata o real a partir da ótica da ideologia dominante. Ela procura reproduzir os *sistemas de ideias* e os *sistemas de atitudes* da comunidade, afirmando-se mimeticamente. Procura ser simétrica ao que denomina como real. Realiza modelos conscientes e inconscientes, situa-se no espaço das *utopias* e se identifica com o mito contado etnocentricamente.
- Outro tipo de narrativa voltada para o espaço real é contraideológica, situa-se no espaço das *heterotopias*. Embora voltada para o referente externo e para a verossimilhança ambiental, ela já não é transparente ao real, porque propõe um novo real, por onde afirma sua relativa opacidade em relação à ideologia dominante.

A narrativa e o espaço simbólico

Ao ser produzida, a narrativa encontra já organizada a série literária e todo um sistema de obras produzidas anteriormente. Em relação a essas obras e ao código que as aglutina, as narrativas podem ser também ideológicas ou contraideológicas.

Dentro da série literária, a narrativa será ideológica quando cumprir o código vigente, reproduzindo todos os princípios que estruturaram as obras de uma determinada época, região, geração ou movimento literário. Estilisticamente a ideologia se mostra pelo sentido de paráfrase e consonância na composição dessas obras.

A narrativa se define como contraideológica dentro da série literária quando se afasta do código estético vigente, desperta seus próprios referentes, mostrando-se opaca aos princípios que ordenam as demais obras. Tal narrativa se define pela *diferença* em relação às demais e exige modelos também especiais para análise.

Toda a ideia da ideologia e da contraideologia tanto em relação à série social quanto à série literária pode ser desenvolvida no sentido de se propor outra "história" da literatura que agrupe as obras segundo os princípios de *diferença* e *identidade* estrutural, que operaria acima das classificações vigentes nos manuais de literatura.

DESENVOLVIMENTO

Narrativa e realidade

Há uma longa e interminável discussão aportada pelos gregos sobre o relacionamento entre a linguagem e a realidade. Sobre isso fala Platão no *Crátilo*, *Fedro* e na *República*, e

Aristóteles volta ao assunto na *Retórica* e na *Poética*. O assunto tem sido retomado sistematicamente pelos mais diversos pensadores e disciplinas, e antropólogos-filósofos como Ernest Cassirer e Lévi-Strauss deram contribuição à discussão ao ressaltarem o problema por meio de um *approach* linguístico, analisando a estrutura dos mitos e das comunidades.

Transpondo o problema para o relacionamento entre a narrativa e a realidade, conviria indagar sobre a própria natureza da narrativa e como ela se define definindo o que seja realidade. O esclarecimento dessa questão parece ser viável com a introdução de uma variável a que chamamos ideologia. O que nomeamos como realidade pode ser mais a visão particular do real do que o real científica e objetivamente definível. A realidade bem pode se reduzir a uma definição ideológica do real.

Sobre isso manifestaram-se epistemólogos de todas as tendências, e a teoria da literatura por meio dos formalistas russos tentou recolocar o problema com o artigo de Roman Jakobson: "Do realismo artístico". Do artigo de Jakobson se deduz basicamente que o conceito de realismo é função de uma série de pressupostos tanto dentro da série literária quanto da prática empírica. Desloca o conceito ora para o emissor da mensagem, ora para o receptor, e vai superpondo as diversas óticas até encontrar pelo menos cinco definições viáveis do que seja realismo.

Outra contribuição importante é a de Alain Badiou. Ver sobretudo os artigos "Autonomia do processo estético" e "Re-começo do materialismo dialético".[1] Coloca a ciência como a única disciplina apta a localizar e descrever o real, isolando a arte

---

1 Ver a antologia *Estruturalismo*, da Portugália Editora, organizada por Eduardo Prado Coelho, que tem esses dois artigos de Badiou e é a melhor antologia de textos sobre o Estruturalismo. Acresce uma excelente introdução, clara e didática, do responsável pelo volume.

e a ideologia como impossibilitadas de produzirem conhecimento. Diz: "a ciência é a prática produtora dos conhecimentos, cujos meios de produção são os conceitos; enquanto a ideologia é um sistema de representações, cuja função é prático-social, e se autodesigna num conjunto de noções".[2]

O radicalismo de seu raciocínio leva-o não apenas a situar a arte no universo da "representação", o que é justo, mas a declarar que arte não é ideologia. Seu raciocínio procura se deslocar das posições tradicionais marxistas, que critica, porque ele sabe que na tradição marxista a arte é classificada como forma ideológica. O pensamento de Badiou parece se ofuscar no mesmo brilho que o produziu, impedindo-o de ver claramente que um raciocínio semiológico mais pertinente não pode operar por tão feroz exclusão. A arte é *também* uma função ideológica. E não é pelo fato de localizarmos os seus componentes ideológicos tanto em relação à série social quanto em relação à série literária que ela deixará de ser menos arte. É bem possível que o tempo todo mesmo os teóricos mais racionalistas da literatura estejam privilegiando, sem o saberem, um conceito de "artístico" e "literário" que são puros sucedâneos do "belo" e do "estético". É bem possível que esteja por aí subjacentemente a mesma "aura" que cercou o conceito de artista na maioria das sociedades, e que Benjamin já revelara.

O tópico "narrativa e realidade" provoca, portanto, o reagenciamento de uma série de problemas. O primeiro é esse que vimos: o conceito de realidade. Outro é o próprio relacionamento entre a narrativa e o que se designa como realidade (ideológica). Se a realidade é uma função ideológica, não há por que não entender que a narrativa possa construir a sua realidade ou

---

2 Badiou, O re-começo do materialismo dialético. Op. cit., p.334.

disputar os conceitos de realidade entre os indivíduos. Mas outro problema ainda se observa: porque quando se fala de narrativa, fala-se também subjacentemente de narrativa "literária". Esse adjetivo "literária" é que origina desacordos entre os teóricos, porque eles se perdem numa discussão sem saída dentro do seguinte dilema (em forma de diadema):

a) Em primeiro lugar colocam: se existe um discurso literário, deve existir um discurso não literário. Qual seria, então, a especificidade deste "literário"?

O defeito do raciocínio, como se vê, parte da premissa: discurso literário *versus* discurso não literário; premissa ideológica que só pode levar a uma discussão sobre uma variante também ideológica – "o literário" e sua especificidade.

b) Em segundo lugar, a consequência: se existe um discurso que é literário e outro que não é literário, a maneira de localizar o literário é consultar a sua tensão simbólica, o inusitado de sua construção e a complexidade de sua estrutura.

Essa colocação evidencia um raciocínio tipicamente elitista que quer privilegiar alguns discursos como sendo "literários", em oposição a outros cujos nomes não vamos ocultar: literatura de massa, telenovela, fotonovela, histórias em quadrinhos, *et caterva*.

Dentro desse dilema (e algema) torna-se impossível aceitar que as narrativas de estruturas simples sejam objetos "artísticos". Mas o fato é que elas existem independentes de sua aceitação ou não no fechado clube das narrativas de estrutura complexa, ou daquelas narrativas a que chamam de "literárias" e que os historiadores incluem nos livros de história da literatura e os analistas escolhem para exercício de sua erudição. Repetimos: a discussão em torno do "literário" tem os mesmos componentes idealistas e ideológicos disfarçados que conduziram as questões sobre o Belo, o Feio, o Estético e o Artístico. Talvez se devesse, como solução para esse impasse, circunscrever o adjetivo "literário" ao seu campo aspectual-ideológico e concentrar-se no substantivo "discurso" ou "narrativa". Não é de todo inútil lembrar que a palavra "literatura" tem as mais diversas acepções ao longo dos séculos e que na Grécia sequer ela existia. Talvez seja conveniente esvaziar a palavra "literatura" de todo o seu significado elitista, ou, se possível, criar-se outra, porque esta, de tão precocemente envelhecida, já não serve ao comércio liso das ideias.

Diante dos alunos e de si mesmo acha-se o professor de literatura numa situação muito singular e que lembra aquelas palavras de Freud: "Acho-me na interessante posição de não saber se o que tenho a dizer deve ser olhado como alguma coisa há muito tempo familiar e evidente, ou como uma coisa inteiramente nova e espantosa".[3] Isto porque o professor tem-se achado muita vez na situação de ter de dizer: é bem possível que estejamos a estudar uma coisa que não existe; quero dizer – de um ponto de vista estrutural talvez não exista a literatura brasileira, mas somente a literatura, e que mesmo esse conceito de literatura tenha de ser repensado. Repensado, assim como repensado tem de ser o próprio conceito de arte. O conceito de arte também é ideológico, e isto se comprovou claramente pela apropriação que Picasso fez da arte primitiva africana e pela diferenciada produção "artística" nas bienais, salões, galerias e até mesmo nos jardins com o advento dos *happenings*. Certamente que arte vem de *art*, radical indo-europeu presente em palavras como artelho, artigo, articular, artimanha etc. Significa 'ajuntar, reunir, organizar'. A arte pode tanto expressar modelos conscientes como inconscientes. Pode tanto estar em filmes como *Chien Andalous* e *Gabinete do Dr. Caligari* como em *Caso Mattei* e *Sacco e Vanzetti*;

3 Cf. Mannoni, *Chaves para o imaginário*, 1973, p.12.

pode tanto estar nos poemas surrealistas de Breton como na lírica de Cabral de Melo Neto. Importa ao analista é detectar o grau de *art*-iculação e a tensão entre os elementos em jogo. Se de baixa tensão, simples reduplicação de modelos ao nível da ideologia, da *langue*, num exercício de paráfrase sem alteração da estrutura, então teremos, por exemplo, aquilo que já nomeamos narrativa de estrutura simples; se um conjunto simbólico de alta tensão, que não reduplica simplesmente os referentes ideológicos, mas instaura-se numa construção simbólica, então teremos a narrativa de estrutura complexa. Mesmo, no entanto, o simples e o complexo podem se alterar no jogo relativista do sistema. O complexo hoje pode tanto se repetir que se converta em simplicidade, e o simples, injetado de estranhamentos que firam sua medula, pode resultar numa inversão complexa.

A discussão, portanto, poderia ser encaminhada passando por esses pontos: o que o narrador dá como sendo realidade é mesmo o real, ou uma versão ideológica e mítica da realidade? É a ficção um instrumento habilitado a tratar do real, ou o real é matéria para a ciência? Qual o sentido de dizer que os signos são também uma realidade? É isso uma afirmativa verdadeira ou metafórica? E se o narrador trata a palavra como uma realidade, em que sentido isto é um exercício também mítico? É ou não a arte uma resultante dos mecanismos de *consistência e dissonância cognitiva*?[4]

---

4 No artigo sobre as estruturas "simples" e "complexas" da narrativa já chamamos a atenção para a necessidade de se utilizar uma série de conceitos da "teoria da dissonância e da consistência cognitiva" para o estudo da literatura e do mito. A esse respeito ver ainda: *Theories of cognitive consistency* [Teorias da consistência cognitiva], 1968, com estudos de especialistas no assunto. Ver também: Brehn, *Explorations in cognitive dissonance* [Explorações em dissonância cognitiva], 1962.

Tais problemas requereriam um espaço maior e um outro tempo de estudo. Por aí se entraria numa longa discussão sobre os conceitos de realidade/ciência/ideologia. Encaminhando os pontos principais deste capítulo, apontaríamos a necessidade de colocar o problema da ideologia tanto em relação à série social quanto em relação à série literária. Ideologia pode ser uma variável a partir da qual se esclareça o conjunto das narrativas de uma comunidade. Não se trata, como assinalou Althusser, de considerar a ideologia como uma neurose qualquer, mas como uma estrutura essencial das sociedades. Por isso é que, retomando a clássica imagem de Marx, a ideologia seria essa espécie de cimento que percorre as estruturas político-sociais. Cimento muita vez invisível ou não conscientizado pelos membros da comunidade, mas o verdadeiro responsável por manter em pé o edifício (social ou literário). Toda sociedade tem sua ideologia, que se divide em um "sistema de ideias", que fornece uma visão do mundo por meio de leis e princípios conscientes, e um "sistema de atitudes", que engloba o comportamento, os costumes e as maneiras de agir já tornadas inconscientes. Usado o termo em literatura, se poderia falar que a série literária se ordena ideologicamente porque ela forja princípios e leis para normalizar sua função. E assim como na série social encontramos a ideologia dominante e as ideologias discordantes, também na série literária é possível falar de ideologia e contraideologia.

A narrativa ideológica e a série social

Quando voltada para o espaço real, a narrativa constrói-se mimeticamente, procurando refletir o mundo exterior em sua organização e aparência. Seu produto final é uma crônica, uma história, uma sucessão de quadros e retratos de costumes e episódios havidos ou possíveis de haver no espaço da realidade contextual.

Tal narrativa é um re-conhecimento da realidade e, porque procura retratar a aparência da vida social, constrói-se simétrica em relação àquilo que denomina como real. Sua preocupação é a transparência. A palavra aí recolhe identidades do mundo empírico. Não está voltada para a criação (*qualidade*), mas para a re-produção (*quantidade*). Por isso seu êxito enquanto produto acabado tanto é maior quanto melhor reproduza o "sistema de atitudes" e o "sistema de ideias" em que se sustenta a comunidade. O sistema de atitudes transparece no desempenho dos personagens que atuam semelhantemente a indivíduos do espaço real. Eles aceitam o mesmo código que gere a comunidade do autor. Aí se articulam, se contrapõem, mas terminam sempre afins com o sistema de atitudes recomendáveis. Já o sistema de ideias aparece na construção frásica, na manipulação linguística e formal da narrativa. O seu repertório é o repertório do homem médio. Os aforismos, os lugares-comuns que mantêm os ideais do grupo social, aí estão intersticialmente cimentando todo o sistema narrativo-ideológico. A rigor, tal narrativa não vê o mundo com espanto ou perplexidade, ela o re-vê contado ideológica e miticamente. É assim que se opera a produção dos romances *best-sellers*, a literatura regionalista e de costumes rurais, as narrativas urbanas de crimes, sedução e aventuras, as novelas de televisão para horários familiares, e é assim que se repetem os dramas policiais com a justiça cumprindo sua ação punitiva.

Essa narrativa, que pode ser identificada como uma *narrativa de estrutura simples* e que trabalha sempre com a reduplicação dos mesmos modelos ideológicos, estabelece dependências miméticas com aquilo que a ideologia dominante chama de realidade. Para executar essa mímesis da série social, ela desenvolve modelos conscientes e inconscientes. Exercitando modelos conscientes, ela se exemplifica na narrativa que Platão recomendava aos escritores da *República*. O poeta, por exemplo, deveria reproduzir os feitos históricos, mas de uma história contada do ponto de vista da ideologia da República. Esse episódio tem se repetido ao longo dos anos, e, ainda neste século, o jadanovismo russo aconselhava "aquele romantismo que está na base do mito e é útil para fornecer e despertar uma atitude revolucionária rumo à realidade, uma atitude que muda praticamente o mundo".[5] Tais modelos conscientes da narrativa ideológica se desenvolvem sob a tutela dos governos de direita e esquerda, nas obras que ilustram os ideais da ditadura.

Já os modelos inconscientes e também ideológicos transparecem nas produções onde o autor pensa que fala, mas é falado por uma linguagem que o envolve. Ele está envolto numa atmosfera que o pensa, e sua linguagem apenas reproduz os lugares-comuns de um sistema que ele não consegue reduzir. Em ambos os casos, os modelos conscientes e inconscientes da narrativa ideológica possuem atributos míticos. Cria-se uma simetria entre a língua e a realidade, superpondo-se uma à outra, ocupando uma o lugar da outra. A verdade da comunidade é expressa pelas verdades da língua. Há uma simetria entre a sintaxe da língua e a sintaxe ideológica que ordena o mundo. Como no mito, linguagem e realidade passam a ser uma só coisa. Vive-se o mito julgando-se viver o real, vive-se a linguagem da ideologia pensando-se viver a realidade. Experimenta-se o conceito de amor e glória quando o que se queria viver era a realidade da glória e do amor. Esta narrativa privilegia o espaço das utopias e das sociedades construídas sempre mítica e ideologicamente.

---

5 Citado por Eco em *Apocalípticos e integrados*, 1970, p.214.

A narrativa contraideológica e a série social

Nem sempre a visão do narrador coincide com a óptica do poder instituído, nem sempre ele narra aquilo que os legisladores recomendam ou aquilo que o homem médio se limita a ver. Afastando-se da utopia configurada no sistema de ideias e no sistema de atitudes, o narrador pode desenvolver o que Foucault chamou o espaço das heterotopias.

> Les hétérotopies inquiètent sans doute parce qu'elles minent secrètement le langage, parce qu'elles empêchent de nomer ceci et cela, qu'elles brisent les noms communs ou les enchevêtrent, parce qu'elles ruinent d'avance la 'syntaxe', et pas seulement celles qui construisent les phrases, – celles moins manifestes qui font 'tenir ensemble' (à côté et en face) les uns des autres les mots et les choses [As heterotopias inquietam, sem dúvida porque minam secretamente a linguagem, porque impedem de nomear isto ou aquilo, porque despedaçam os nomes comuns ou os emaranham, porque arruínam de antemão a "sintaxe", e não só aquela que constrói as frases, – aquela menos explícita que faz "manter juntas" (ao lado e frente a frente umas das outras) as palavras e as coisas].[6]

A narrativa contraideológica interessada no espaço real introduz, portanto, um certo grau de opacidade em relação à transparência absoluta da narrativa mimética ideológica. Sua

---

6 Foucault, *Les mots et les choses* [As palavras e as coisas], 1966. p.9. Todo o livro de Foucault trabalha sobre o relacionamento entre a linguagem e a realidade. Ver especialmente os capítulos: "La prose du monde [A prosa do mundo]", "L'homme et sés doubles [O homem e seus duplos]".

versão do real é crítica e procura denunciar aquilo que a narrativa do poder ocultou. É o que sucede geralmente com o chamado "romance de 30" na literatura brasileira, descrevendo um espaço socioeconômico antes ausente de nossa paisagem literária. A história já não é contada pura e simplesmente do ponto de vista do senhor de engenho ou do bacharel, mas introduzem-se aí outras versões. Surgem personagens ausentes na narrativa ideológica, ou então se procura investir esses personagens de uma outra consciência da realidade. Como disse Jorge Amado em seu discurso de posse na Academia Brasileira:

> Da angústia e da miséria nasceu o romance de 30. O romance do açúcar, da decadência dos meninos de engenho e do aparecimento na cena da vida nacional dos moleques Ricardo, saga escrita pelo grande mestre da narração brasileira e inesquecível figura humana que foi José Lins do Rego. O romance do árido sertão e dos sofridos sertanejos desse extraordinário Graciliano Ramos, em cuja obra, num milagre de harmonia, conciliaram-se as duas vertentes, Alencar e Machado.[7]

Um exemplo dessa narrativa contraideológica extraímos do próprio Jorge Amado: *Terras do sem-fim*. Aí o tratamento que dá ao mítico e ao social visa a um confronto com a narrativa do poder. Usa da técnica do "narrar" em vez do simples "descrever".[8]

---

7 Martins, *Jorge Amado povo e terra 40 anos de literatura*, 1972, p.12. O livro reúne depoimentos do autor e as principais críticas à sua obra. Por aí se pode ter também a visão das transformações da linguagem da crítica no Brasil.

8 Categorias utilizadas por Georg Lukács. O "descrever" é feito à distância, passivamente (*Nana* – Zola) e o "narrar" é mais participante e mostra uma escrita crítica (*Anna Karenina* – Tolstoi).

Em vez de endosso do mito como em *O guarani* ou *A Moreninha*, aqui o mito é solicitado para denunciar a realidade. A barca que conduz os personagens no princípio do livro lembra a barca de Caronte na *Divina comédia* de Dante e topicamente retoma o princípio de que todos os heróis surgem das águas. Só que os heróis aqui são anti-heróis. Badaró é ao mesmo tempo um criminoso e um leitor da Bíblia, Horácio é apresentado em seu ridículo camisolão, ao mesmo tempo é o machão/mandão. O mito do Eldorado é descarnado ao se narrar as lutas na terra do cacau. Dentro do livro coabitam diversas visões: uma romântica, uma realista e outra fantástica com uma única função: denunciar a versão utópica da ideologia dominante. A contraideologia se mostra ainda ao descrever os negócios da Igreja, os sonhos e bovarismos de Ester, as maquinações da política do nível municipal ao federal e, principalmente, na conclusão da história: aí o narrador mostra o espaço da ideologia com todas as suas contradições. A ideologia dominante se instaura com mais força por meio de Horácio e sua aliança com o Poder, e o autor nomeia essa última parte ironicamente de "progresso", quando na enunciação do livro se percebe que houve aí uma simples transformação das formas de dominação.

A narrativa contraideológica interessada no espaço real corre sempre um risco às vezes não calculado. Propondo-se contraideologicamente pode estar realizando apenas um outro tipo de ideologia. Nesse caso sua contraideologia é relativa à ideologia a que se refere diretamente. Ela pode ser uma heterotopia em relação à utopia vigente, mas pode ser uma decorrência de uma utopia requerida alhures. Pode-se dar, por exemplo, que uma narrativa contraideológica em relação ao espaço ideológico capitalista seja ideológica em relação ao espaço ideológico comunista-socialista. Esse é o risco que corre a narrativa voltada para o espaço real: ela pode cair numa discussão ideológica sobre o conceito de real.

No caso de *Terras do sem-fim*, isso ainda não ocorre, como não ocorre em *Usina* de José Lins ou *O Quinze* de Rachel, mas não é difícil descobrir nas obras desses autores os momentos em que o texto se converte em catequese ideológica tanto no nível do enunciado quanto no nível da enunciação. Nesses casos a narrativa contraideológica é inversamente simétrica à narrativa ideológica. Do real apresenta apenas uma versão oposta. Elas estão se dirigindo para o mito recontado ideológica e etnocentricamente.

Da mesma maneira que existe uma narrativa voltada para o real, existe também uma crítica interessada nas narrativas ideológicas e contraideológicas em relação à série social. Essa crítica pode receber o nome de sociológica, marxista ou de estruturalismo genético. Preocupada em ler a realidade, só procura nos textos a transparência do mundo, incapacitando-se para ler os textos da opacidade. Para ela o texto é uma função direta do contexto, e os modelos para explicar o texto são extraídos desse contexto. É também uma crítica da transparência preocupada com o sistema de ideias e o sistema de atitudes dos personagens e do autor em relação à comunidade.

A narrativa e o espaço simbólico

Vivemos numa sociedade escriturária que tem organizado o estudo de uma disciplina chamada literatura. Todo narrador encontra, portanto, uma tradição de narradores e críticos que fixaram preceitos mais ou menos rígidos conforme as épocas. Escrever é escrever dentro de uma determinada cultura. Ainda que seja contra essa cultura, tentando apagar os vestígios malsãos da civilização, o ato de escrever não é impune: escreve-se culturalmente. E se alguém pensa escrever "naturalmente" é bem possível que esteja escrevendo ideológica e inconscientemente.

A série literária, portanto, também se organiza ideologicamente a partir do que se convencionou chamar princípios estéticos. Muitos desses princípios podem estar à tona numa época e desaparecer em outra. O fato é que sempre se organizam em forma de sistema, havendo forte correlação entre os elementos. Tynianov, por isso, definia a evolução literária como uma "substituição de sistemas": "A existência de um fato *literário* depende de sua qualidade diferencial (isto é, quer sua correlação seja com a série literária, quer seja com a série extraliterária), em outros termos, de sua função. O que é fato literário para uma época será fenômeno linguístico relevante da vida social para uma outra, e, inversamente, de acordo com o sistema literário em relação ao qual esse fato se situa. Assim, uma carta para um amigo de Derjavine é um fato da vida social; na época de Karamzine e de Puskin, a mesma carta amigável é um fato literário. Testemunho disso é o caráter literário das memórias e dos jornais num sistema literário e seu caráter extraliterário".[9]

Essas colocações de Tynianov, acentuando sempre o relativismo que regula o *corpus* de uma literatura, podem ser consideradas a continuação de um raciocínio presente em escritores de formação e de países diferentes, como T. S. Eliot:

> Nenhum poeta nem qualquer outro tipo de artista tem seu significado completo sozinho. Sua significação, sua apreciação são a apreciação de sua relação com os poetas

9 Tynianov, Da evolução literária. In: *Teoria da literatura*: formalistas russos, 1971, p.109. Todo esse artigo de Tynianov é fundamental ao reestudo do problema da "história" da literatura.

> e artistas mortos. Não se pode avaliá-lo isoladamente. É necessário situá-lo por contraste e comparação com os mortos. E isso é um princípio estético e não meramente crítica histórica. Sucede que, quando uma nova obra de arte é criada, algo ocorre simultaneamente com todas as obras que a precederam. Os monumentos existentes formam uma ordem ideal entre si, a qual é modificada pela introdução da nova (e realmente nova) obra de arte entre eles. A ordem existente está completa antes da chegada da nova obra; no entanto, para que a ordem persista depois do advento da novidade, toda a ordem existente deve ser, ainda que parcamente, alterada: assim, as relações e proporções de cada obra de arte em relação ao conjunto são reajustadas.[10]

Diante do *corpus* preexistente da literatura, a nova obra tem dois tipos de relacionamento: ou se coloca como uma continuação repetindo procedimentos formais e estilísticos postos já em uso ou opera uma ruptura com a ordem vigente trazendo um modo diferente de arranjar o universo simbólico.

A narrativa ideológica dentro da série literária

O narrador que produz uma obra em consonância com os preceitos de um grupo, uma geração, uma escola ou um estilo de época está exercitando-se num determinado tipo de ideologia literária. O universo simbólico a que está referindo é já conhecido e codificado. Ele apenas lança mão do que já existe e

---

10 Eliot, Tradition and individual talent. In: *Selected prose* [Prosa selecionada] 1955, p.23.

tenta sua aplicação. Esse comportamento acha-se do lado da *paráfrase*, pois sua obra é uma continuidade da produção anterior, desenvolvendo uma dependência intertextual. Essa obra ideológica é transparente em relação às técnicas e aos procedimentos empregados em outras. Ela cumpre as leis do sistema em que se insere.

É nessa realização ideológica que se encontram aquelas categorias lembradas por Ezra Pound:

> *beletristas* – homens que realmente não inventaram nada, mas que se especializaram em uma parte particular da arte de escrever, e que não podem ser considerados "grandes homens" ou autores que tentaram dar uma representação completa da vida ou de sua época;
> *bons escritores sem qualidades salientes* – homens que tiveram a sorte de nascer numa época em que a literatura de seu país está em boa ordem ou em que algum ramo particular da arte de escrever é "saudável". Por exemplo, homens que escreveram sonetos no tempo de Dante, homens que escreveram poemas curtos no tempo de Shakespeare ou algumas décadas a seguir, ou que escreveram romances e contos na França, depois que Flaubert lhes mostrou como fazê-lo;
> *diluidores* – homens que vieram depois das duas primeiras espécies de escritores (inventores e mestres) e não foram capazes de realizar tão bem o trabalho.[11]

Essa não é a literatura dos "mestres" e "inventores", que operam sempre por diferença, e não por identidade. Dentro da série literária atuam contraideologicamente. Ocorre, no entanto, dentro do relativismo que rege o sistema literário, que a

11 Pound, *ABC da literatura*, 1970, p.42.

ideologia se organiza de tal forma que seguir seus preceitos torna-se a ambição dos escritores. Assim foi durante os séculos considerados clássicos (século XV a século XVIII), quando o conceito de imitação era fundamental à execução das obras. Assim como o pintor começava seu aprendizado com os mestres, também entre os escritores era bom sinal seguir e imitar os clássicos. Dentro desse quadro, a invenção era desestimulada e ficava restrita àqueles capazes de subordinar a invenção alheia à sua própria, atingindo a diferença e a ruptura.

Seguindo a estratificação ideológica das sociedades, até o século XX, a tendência era a uniformização das escritas por meio daquilo que se convencionou chamar "estilos de época". O escritor deveria realizar um determinado mínimo múltiplo comum estilístico. Entre nós, Aluísio Azevedo é um exemplo do interesse em realizar os estilos mais diversos: romântico, realista, naturalista. Dentro da ideologia literária da época chegou a compor dois livros que o situam na categoria poundiana de "mestre" – *Casa de pensão* e *O cortiço*. Essas obras reduplicam modelos teóricos e práticos europeus, adaptando-os aspectualmente à paisagem brasileira. A linguagem, no entanto, é re-conhecível em Zola e Balzac. Estabelece-se uma relação de transparência, não dentro da série literária brasileira, mas na comparação da série literária europeia com a nacional. Isso não significa exatamente a superioridade de uma obra sobre a outra, mas fornece elementos quanto à gênese das narrativas. De um ponto de vista de análise das obras, importa antes ver se elas realizam seus pressupostos do que ir se adiantando a criticá-las.

Analisado do ponto de vista da transparência e da opacidade, José de Alencar, por exemplo, é ricamente contraditório. Em relação aos paradigmas estrangeiros sua obra é transparente, mas dentro da série literária brasileira é o instaurador de outra linguagem. Sua opacidade aparece exatamente no aspecto em que ele operou a *diferença* mais radicalmente, no nível da língua(gem). Aí produziu estranhamentos de ordens várias. Já nos outros níveis – narração e personagens – não foi tão radical, tendo operado antes a adaptação de modelos construídos alhures.

Assim como a crítica sociológica privilegia nas obras a transparência do mundo real, a crítica conhecida como de estilos de época privilegia nos textos a localização das ideologias literárias de cada período. Procura-se aí um vasto sistema de identidades de obras circunscritas num mesmo espaço histórico. Temos Idade Média, Renascimento, Barroco, Arcadismo, Romantismo, Realismo, Naturalismo, Modernismo como quadros que deslizam temporal e espacialmente, revezando-se na moldura da História. A História é vista principalmente como uma sucessão de identidades, e as diferenças são exceções que confirmam a regra.

A narrativa contraideológica dentro da série literária

Pode-se dar que uma narrativa não esteja interessada em descrever o espaço real nem ideológica contraideologicamente, e que seu autor se afaste da norma estilística de sua época e produza uma obra de opacidade mais intensa. Os personagens não são exatamente confrontáveis com as figuras do dia a dia, as cenas se passam nas paisagens re-conhecíveis e a técnica de narrar se afasta dos métodos usuais.

A tarefa de verificação da opacidade de uma obra, conquanto possa ser orientada empírica e intuitivamente, é de difícil execução. Há que conceber a obra como um todo divisível em alguns níveis que se articulam. Esses níveis podem variar com a argúcia do analista. Geralmente a dividimos nos níveis de narração/personagem/língua(gem). O estudo desses níveis indicará a complexidade das obras, complexidade que aqui aparece como sinônimo de espessamento da escrita. Poder-se-ia dizer que aqui é que se realiza melhor o espaço simbólico das heterotopias a que se referia Foucault.

Em nossa literatura parece ter sido Machado de Assis, na ficção, quem primeiro trabalhou insistentemente no espaço do simbólico, privilegiando antes os signos que a realidade empírica. Tome-se o exemplo máximo em *Memórias póstumas de Brás Cubas*: a invenção do espaço em branco e a reinvenção do espaço preto das letras, a desarticulação da linearidade e da cronologia embaralhando espaços fantásticos do delírio e da loucura, a decomposição da causalidade do antes e do depois rearticulando o tempo da vida e da morte aleatoriamente; tudo aí mostra que Machado, no nível da narração, principalmente, trabalhou sobre a opacidade dentro e fora da série literária. Por isso é que os críticos nunca conseguiram colocá-lo numa única escola. Seus vínculos eram com um universo simbólico bastante individualizado por meio do qual ele contestava a ideologia literária e a ideologia da comunidade. Oswald de Andrade, em *Memórias sentimentais de João Miramar* e *Serafim Ponte Grande*, leva mais adiante o espessamento da escrita. Ao assinar o prefácio de *Memórias sentimentais de João Miramar* por meio do personagem Machado Penumbra mostra a natureza parodística de sua escrita e incrementa a complexidade dentro de nosso espaço ficcional. Oswald leva adiante o espessamento da escrita. Investe contra a ideologia social e literária de modo mais agressivo. Atinge outros níveis de desarticulação da narrativa que Machado não atingiu: instaura o texto como produto (des) compromissado com a prosa e a poesia. Não se trata de retomar o romance poético de Alencar. A experiência, reflexo dos procedimentos futuristas europeus, traz o texto para um novo espaço de libertação. O texto se produz alheio às convenções do que se chama gênero literário. Alguns trechos de *Memórias sentimentais de João Miramar* repetem o efeito de poemas-minutos de *Pau Brasil*.

Com Oswald, usando da técnica modernista-futurista, o espaço literário não será apenas mais um espaço linguístico ao lado de outros tipos de linguagem (jornal, teatro, direito, medicina etc.). O espaço literário passa a ser o cruzamento de todas as outras linguagens. Daí ele refaz e se apropria esteticamente de outras linguagens: a fala da classe média, cartas de negócios, linguagem jornalística, cartões-postais, linguagem jurídica etc. Estabelece uma crítica de linguagem dentro e fora da série literária. Um efeito que Mário de Andrade usou menos ou com menos força: a paródia como o avesso da paráfrase. Paródia como ruptura, como inversão de símbolos, como relação intertextual crítica. Há um deslocamento, e a sintaxe, a história, os mitos, os aforismos, o folclore aparecem de cabeça para baixo, com seus valores ideológicos denunciados.

Neste ponto, é necessário voltar a Guimarães Rosa. Principalmente ao Guimarães Rosa de *Tutameia*. Aqui a teoria e a prática da narrativa no Brasil parecem ter atingido os seus limites. Numa linha muito pessoal, dilata as propostas de Machado e Oswald. Chega de vez aos limites da ficção e da não ficção, mas não apenas na mistura de realidade com imaginação, de biografia e imaginação. A fusão que tece é da ficção e da crítica. Seus quatro prefácios que têm, pelo menos, as duas ordens de leitura sugeridas por ele levam aonde Borges não levou aquilo que se poderia chamar de ficção crítica. No primeiro prefácio, "Aletria e hermenêutica", traça dois paradigmas: história-história e vai cruzando um e outro, aproximando seu texto do "gracejo", "humor", "chiste" até atingir a "graça" ou "poesia". Parte das anedotas, mas chega às "anedotas de abstração". Retoma aquele mesmo descentramento em relação aos aforismos que já assinalamos em Machado. O lúdico assume todo o livro, tanto na montagem da ordem dos prefácios quanto no trabalho das frases que atingem o máximo de preciosismo em sua obra. Aqui já não temos mais o contador de histórias, instalou-se definitivamente o escritor de histórias. A escrita levada à exasperação e à opacidade que Mallarmé e Joyce conheceram.

A obra opaca em relação à série literária o é também, geralmente, em relação à série social. Estabelece-se aqui um mecanismo de probabilidade. O autor que está em consonância com os códigos ideologicamente organizados não sentirá impulso para confeccionar outros códigos de expressão. O convencional lhe é mais do que satisfatório. Em simetria, continuidade com o real, ele expressará a mesma simetria e continuidade em sua obra. Já o estranhamento da opacidade advém quando o autor não tem mais embocadura para o código vigente e urge por outros canais de expressão. Hipoteticamente pode-se dar que surja uma obra ideológica, transparente à realidade e, no entanto, portadora de nova codificação. Mas haverá muita probabilidade também que ela seja uma obra aleatória, solta dentro do próprio sistema de produções do autor ou da comunidade. Ela pode ter alto grau de ludicidade, se bem que, repetimos, é bem provável que o jogador que vive fazendo os elogios das regras do jogo não será aquele que vai romper com essas mesmas regras.

Graças aos novos instrumentos de análise deve ser viável localizar os espaços da transparência e opacidade da narrativa. Lembramos aqui que havíamos fixado aqueles três níveis mínimos onde operar a análise: narração/personagem/língua(gem). A prática leva a ver que pode uma narrativa ser transparente num nível e não o ser em outro. Por exemplo: é bem possível que um escritor use uma sintaxe e uma semântica transparentes em relação às normas, mas que construa uma história inverossímil em relação aos parâmetros do cotidiano. A obra alegórica geralmente usa de uma construção linguística ordinária, e aí encontramos tanto *A peste*, de Camus, como as histórias de Kafka e de Borges. No Brasil poderíamos ficar apenas com Machado, mas exemplos mais recentes ainda comprovam isto: tome-se a ficção de J. J. Veiga ou *Incidente em Antares* de Érico Veríssimo. Neste último livro há ainda um outro elemento insólito, porque o fantástico e o alegórico não povoam todo o livro, apenas alguns capítulos, mas entram numa correlação direta com a História do Brasil que o autor reconta linear e sucintamente na primeira parte.

Pode-se, portanto, pensar numa combinatória que articule esses dois elementos: transparência/opacidade em relação aos três níveis: narração/personagem/língua(gem). Chegaríamos a dezenas de combinações teóricas que poderiam tanto circunscrever a prática quanto servir de especulação pura sobre as possibilidades ilimitadas da criação.

CONCLUSÃO

Os conceitos de ideologia e contraideologia em relação à série social e literária permitem um arranjo outro do *corpus* de nossa literatura. É possível a partir daí pensar em agrupar as obras acima das datas de publicação, da biografia dos autores e mesmo de seu estilo, considerado o estilo como elemento detectável no plano minimal da frase.

Certamente que essas categorias, para serem operacionalizáveis, devem contar com um instrumental definido e aportado à Teoria da Literatura pela Linguística, Antropologia e Psicanálise. Poder-se-ia, então, a partir disso, compreendendo ideologia e contraideologia como uma variante dos mecanismos de identidade e diferença, estabelecer paradigmas que agrupassem as obras segundo suas diferenças e semelhanças estruturais. A ideologia e a contraideologia devem ser confirmadas não apenas no nível do enunciado, mas principalmente no nível da enunciação. Pode-se dar muitas vezes que a enunciação desminta o enunciado. A análise estrutural deve estar habilitada para propor e resolver esse problema.

A "história" da literatura seria então um sistema em que tanto a identidade quanto a diferença teriam papel fundamental. O *corpus* seria a inter-relação entre esses valores, sem que com isso se quisesse privilegiar um ou outro. Eles se necessitam e só existem em função um do outro. Querer uma "história" da literatura que fosse somente o avanço das diferenças seria querer o absurdo tanto teórica quanto praticamente. É a semelhança que propicia a diferença e vice-versa. Assim visto, o sistema literário seria uma interação dialética de qualidade (diferença) e quantidade (semelhança). A diferença seria a instauração de novos paradigmas narrativos, a semelhança seria o seu apoio, a sua continuidade sintagmática. As diferenças constituiriam o grande sintagma, mas o sintagma parte de paradigmas, assim como a horizontal só tem sentido diante da vertical.

Assim visto, o sistema das narrativas compreenderia o sentido dialético de uma história que não é feita de exclusões, mas de rearranjo contínuo de seus próprios elementos. Porque a história é feita de silêncio e de linguagem, e nenhum existe sem o outro. As diferenças fazem falar as semelhanças, e as semelhanças fazem falar as diferenças.

3
O GUARANI

> "Se a novela foi a minha primeira lição de literatura, não foi ela que me estreou na carreira de escritor. Este título cabe a outra composição, modesta e ligeira, e por isso mesmo mais própria para exercitar um espírito infantil. O dom de produzir, a faculdade criadora, se a tenho, foi a charada que a desenvolveu em mim, e eu teria prazer em referir-lhe esse episódio psicológico, se não fosse o receio de alongar-me demasiado, fazendo novas incursões fora do assunto que me propus."
>
> José de Alencar, *Como e por que sou romancista*

INTRODUÇÃO

Estabelecimento dos códigos

Submetido à análise estrutural, o romance de Alencar recobra seu interesse e exemplifica um tipo de composição que definimos como narrativa de estrutura simples. A simplicidade de Alencar, no entanto, não se identifica com simplismo e revela um autor sofisticado que aprofundou todas as contradições do chamado romance romântico.

Nesta análise tentaremos fazer uma desmontagem do sistema de composição de *O guarani*[1] ressaltando duas constantes imprescindíveis à caracterização de uma obra como narrativa de estrutura simples: o mito e a ideologia. Um estudo mais acurado poderia comparar o texto do romance com as formulações teóricas e depoimentos do autor expressos em diversas polêmicas, cartas e prefácios. Este trabalho realizamos com os alunos de pós-graduação da PUC-RJ, tentando fixar o que seria a teoria do romance de Alencar a partir não só de uma *theoria* geral da linguagem, mas também de uma práxis de sua escrita. Neste estudo nos limitaremos a dar elementos para a reconsideração da obra do romancista cearense mostrando a engenhosidade de sua composição.

Começaremos pelo nível da narração, procurando localizar outra estrutura de composição por detrás da massa uniforme dos capítulos. Em seguida, entraremos pelo nível dos personagens, mostrando a relação entre o sistema de sujeitos e o sistema de objetos até retomarmos, no nível da língua(gem), a narração e o estilo congeminadamente.

Consideremos inicialmente como o autor distribui sua narrativa. Temos 54 capítulos distribuídos em 4 partes: "Os aventureiros", "Peri", "Os aimorés", "A catástrofe". Em busca de uma estrutura menos superficial podemos reagenciar essas sequências convertendo as quatro partes do romance em três etapas:

a) uma parte inicial, em que se introduz o cenário e os personagens, caracterizada pela ausência de conflitos;

---

1 O presente estudo baseia-se na edição crítica de *O guarani* publicada em 1958 pelo Instituto Nacional do Livro, Rio de Janeiro, sob a responsabilidade de Darcy Damasceno. Originalmente o romance foi publicado em folhetins pelo *Diário do Rio de Janeiro* e a seguir numa edição da Empresa Tipográfica Nacional do Diário, em 1857.

b) uma segunda parte, na qual os conflitos começam a se delinear, os personagens vão entrando em choque até a quase destruição de todos eles;

c) uma última parte, em que os personagens sobrantes passam a viver numa atmosfera harmônica semelhante à do princípio da história.

Essas três partes, que poderiam ser identificadas com a distribuição ortodoxa da narrativa em *princípio*, *clímax* e *desfecho*, importam, no entanto, uma complexidade maior, ocultando elementos que, uma vez decifrados, podem nos levar à autêntica imagem da obra. Existiria uma *mensagem* estruturalmente disposta dentro da narrativa e que só pode ser conhecida na medida em que dispusermos de elementos decifradores de seu *código*.

Com efeito, essas três unidades sequenciais podem ser conhecidas por meio da leitura de seus signos, pois que elas se constituem em códigos que assim designamos:

a) *Código edênico inicial*
b) *Código dramático declarado*
c) *Código edênico final*

CÓDIGO EDÊNICO INICIAL

A compreensão desses códigos se possibilita por meio de um *modelo* capaz de interpretá-los integrando-os organicamente. Referimo-nos ao binômio que assume posições distintas em cada uma dessas fases, e de cuja maior ou menor oposição ou justaposição conseguimos os elementos definidores do que seja edênico e dramático nesta composição.

De uma maneira geral, então, diríamos que *código edênico inicial* se define por uma harmonia entre os sujeitos e os objetos. Os elementos que compõem tanto o polo da Natureza quanto o polo da Cultura estão em repouso, não são conflitantes. Há antes uma ideia de coordenação e complementação entre um elemento e outro. Essa duplicidade harmônica se manifesta numa integração do cenário natural descrito, da casa, dos objetos aí dispostos e do próprio homem. Aí, se poderia dizer, a natureza é a casa do homem, a casa é uma extensão da natureza e o homem opera a união das duas.

Exemplo dessa simbiose é todo o primeiro capítulo do romance, que descreve sequencialmente: um cenário de rios e montanhas no interior fluminense, os aspectos exteriores da casa de D. Antônio Mariz e, logo a seguir, os interiores do edifício, demonstrando que nas três descrições o *natural* e o *cultural* se relacionam edenicamente. Nesse quadro, a descrição da escada de lajedo da casa é apresentada como tendo sido "feita metade pela *natureza* e metade pela *arte*" (p.8), pois nessa paisagem a "*indústria* do homem tinha aproveitado habilmente a *natureza* para criar os meios de segurança e defesa" (p.8).

Existe algo de caixa chinesa na relação natureza/casa/homem nesta fase: uma contém a outra, que contém a outra, dentro de um sistema de recorrências. Tal como aquele jardim da casa que é uma mistura da *selva* e que Alencar apresenta assim: "havia uma coisa que chamaremos *jardim*, e de fato era uma imitação graciosa de toda a *natureza*, rica, vigorosa e esplêndida, que a vista abraçava do alto do rochedo" (p.8).

Na verdade, existe nessa parte uma ênfase na *antropomorfização da natureza* e uma *naturalização do homem*. Nesse sentido é que Alencar assinala que "parecia que a natureza havia se feito menina", da mesma maneira que o quarto de Ceci decorado com aves, animais, pedras preciosas é apresentado como "ninho da inocência" ou "como a atmosfera do paraíso que uma fada habitava" (p.9).

O exemplo máximo dessa integração talvez esteja no brasão da família, em que os três reinos – o vegetal, o animal e o mineral – estão enlaçados numa simbologia que revela como Natureza e Cultura se inscrevem conjunta e harmonicamente.

Difícil é delimitar até que capítulo exatamente transcorre esse clima paradisíaco, pois no capítulo VIII (1ª parte), que parece fechar a fase edênica, o autor ainda insiste em desenvolver a disposição harmônica dos elementos. Na descrição que faz da missa rezada por D. Antônio diante de sua família, a natureza é tomada como no Romantismo, uma catedral aberta. Aí, não somente o homem, mas "a natureza se ajoelha aos pés do Criador para murmurar a prece da noite!" (p.37), e aí pronuncia-se uma "prece meio cristã, meio selvagem" (p.38), o que equivale a dizer: uma oração que integra o cultural ao natural.

Poder-se-ia, no entanto, indagar: como definir o edênico numa organização como a que descreve o autor, sob todos os ângulos, homóloga à organização feudal de vida, onde há predominância do senhor sobre os servos, onde D. Antônio é indicado repetidamente como um "suserano" cercado de "súditos" e "vassalos"?

Com efeito, o edênico aqui é referenciado a certa ideologia romântico-medieval que via na composição social em formato piramidal o princípio da ordem e da paz. D. Antônio aí exerce o *direito natural*, conforme versado na Idade Média por meio da *Suma teológica* de Tomás de Aquino. Aí o chefe praticava tanto a *lei natural*[2] quanto a *lei humana*.[3] Pode-se comprovar

---

2 A *lei natural*, conforme é definida no capítulo XCIV, 1, da *Suma teológica* de Tomás de Aquino, é o ato da razão e vontade de Deus, que prescreve a observância da origem moral, proíbe a violação, e que se manifesta às criaturas na luz natural da razão. D. Antônio de Mariz tipifica o exercício dessa lei.

3 A *lei humana*, no capítulo XCVI, 4, da *Suma teológica*, define-se como um preceito da razão, ordenado ao bem da sociedade em

isso cotejando os textos teóricos de Tomás de Aquino com essa descrição que Alencar faz do sistema de vida desenvolvido na propriedade de D. Antônio:

> Assim vivia, quase no meio do sertão, desconhecida e ignorada essa pequena comunhão de homens, governando-se com as suas leis, os seus usos e costumes; unidos entre si pela ambição da riqueza, e ligados ao seu chefe pelo respeito, pelo hábito da obediência e por essa superioridade moral que a inteligência e a coragem exercem sobre as massas (p.13).

A ideologia romântico-medieval ilustrada por Alencar nessa primeira parte do livro pode ser justificada dentro do romance por meio de um modelo, que chamaríamos modelo natural. Assim é, pelo menos, o que nos informa a primeira página do livro, quando apresenta o cenário onde se encontrarão seus personagens. Aí a relação entre o rio Paquequer e o Paraíba é assim descrita:

> dir-se-ia que *vassalo* e tributário desse *rei das águas*, altivo e sobranceiro contra os rochedos, curva-se humildemente aos pés do *suserano*. Perde então a beleza selvática; suas ondas são calmas e serenas como as de um lago, e não se revoltam contra os barcos e as canoas que resvalam sobre elas; *escravo* submisso, sofre o látego do *senhor* (p.7).

---

particular, emanado da autoridade competente e por ela promulgado. D. Antônio também se enquadra no exercício dessa lei, como típico senhor feudal que associa o poder humano e espiritual, sendo guerreiro e sacerdote ao mesmo tempo. Essas observações foram feitas segundo consultas a *Suma teológica*, 1942. Ópera Omnia – Sancti Thomae Aquinatis – Tomas Spetimus Prima Secundae Summae Theological, Romae, MDCCCXCII.

Essa primeira descrição vale como índice não só da estrutura feudal dentro da casa de D. Antônio, como de índice também da situação inicial de Peri diante de Ceci. Com efeito, o nome que o índio dá a Ceci é *Iara*, que significa *senhora*, e como *escravo* submisso ele aparece referenciado várias vezes, tal como o Paquequer diante do Paraíba.

Nesta fase, sem dúvida, há o edênico. Mas o edênico aparente. Pois por detrás da harmonia há o predomínio de um elemento sobre o outro justificado ideologicamente por um modelo cultural e natural. Mas a situação parece se encaminhar para uma modificação nessa relação, pois aqueles que eram apresentados inicialmente como *senhora* e *escravo* são descritos no *código edênico final* como *irmã* e *irmão*, sugerindo que, finalmente, houve a integração total dos elementos, de acordo com a ideologia do autor, que agora vai afirmar a supremacia da Natureza sobre a Cultura, pois só com a integração total na natureza poderia haver paz.

CÓDIGO DRAMÁTICO DECLARADO

O código dramático se declara[4] ao se perceber os elementos conflitantes dentro do aparente clima edênico inicial. Se

---

4 Na verdade, o código dramático neste livro pode ser considerado um desdobramento, pois, ao atingirmos a segunda parte da obra, percebe-se que, cronologicamente, havia já uma dramaticidade informando aquela história que formalmente começa pela atmosfera edênica. São as narrativas de como Loredano deixou suas vestes de sacerdote e se converteu num assassino, e o conhecimento de como Peri se aproximou da casa de D. Antônio nos vem daí. Por isso, se poderia falar de um *código dramático velado* ou pré-edênico, que serve ainda mais para mostrar a simetria bilateral do livro, pois agora teríamos duas fases dramáticas e duas edênicas se alternando e se complementando.

o edênico pressupunha a harmonia entre Natureza e Cultura, o dramático há de se concretizar na medida em que mostremos não apenas os elementos opositivos entre o natural e o cultural, mas as oposições internas dentro de cada conjunto.

Consideremos, então, que Natureza/Cultura possam ser tomadas não apenas como dois paradigmas aglutinadores de temas, motivos e personagens, mas como dois conjuntos de elementos, que mantêm entre si um relacionamento variado segundo a curva edênica-dramática-edênica. O *conjunto natural* (A) compreenderia os personagens e elementos dispostos do lado da Natureza. Aí estariam, por exemplo, Peri e os demais índios aimorés e guaranis. O *conjunto cultural* (B) aglutinaria os elementos à roda de D. Antônio Mariz: sua família e aventureiros agregados. É de se notar que o próprio Alencar estava consciente dessa oposição, ainda que utilizando outra terminologia, pois saindo do plano da história, volta e meia faz paralelos entre o que chama de vida *selvagem* e *civilização*, ou entre duas naturezas, uma filha da civilização e outra filha da *liberdade selvagem*.[5]

---

5 A aproximação ou separação entre Natureza/Cultura, compreendidas como sinônimos de "civilização" e "vida selvagem", depende do ponto em que a história está. Mostrando as semelhanças entre Álvaro e Peri, apesar das aparentes divergências diz: "Entretanto, essas *duas naturezas*, uma *filha da civilização*, a outra *filha da liberdade selvagem*, embora separadas por distância imensa, compreendiam-se" (p.159). Noutra parte abordando o mesmo tópico diz: "Na *vida selvagem*, tão próxima da natureza, onde a convivência e os costumes não reprimem os movimentos do coração, o sentimento é uma flor que nasce como a flor do campo, e cresce em algumas horas com uma gota de orvalho e um raio de sol. Nos *tempos de civilização*, ao contrário, o sentimento torna-se planta exótica; e só vinga e floresce da paixão ardente e intensa" (p.234). Seria possível, em outro estudo, dilatar esse tópico, relacionando-o com o pensamento de Freud, Marcuse, Norman e Brown que repõem o problema a partir de uma perspectiva moderna.

Esses dois conjuntos podem se dividir em outros subconjuntos. Do lado natural teríamos o *subconjunto a1* – reunindo os índios guaranis (amigos) e, em contraposição a esse, o *subconjunto a2* – aglutinando os índios aimorés (inimigos). De fato, enquanto os guaranis podem ser tomados dentro de uma perspectiva positiva, pois são dóceis e nobres, os aimorés são descritos com "fisionomias sinistras, nas quais a braveza, a ignorância e os instintos carniceiros tinham quase de todo apagado o cunho da raça humana" (p.227).

Do lado cultural encontraríamos a mesma subdivisão: o *subconjunto b1* representado pela família de D. Antônio, incluindo Álvaro, *versus* o *subconjunto b2* tipificado em Loredano e naqueles bandoleiros que em torno dele se ajuntaram para a destruição da casa/castelo de D. Antônio e rapto de Ceci. Considerando que aí temos simetricamente também a oposição entre um subconjunto positivo e outro negativo, assim representaríamos as relações:

CONJUNTO NATURAL (A)	*subconjunto natural* (a1) – índios guaranis (positivo) *subconjunto natural* (a2) – índios aimorés (negativo)
CONJUNTO CULTURAL (B)	*subconjunto cultural* (b1) – família de D. Antônio (positivo) *subconjunto cultural* (b2) – Loredano e aventureiros (negativo)

Evidentemente os elementos negativos e positivos acabam se polarizando opositivamente, havendo um cruzamento de um subgrupo com o outro. Assim, essa disposição simétrica geral aqui montada sofre uma alteração no conteúdo sem que se lhe altere a forma, pois da associação de negativos de um lado e de positivos de outro teremos:

Elementos positivos: (A/B)	*índios guaranis*	(a1)	(Natureza)
	subconjunto cultural	(b1)	(Cultural)
Elementos negativos: (A/B)	índios aimorés	(a2)	(Natureza)
	Loredano e aventureiros	(b2)	(Cultural)

Permanece a simetria de caracteres mesmo reagenciados em outro paradigma. Daí ser possível destacar a bilateralidade da composição dramática dentro da massa narrativa por meio de uma proporção perfeita:

Guaranis : Aimorés : : D. Antônio : Loredano

Terminando essa recolocação dos elementos dramáticos segundo uma estrutura simétrica da narrativa, pode-se dizer que os movimentos de destruição da casa de D. Antônio partem de um ponto interno (Loredano) e de um ponto externo (Aimorés). O negativo da cultura associado ao negativo da natureza se armam para aniquilar os polos positivos da natureza (Peri) e da cultura (D. Antônio). Da mesma maneira que um elemento interior se alia ao exterior na destruição, também um elemento exterior (Peri) se alia ao interior (D. Antônio) para a defesa, resultando daí um equilíbrio quantitativamente perfeito de forças em combate dentro da equação armada por Alencar.

Esses seriam, enfim, os grandes núcleos dramáticos do texto. De um lado os elementos positivos, de outro os negativos interagindo dentro de dois conteúdos paradigmáticos: Natureza/Cultura. O conhecimento mais detalhado de como esses componentes vão se opondo e se compondo nos será dado por meio da descida ao nível dos personagens, onde comprovaremos as simetrias formais e conteudísticas a partir do estudo de dois tópicos: primeiramente veremos os sujeitos do drama e, depois, analisaremos os objetos, destacando que a análise do *sistema de objetos* corresponde à análise do *sistema de sujeitos*, pois entre eles há uma equivalência metonímica onde um se deixa representar atributivamente pelo outro.

Sistema de sujeitos

Díades – Depois da apresentação edênica do primeiro capítulo do livro, Alencar começa a desdobrar, a partir do segundo capítulo, uma série de díades, que polarizam os sujeitos em posições opostas sob variados aspectos. Ele vai apresentando os sujeitos das histórias aos pares: D. Antônio, fidalgo português, e sua esposa D. Lauriana, de origem paulista, não fidalga; Ceci, filha legítima, e Isabel, filha "dos amores do fidalgo por uma índia"; Álvaro, cavalheiro, *versus* Loredano, aventureiro; Isabel, inimiga de Peri; "Ceci amiga de Peri", e assim por diante, repetindo um modelo dual de oposições, seja segundo a raça, a moral, a nacionalidade, a religião, os costumes e os sentimentos.

É dessa observação, e assinalando o caráter sistemático com que se montam as díades, que podemos iniciar o estudo dos sujeitos e suas relações nessa história. Com efeito, a primeira díade opositiva marcante se estabelece entre Álvaro e Loredano, e a isso o autor dedica todo o capítulo III. Álvaro – típico cavalheiro, segundo os cânones medievais, pretende a mão de Cecília; Loredano – bandoleiro assassino, planeja destruir a família de D. Antônio e raptar-lhe a filha. A oposição entre ambos é indicada por meio da linguagem em que se expressam. A fala de Álvaro é cortês e bem cuidada, externando sua fidalguia; a de Loredano é estranha/estrangeira e se expressa com sotaque italiano furtivamente através de anexins.

Personagens antagônicos, esse antagonismo é referenciado pela própria natureza que os envolve. No primeiro lance do capítulo os encontramos caminhando paralelamente, junto ao rio Paraíba, numa conversa também paralela, em diálogo que não se entrelaça, pois mais parece um duelo verbal. Caracterizada a oposição entre ambos, a segunda conversa entre eles se dá no claro-escuro da floresta, como se o autor já quisesse indicar cromaticamente a oposição entre o fidalgo e o aventureiro

Álvaro <––––––> Loredano
(cavalheiro) (vilão)

A próxima díade bem marcada vem no capítulo V, intitulado "Loura e morena", já caracterizando Ceci e Isabel. A primeira descrição é a de Ceci segundo a norma romântica de integrar a roupa, a moral e a fisionomia dentro de um mesmo composto significante da personalidade do tipo. Isabel, como sempre, vem em segundo lugar. Enquanto uma é aproximada das flores e dos pássaros, dando ideia do inefável, gracioso e infantil, a outra tem traços humanos mais marcados. Embora seus traços de beleza, o autor insiste em fixá-la como "o tipo brasileiro", com languidez, malícia, indolência e vivacidade, com cabelos pretos, "lábios desdenhosos" – trazendo-a mais para perto do terreno, em oposição a Ceci, pintada com cores angelicais. Ceci, enfim, significaria a própria vida e sua essência, e Isabel, já comprometida pela mestiçagem de sua origem, é a portadora do veneno, que de uma maneira ou de outra a eliminaria:

Cecília <-------> Isabel
(fidalga) (mestiça)

No plano familiar abrem-se novas oposições: D. Antônio e D. Lauriana não só se opõem a partir dos polos masculino/feminino, marido/mulher, mas se contrapõem, porque D. Antônio era "português de antiga têmpera, fidalgo leal" (p.11), enquanto D. Lauriana era de origem paulista. Assim o espírito de nobreza que em D. Antônio de Mariz era um realce, nela tornava-se "uma ridícula exageração" (p.34).

Esse modelo de oposições, à medida que vai se repetindo, vai se incorporando num fenômeno de reduplicação, pois as díades começam a se cruzar, ainda que guardando sempre dois polos. Dessa maneira é que se pode descrever a relação familiar na casa de D. Antônio como uma equação que opõe os personagens mais positivos em polos opostos, intercruzando os polos masculino/feminino, pais/filhos. Mais explicitamente: existe uma atração natural entre D. Antônio e Ceci de um lado e D. Lauriana e D. Diogo de outro. D. Diogo é mesmo o responsável pela deflagração do conflito entre Aimorés e a casa de seu pai, por matar acidentalmente uma índia, razão por que seu pai quer afastá-lo, para o Rio de Janeiro, ao passo que D. Lauriana, que reage ao afastamento do filho, é também o elemento perturbador do edênico, pois provoca o afastamento de Peri, atingindo consequentemente Ceci. Daí poder se estabelecer também nesse ponto uma proporção reveladora das simetrias da história:

D. Antônio : Ceci : : D. Lauriana : D. Diogo

Exemplo ainda dessa reduplicação das díades vamos encontrar na descrição das relações sentimentais de mais dois personagens femininos e dois masculinos. A mesma oposição que existe entre Ceci e Isabel é a que existe entre Peri e Álvaro. Não há aqui exatamente inimizade. Esses elementos, no entanto, iniciam um circuito e vão mudando suas posições na história de tal maneira que no princípio temos:

Peri : Álvaro : : Isabel : Ceci

mas já no fim da narrativa, com a aproximação de Álvaro/Isabel pela morte e Peri/Ceci pela vida, teremos:

Isabel : Álvaro : : Ceci : Peri

Essas proporções vão se formulando dentro do livro, mas sempre direcionadas para uma bilateralidade mais geral que é a oposição Natureza/Cultura, que funciona como substrato de todos os modelos. Assim é que no plano da ação guerreira estabelecem-se duas proporções. A primeira é: D. Antônio salvou a mãe de Peri das mãos de aventureiros (p.98), assim como Peri salvou Ceci de ser esmagada sob a rocha (p.93). Equilibra-se a equação: fidalgo salva índia, assim como índio salva fidalga.

Outra proporção colocando nos extremos o natural e o cultural nos dá: Peri salva Álvaro de ser morto traiçoeiramente por Loredano (p.114), assim como Álvaro impede que Peri seja morto pelo cacique aimoré (p.248). Em outros termos: o natural intervém num conflito entre dois elementos culturais, assim como o cultural intervém num conflito entre dois elementos naturais. Esse modelo de reduplicação vai se repetindo por meio de outros personagens e conteúdos. Nesse caso, por exemplo, a equação ainda se prolonga uma vez mais, pois após ser salvo por Álvaro, Peri volta à luta e livra Álvaro pela segunda vez de morrer em pleno campo de batalha.

Tríades – No desenvolvimento da trama é possível desentranhar novo significado dos signos da história além do fenômeno das díades e da reduplicação das oposições. Percebe-se no código dramático declarado o surgimento de tríades, que são os elementos comprovadores de certa complexidade envolvendo os componentes da narrativa.

Depois de apresentados todos os elementos aos pares e de iniciar as reduplicações que vão se intensificar na parte mais adiantada do romance, o autor inicia o capítulo VIII (1ª parte) com o título: "Três linhas". Diz o texto: "Assim era esse o ponto onde se irradiavam aquelas *três linhas* partidas de *três pontos* tão diferentes. Da maneira por que estavam colocados, formavam um verdadeiro *triângulo* cujo centro era a janela frouxamente iluminada" (p.45).

Essas três linhas são: Álvaro, Loredano e Peri, "três homens bem diferentes pelo seu caráter, pela sua posição e pela sua origem, que, entretanto, tinham uma mesma ideia" (p.42). No capítulo IX, continuando a descrever o mesmo triângulo qualifica: Loredano é o "aventureiro de baixa extração", Álvaro "cavalheiro delicado e cortês", e Peri é aquele ser "onde não entrava um só sentimento de egoísmo". Continua repetindo os traços triangulares: "Loredano desejava; Álvaro amava; Peri adorava"; para um aquele sentimento "era uma loucura, o outro uma paixão, o último uma religião" (p.47).

Essa insistência de Alencar em destacar certo geometrismo da cena, ora dizendo que os três convergiam para um mesmo ponto como os *raios de um círculo* (p.43), e que eram "*linhas* que mais cedo ou mais tarde hão de cruzar-se no seu *vértice*" (p.43), tendo já afirmado que "formavam um verdadeiro *triângulo*, cujo centro era a janela" (p.45), nos possibilita uma esquematização da cena a partir de uma figura triangular, que tem Loredano do lado esquerdo, Álvaro à direita e Peri no vértice. Essa topologia está indicada pelo próprio texto, uma vez que Loredano caminha da esquerda, Álvaro da direita, sob a vigilância oculta de Peri do alto de sua cabana.

Inicia-se, então, a movimentação da cena. Álvaro passa sobre o precipício e deposita um bracelete de pérolas como presente na janela de Cecília; Loredano, em seguida, passa pelo mesmo perigo e lança no abismo o presente de Álvaro. Um se caracteriza como o doador, outro como o que subtrai. Essa cena vai se completar somente na segunda parte (por coincidência também no capítulo VIII). Peri, muito tempo depois, desce ao abismo para recuperar o objeto, devolvendo-o a Ceci.

Graficamente poderíamos, baseados nas próprias palavras do texto, representar assim essas cenas:

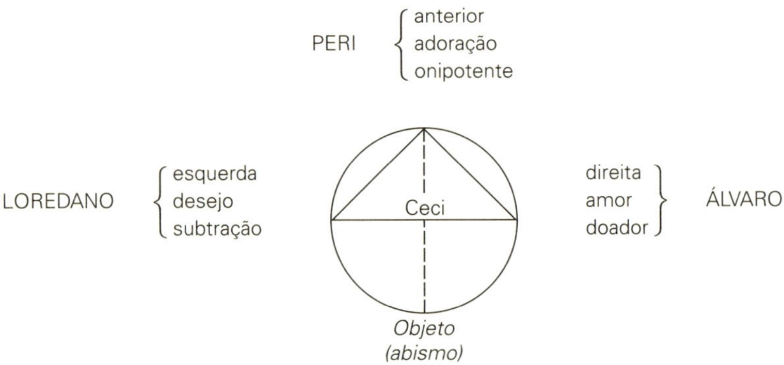

A partir das indicações feitas naqueles capítulos, destaca-se a formação de várias outras tríades, às vezes no nível superficial do discurso, às vezes em seu sentido mais profundo. Assim é que em toda a narrativa configuram-se três sujeitos que se apresentam constantemente superiores aos demais. Trata-se de D. Antônio, Ceci e Peri. Além de poderem ser assim considerados, esses personagens nos servem como polarizadores de três modelos dramáticos da narrativa. D. Antônio é o ápice do triângulo familiar, que tem D. Lauriana e D. Diogo em sua base; Ceci é o vértice do conflito sentimental que tem Isabel e Álvaro na base, e Peri é o ponto superior dessa pirâmide, que tem Loredano e Álvaro como suporte e que corresponde à luta dos caracteres masculinos, surgindo Peri como mediador onipresente, onisciente e onipotente. Como mediadores típicos, esses três elementos superiores se postam entre os dois da base. D. Antônio é o mediador máximo, guerreiro, líder religioso e juiz em sua casa, ao passo que Ceci é a mediadora entre Álvaro e Isabel, procurando solucionar o conflito amoroso que os envolve. Assim, teríamos:

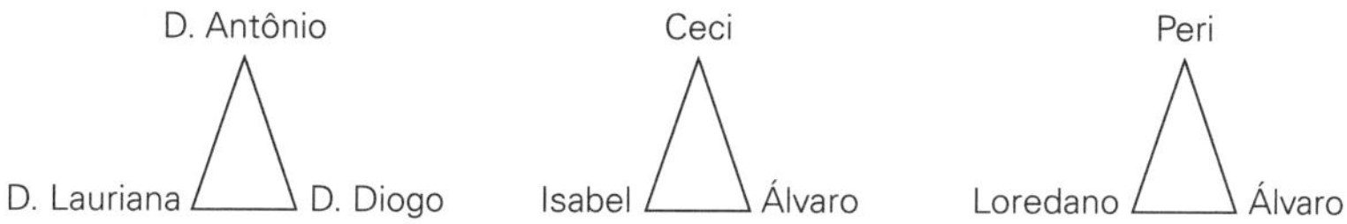

Isso posto, voltemos agora ao modelo original que nos dava a Natureza/Cultura como polos que interagiam no decorrer da história. Considerado como o chefe de seu clã e representante da metrópole, por suas condições de herói fundador de cidades e guardião das tradições, D. Antônio é, por excelência, protótipo do *senhor cultural*. Por outro lado, definido como gênio do bem das florestas brasileiras, guerreiro invencível, Peri tipifica o *senhor natural*. Dessa maneira, D. Antônio é senhor em sua casa, assim como Peri é senhor em seu *habitat* (natureza).

Relembremos agora que distribuímos a massa narrativa em três fases: *código edênico inicial, código dramático declarado* e *código edênico final*. Esses três lances são homólogos ao desenvolvimento também tripartite dos dois elementos opostos, que são Natureza/Cultura. Decorrentemente, a distância que separa dramaticamente D. Antônio de Peri é a mesma entre Cultura e Natureza, e a progressão da narrativa nada mais é que a confirmação de que a Natureza é superior à Cultura, conforme o ideário romântico-rousseauniano.

Releva aí marcar a função da personagem feminina Ceci, colocada intermediariamente entre D. Antônio (Cultura) e Peri (Natureza). Na verdade, Ceci é o único elemento cultural a realizar harmonicamente uma integração na natureza na medida em que vai se desgarrando do polo cultural para prender-se ao polo oposto, graças à força de atração de Peri (Natureza).

Aqueles três triângulos anteriores poderiam, então, ser montados de modo diferente, a fim de se visualizar essa passagem. Colocados verticalmente, observa-se que aqueles dispostos à esquerda são mais *gauches* que os dispostos à direita, embora estejam num plano mais baixo de valores. O que interessa, contudo, é que os elementos superiores – D. Antônio, Ceci e Peri – deixam perceber uma linha ascensional que, começada em D. Antônio (Cultura), passa por Ceci e termina em Peri (Natureza). Assim, teríamos:

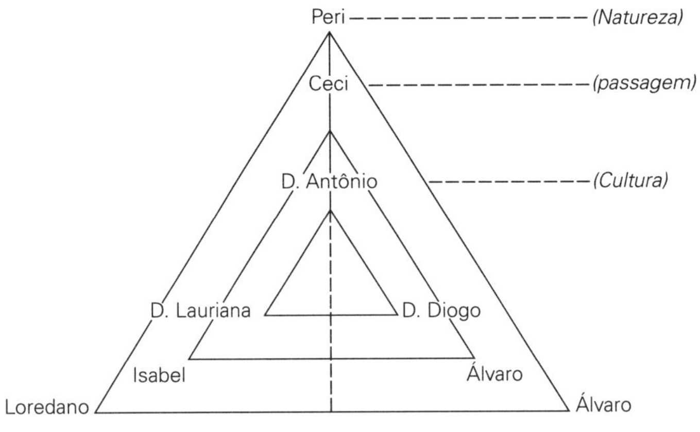

Essa montagem pode ser figurada de outro modo para que se perceba o desdobramento das três fases da narração:

código edênico inicial	código dramático declarado	código edênico final
Cultura / *Natureza*	*Cultura x Natureza*	*Natureza* / *Cultura*

Essas duas representações gráficas tentam mostrar a homologia que existe entre os elementos dispostos tanto no nível da narrativa quanto no nível dos personagens. O movimento de passagem é idêntico por meio de uma movimentação tripartite. Mais do que isso, é possível relacionar essa passagem com o conteúdo ideológico insistentemente reforçado no discurso e na forma como foi composto o romance de Alencar.

Iniciando a narrativa declaradamente dentro de um código que denuncia o substrato medieval que informa a descrição da natureza e as relações dos personagens, a história aos poucos vai se desgarrando desse ângulo medieval para uma posição ideológica mais acorde com o Romantismo. Diríamos que o final do livro é inversamente simétrico ao princípio. E a supremacia da Natureza sobre a Cultura corresponde a um desvio que vai de Tomás de Aquino a Rousseau. Ora, aquela formação piramidal, que nos dava D. Antônio no ápice gerindo sua família e vassalos, bem lembra aquela armação tomista desenvolvida por Dante e pelos poetas do "dolce stil nuovo" que viam na mulher (*La Donna*/Beatriz) a mediadora entre o homem (*"il cuor gentile*]"/poeta) e Deus (*Dio*).

A colocação romântica de Alencar altera esse triângulo. Ceci não surge como a mediadora – no sentido místico do termo – entre D. Antônio e Peri. Mesmo realizando a passagem de um extremo ao outro, não é ela o instrumento, mas Peri, verdadeiro mediador entre a Cultura e a Natureza. Não é aleatório o fato de o índio ser identificado aí como o poeta primitivo homólogo ao *il cuor gentile*. A revelação se faz por meio da natureza e de seu representante, e é Peri que introduz Ceci na "selva selvaggia", acompanhando-a no conhecimento de si mesma e no descobrimento do novo universo.

Sistema de objetos

Se o objeto é realmente uma extensão do sujeito, pode-se proceder a uma análise do feixe de relações que envolvem os personagens de *O guarani* a partir dos objetos que os representam.

Em se tratando da obra de José de Alencar, essa verificação ganha sentido maior, porque vai ao encontro de uma característica geral de seus livros, que é de representar sistematicamente os sujeitos pelos objetos. Esse aspecto até hoje pouco explorado sistematicamente no estudo de seus romances seria um grande tema a ser desenvolvido pela crítica psicológica. Sem querer resvalar para esse terreno contíguo cumpre-nos, no entanto, à guisa de introdução desse tópico, ressaltar a permanência do *fetichismo* em outros textos alencarianos.

O romance mais citado a esse respeito é *A pata da gazela* (1870), que conta a descabelada paixão de um amante por uma jovem a partir de uma pequena bota que viu cair na rua. O resto da história, entremeada de vários episódios e personagens dispostos simetricamente, é sempre uma ênfase no sujeito a partir do objeto, ou do conteúdo pelo continente, do particular pelo geral. Noutro romance, *Lucíola* (1862), já no fim da narrativa, o personagem revela que está enviando junto com o livro alguns fios da trança do cabelo de Lucíola, para que se perceba neles "a fragrância da criatura", que ele não está certo de ter retratado bem. Também em *Cinco minutos* (1860) aparece o fetichismo sustentado tanto pelo personagem feminino central quanto pelo masculino, como indicam passagens como esta: "Deixo-te, pois, meu retrato, meus cabelos e minha história; guarda-os como uma lembrança e pensa algumas vezes em mim; beija-a a esta folha muda, onde meus lábios deixaram-te o adeus extremo".[6] No entanto, parece ser *Encarnação* (1893) a história de Alencar que consegue levar aos extremos a troca metonímica do sujeito pelo objeto. Aí, Hermano coabita com um boneco de cera feito à

6 ALENCAR, *Cinco minutos*, 1964, p.39.

imagem de Julieta, sua primeira mulher, com quem Amália, sua segunda esposa, esforça-se por ser cada vez mais parecida.

Quanto ao romance em estudo aqui, se a presença e descrição de objetos se faz necessária por causa da natureza do tema tratado, isso ganha mais sentido não só por ser uma constante na obra de Alencar, como pelo fato de os objetos em *O guarani* repetirem homologamente o mesmo sistema de sujeitos, frisando recorrentemente os conflitos. Por meio dos objetos, podem-se redefinir os sujeitos buscando ratificar e ampliar certas observações anteriores.

Analisados sistemicamente, os objetos em *O guarani* aglutinam-se também nos polos Natureza/Cultura e descrevem uma curva representativa da dramaticidade que nasce da situação edênica inicial, passando pelo conflito aberto até o retorno ao paradisíaco. A interpretação desse sistema de objetos ajuda a esclarecer os diversos códigos inscritos. São eles também signos a serem decifrados por uma leitura estrutural.

Isso posto, coloquemos que os sujeitos aparecem o mais das vezes como doadores de objetos a outros sujeitos. Peri doa aves, flores e animais a Ceci. Álvaro traz um bracelete do Rio para Ceci. Ceci dá duas pistolas de presente a Peri. Por outro lado, é por meio dos objetos que se pretende atingir os sujeitos. D. Lauriana, por exemplo, não podendo expulsar pura e simplesmente Peri de casa, pede a expulsão do sujeito por causa do objeto que o representa, pedindo que D. Antônio afaste o índio, que, ao trazer a onça viva, pôs em perigo toda a família. Os exemplos dessa relação metonímica são múltiplos. No triângulo representado pelas figuras masculinas que pretendem Ceci, encontramos Álvaro, que pode ser representado pelo objeto que doa a Ceci, uma vez que as pérolas são símbolos da paixão infeliz e irrealizada; Loredano, o vilão, é portador do mapa do tesouro de Robério Dias, identificado como objeto trágico e portador de desgraças e mortes (p.88); por fim, Peri, cujo nome significa "junco selvagem", símbolo da natureza, representa-se na onça, na flor, na corça ligeira, no tigre, no jaguar e até nas próprias setas que dispara para proteger Ceci ou para mandar mensagens aos seus aliados.

Vejamos, primeiramente, como esses objetos se estruturam simbolicamente nos três códigos. No código edênico inicial, sujeitos e objetos estão em harmonia e repouso. A casa de D. Antônio – objeto máximo – é a própria continuação da natureza, e Alencar se esforça para mostrar que existe uma solidariedade entre os sujeitos e objetos naturais e culturais por meio da união da "indústria" e da "natureza". O sujeito é reafirmado no objeto. O espírito elevado e cavalheiresco de D. Antônio representa-se pelo castelo construído sobre uma eminência da natureza, e a destruição da casa importa na destruição de seu proprietário. Nesse quadro inicial, há a mesma homologia entre a cabana de Peri, natural e firme entre rochas e palmeiras, e o seu espírito, e, como já foi mostrado anteriormente, entre a figura de Ceci e o quarto que habitava.

Sistema de trocas

O código dramático declarado se reafirma por uma movimentação de objetos, que corresponde ao trânsito dos sujeitos. Estabelece-se um autêntico *sistema de troca* de objetos representativos dos sentimentos dos personagens. Algumas dessas trocas são *completas*, outras *incompletas* e outras *interceptadas*.

Exemplifica-se isto por meio das cenas dos capítulos VIII e IX na 1ª e 2ª partes, no conflito descrito em torno do bracelete de pérolas endereçado a Ceci. Álvaro é o doador, Loredano é o interceptor e Peri é quem recupera o objeto do abismo. As linhas descritas pelo circuito do objeto são as linhas sentimentais que envolvem os personagens triangularmente. Álvaro, receoso de uma reação negativa de Ceci diante de sua pessoa, substitui-se pelo objeto que deposita na janela da amada. Loredano entende o significado do gesto de Álvaro e, incorporando-se ao mesmo código de sinais, lança fora o objeto, pensando assim interceptar o sujeito. Peri, por sua vez, ao descer por entre répteis e monstros como um herói mitológico para recuperar o objeto, está afirmando a supremacia de sua pessoa e a inigualável dedicação à sua senhora.

Estabelece-se nesse sistema de trocas um jogo de expectativa, pois "dar é tanto colocar a outro sob sua dependência quanto se colocar sob a dependência dele, aceitando a ideia de que ele retribuirá".[7] Álvaro surge então como o doador interessado em firmar um sistema de reciprocidade de dons e objetos; Loredano visa somente perturbar o código das comunicações introduzindo *ruídos* entre sujeitos e objetos, enquanto Peri se manifesta como o doador constante e absoluto.

Mesmo aparentemente desinteressado de retribuição, Peri doa constantemente a Ceci, recebendo com alegria a troca. Dessa maneira, confirma-se que "não se dá para receber; dá-se para que o outro dê".[8] E Peri e Ceci são os únicos, principalmente no plano sentimental da história e num plano mais profundo do discurso, que realizam uma *troca completa*. Esse tipo de intercâmbio entre eles se possibilita graças ao cruzamento dos dois elementos taticamente opostos no romance – Natureza/Cultura.

Pode-se, certamente, falar de objetos naturais e culturais para se explicar esse comércio. Estabelece-se nesse plano um

---

7 Lefort, A troca e a luta dos homens. In: Heuch et al, *O método estruturalista*, 1967, p.77.

8 Lefort, op. cit., p.77.

novo movimento simétrico, segundo o qual o elemento natural há de oferecer sempre objetos naturais ao elemento cultural, e este, por sua vez, retribuir com coisas culturais à oferenda natural. Mais ainda: no caso tipificado por Ceci, ela rejeita o presente de Álvaro e propõe uma substituição. Isto é: ao ver Peri emergir do abismo com o bracelete recuperado diz: "vai buscar uma flor que tua senhora deitará nos seus cabelos, em vez deste bracelete que ela nunca deitará no seu braço" (p.128). E Peri, que já anteriormente doara toda sorte de coisas da natureza volta "trazendo uma linda flor silvestre que encontrou no jardim; era uma parasita aveludada de lindo escarlate" (p.128).

Estando, no entanto, na posse do bracelete, Ceci leva-o à Isabel e insta com ela para que o receba, dizendo ser aquilo um presente que ganhara de seu pai. Reafirma-se a passagem do cultural para o plano oposto, pois Isabel é sempre definida como elemento mais ao lado da natureza, em virtude de sua condição de filha de índia. Desse modo, Ceci pretende transferir também os sentimentos e o dom do doador Álvaro para Isabel. Fecha-se, simbolicamente, o circuito dramático, pois o objeto que partiu de Álvaro chega a Isabel, assim como Álvaro, mais tarde, vai se tornar o amante de Isabel. Mais ainda: o objeto parte de um sujeito infeliz e chega a outra personagem infeliz, reforçando o sentido das pérolas, que no código amoroso são portadoras de desilusão. E da mesma maneira que o objeto chega a Isabel por via indireta, também somente por vias transversas é que eles se unem. O amor impossível dos dois em vida realiza-se na morte, transformando-se Álvaro no cavalheiro desiludido, morto em meio aos combates, e Isabel convertida na "noiva do túmulo" (p.272).

As cenas que se passam a respeito do bracelete voltam a se repetir pela manipulação de outro conteúdo: uma flor de jasmim. A estruturação da cena é semelhante. Um jasmim cai das mãos de Ceci, é apanhado por Álvaro, para de novo cair e ser apanhado por Isabel, que o oferece ao cavalheiro dizendo: "É também uma restituição" (p.69). Quer dizer: também no sistema dos objetos verificam-se algumas recorrências que marcam as relações dos personagens.

É significativo que o objeto representativo da tensão entre Ceci/Álvaro/Isabel seja uma flor. Poder-se-ia pensar que surgindo aí uma flor, estaria então desfeita a simetria das trocas pela bilateralidade entre o doador natural e o receptor cultural, e vice-versa. Observa-se, no entanto, que a flor não foi doada, foi apanhada no chão, e a restituição de Isabel, ainda que a jovem seja um elemento natural, e, portanto, acorde com o objeto que empunha, é antes um gesto de afronta.

O sistema de trocas já afirmado entre objetos culturais e naturais exemplifica-se fartamente dentro da história, comprovando que "a coisa dada não é inerte, ela leva a alma do doador"[9] e que "é preciso retribuir ao outro com sua substância".[10] Desenvolvendo-se dentro do princípio do inverso simétrico, encontramos logo um exemplo nas duas pistolas que Ceci doa a Peri. Tais objetos serão usados somente contra elementos naturais (índios aimorés), ao passo que as flechas de Peri são usadas contra Loredano. De igual maneira, estando entre os aimorés em luta cerrada, Peri se lança contra a multidão de inimigos com a enorme espada que trouxe e luta até à exaustão (p.230). Opera-se um entrelaçamento do cultural e do natural, que nada mais é que símbolo do trânsito de Peri de um polo a outro, manipulando como senhor onipotente todos os tipos de objetos.

Dessa linha de oposição dos objetos segundo Natureza e Cultura é que se pode chegar a uma síntese de todos eles por

9 Lefort, op. cit., p.68.
10 Lefort, op. cit., p.69.

meio de dois objetos símbolos: a flor e a cruz, representando os dois polos em conflito, respectivamente.

Cruz e flor estão relacionadas convenientemente aos dois personagens protótipos – Ceci e Peri, que tomados metonimicamente bem sugerem os polos dramáticos da história. No princípio da narrativa se conta como Ceci está interessada na conversão de Peri ao cristianismo. Portando-se como um escravo diante de sua senhora, nessa fase Peri aceita a cruz que Ceci lhe oferece sem, no entanto, se converter de fato à religião de Ceci. Existe aí, no *código edênico inicial*, uma justaposição dos elementos mostrando a aparente harmonia entre sujeitos e objetos. No epílogo, contudo, opera-se uma modificação em favor da tese de ser o desfecho do livro uma apologia dos princípios românticos da supremacia do natural sobre o cultural.

No *código edênico final*, Ceci mantém um novo tipo de relacionamento com as coisas da natureza. Ela vai se despojando dos vestígios culturais enquanto Peri continua fiel aos seus princípios, aceitando a religião apenas aparentemente, tendo já se desligado da cruz que doou, dentro do princípio do inverso simétrico, à índia aimoré que lhe fora destinada como "esposa do túmulo" (p.233). Descrevendo a mudança e justaposição de Ceci ao natural, diz que tudo nela estava modificando-se essencialmente e que "uma flor que antes era para ela uma bela forma, parecia-lhe agora uma criatura que sentia e palpitava" (p.290). Assim é que Peri, reintegrado em seu elemento natural, pode abrir a Ceci o mesmo tipo de linguagem, porque ela já desvendou o código natural. Tendo de se afastar por alguns instantes de Ceci, lhe diz: "Peri, não leva a sua alma no corpo, deixa-a nesta flor. Tu não ficas só" (p.294). Ceci toma a flor, esconde-a nos seios, conservando metonimicamente o sujeito ausente no objeto presente.

E assim, considerando os objetos naturais respeitosamente como sujeitos, vai se delineando a integração de Ceci na Natureza e restabelecendo-se a atmosfera edênica perdida que, agora, na fase final, se manifestará mais completamente, uma vez que a aparência foi sendo substituída pela essência. Aqui, então, tudo o que poderia significar conflito foi destruído. Morrem os sujeitos e destroem-se os objetos que se deixaram prender na casa, que antes representava a supremacia da Cultura sobre a Natureza. Retirado daí o que havia de melhor, os dois únicos sujeitos que mantinham um sistema de trocas completas completam-se eles mesmos num ambiente paradisíaco onde a troca já não será necessária, ou porque o sujeito recolocado em sua plenitude já não carece de objetos ou porque sujeito e objeto se fundam indissoluvelmente como o homem na sua própria essência.

LINGUAGEM: MITO E ROMANCE

Estivemos até agora enfocando os níveis da narração e dos personagens, assinalando-lhes os conteúdos e as formas em favor de uma integração estrutural. Neste ponto da análise, desdobraremos observações a respeito da língua(gem) em que a obra foi composta, procurando ir um pouco adiante do que estabelecer simples anotações estilísticas à margem do texto de Alencar.

Escolhendo o romance-folhetim como uma linguagem de comunicação, Alencar incorporou ao seu texto uma série de artifícios técnicos comuns em tal gênero. Com efeito, o romance é, por consequência de suas origens, um gênero compósito. Desgarrado da epopeia, mas com ela querendo se identificar, incorpora técnica e tematicamente uma série de procedimentos inerentes ao épico; tendo suas vertentes no romanceiro e alimentando-se da poesia, lírica, derrama o lirismo esparsamente por suas páginas; ligado estruturalmente ao mito, pretende ser uma recomposição de várias mitologias. Daí não ser estranha a presença de alguns *registros* canalizadores de várias vozes que correm harmonicamente. Em *O guarani*, por exemplo, destacam-se os registros: histórico, romanesco e indianista.

O *registro histórico*, quando não fosse percebido na leitura da história, o seria pelas notas que José de Alencar colocou como apêndice final ao livro, esclarecendo a origem de certos termos e de alguns personagens. Nessas indicações ele dá a procedência de figuras como D. Antônio de Mariz, D. Diogo, D. Lauriana, Robério Dias e outros tipos reais. A partir daí se comprova que Alencar estaria se exercitando na novela histórica (a que se entregaria melhor em *As minas de prata* – 1865), e que tem suas origens ligadas às crônicas dos grandes personagens formadores de uma nacionalidade. De resto, no prefácio de *Sonhos d'ouro* (1872) ele mesmo colocaria *O guarani* como um romance histórico, dentro de sua divisão da nacionalidade em três fases: primitiva, histórica e independente.

Outro registro é o *romanesco*, que pode ser rastreado até as novelas de cavalaria da Idade Média. Nesse plano, o autor já não se preocupa em reter sua história na história, ou seja, no ano de 1604, como indicara o capítulo inicial. Retrocede à Idade Média e busca aí os conteúdos cavalheirescos que servirão de normas aos seus personagens. É desse substrato feudal/medieval que vem a casa/castelo de D. Antônio construído sobre uma eminência, e como uma fortaleza abrigando vassalos em torno do suserano. É desse substrato que vem o código de honra que tinha na *lealdade* o seu ponto básico, princípio que orienta, por exemplo, a vida de Álvaro, tanto em suas relações sentimentais quanto nas atuações guerreiras. É daí ainda que vem o gesto de Ceci em ornar as armas de Peri com as cores azul e branco, pois ela se sentia como "uma gentil castelã da idade média" (p.150), e já D. Antônio definira Peri como "um cavalheiro português no corpo de um selvagem!" (p.40). Finalmente, é nesse nível que funciona como índice a xácara que Ceci entoa (p.161-2), contando a história do mouro que se apaixonou por formosa castelã, numa paráfrase inicial de amor de Peri e Ceci. Nessa paráfrase estaria o esforço por aproximar a história por meio de um recurso que transforma o anacronismo em alusão poética.

O terceiro *registro – indianista* – é aquele que desenvolve os conteúdos típicos da ideologia romântica que via no índio e na vida selvagem os ideais da liberdade, pureza e essencialidade. Nessa faixa descreve-se a figura de Peri – símbolo não só do natural, mas do mítico e do poético. Fundem-se, portanto, a partir desses três registros três conteúdos da narrativa: a *história*, o *romanesco* e o *mítico* numa estruturação, que um vai se abrindo do outro para se manifestarem plenamente no plano mítico, que se transforma na chave mestra para a compreensão estrutural da linguagem e da língua em que foi composta a obra.

Significativamente observa-se que o histórico e o novelesco vão se transformando em subsídios para o surgimento do mítico nessa narrativa. Eles vão sendo abandonados na medida em que a história avança e que o romance como forma vai se integrando na forma do próprio mito. O fato, no entanto, de o histórico e o romanesco terem servido no princípio como apoio da narrativa, reforça ainda mais nossa tese de que no começo da história há uma predominância do cultural sobre o natural, a qual vai se invertendo na medida em que a obra vai se identificando com o mito.

Tentemos, baseados nessas observações, estruturar melhor nossa análise, considerando que existe uma relação formal entre a linguagem escolhida para comunicar a história e a estrutura do mito tal como foi aproveitado por Alencar. O romance-folhetim, como observa Lévi-Strauss, opera sistematicamente os mesmos modelos por meio de uma *estrutura de reduplicação.*[11] Aí os modelos despontam recorrentemente. A vasta sequência de capítulos não significa nesses casos uma variedade grande de modelos, ou uma *narrativa de estrutura complexa*, pois o romance-folhetim, como a telenovela, só subsiste graças à superposição de conteúdos diversos sobre modelos recorrentes. Prova disso está nas simetrias e oposições formais que numa obra romântica, por exemplo, podem ser representadas por diversos conteúdos.

Considerado dessa forma, o romance-folhetim é semelhante ao mito na medida em que, mesmo sendo uma forma diluidora é, inevitavelmente, uma narrativa fechada, ou uma *narrativa de estrutura simples.* Isso não significa que todos os mitos têm estrutura fechada, e o próprio Lévi-Strauss lança essa advertência, mas no caso de *O guarani*, os dois mitos finais, um de origem judaica (Noé) e outro indígena (Tamandaré), se apresentam como histórias conclusivas. Aí existem o princípio, o meio e o fim, e os conflitos descrevem uma curva que se encerra com uma solução duradoura.

O fato de *O guarani* se apoiar sobre um mito de estrutura fechada não é gratuito. A escolha tanto da forma quanto do conteúdo do mito revela a ideologia do autor. Nessa escolha há, antes de tudo, uma coerência, uma vez que as outras narrativas de Alencar se desenvolvem dentro de parâmetros semelhantes,

---

11 Na parte "Du mythe au roman [Do mito ao romance]" do livro *L'origine des manières de table* [A origem das maneiras à mesa], Lévi-Strauss desenvolve um raciocínio sobre a estrutura do romance e a estrutura do mito, destacando que a seriação do romance em capítulos representa uma degradação do mito. E diz: "Cette dégradation commence quand des structures d'opposition font place à des structures de réduplications, épisodes successifs, mais tous fondus dans le méme moule [Esta degradação começa quando as estruturas de oposição dão lugar às estruturas de reduplicação, em episódios sucessivos, mas tudo fundido no mesmo molde]", p.105.

descrevendo sempre a simetria de caracteres e situações dentro de um organismo, que, a despeito das variações dos conteúdos, revela sempre a invariância da forma. Realizando a fusão de formas e conteúdos que se justificam mutuamente por meio de uma narrativa fechada, Alencar estaria com sua obra exemplificando o que Umberto Eco chamou de metáfora epistemológica, isto é, aquela obra que estruturalmente expressa uma visão do universo.

Essas considerações são importantes, entre outras coisas, para esclarecer certos mal-entendidos a respeito da obra, pois o desentendimento de um particular pode revelar a má apreensão do todo. Isso é o que se passa, por exemplo, quanto às muitas interpretações dadas ao desfecho do livro. Enquanto mantida a discussão sob o ângulo impressionista dos conteúdos, torna-se insustentável qualquer argumento contra as posições subjetivistas. No entanto, levado para o nível formal e estrutural da obra o problema ganha novos ângulos.

Sem dúvida, Alencar bem poderia ter dado outro final ao seu livro. Se ele explicasse minuciosamente o que se passou com Ceci e Peri depois do dilúvio teria tranquilizado o público que o lia nos idos de 1850. Melhor ainda, ele poderia ter feito com que a família de D. Antônio se salvasse, seja por meio do regresso de D. Diogo com armas e soldados do Rio de Janeiro, seja pela intervenção dos guaranis, amigos de Peri.

Em vez, no entanto, de especularmos sobre as soluções que o autor por motivo ou outro desprezou, melhor seria evidenciar por que se impôs tal desfecho da obra. Observa-se, então, que o final da obra não está desvinculado do encaminhamento anterior da trama. A tendência a se aproximar cada vez mais do mítico já estava indicada no Prólogo e no meio do livro. A lenda do Tamandaré que Peri narra a Ceci durante o dilúvio será novamente referenciada no final da segunda parte, quando Alencar diz que Peri "sacrificaria o mundo se possível fosse, contanto que pudesse, como o Noé dos índios, salvar uma palmeira e abrigar Cecília" (p.150). Desse modo verifica-se que a cena da enchente é apenas uma complementação de algo que fora predito ao meio da história. Peri e Ceci são levados nas águas, mantendo--se vivos no ninho das folhas da palmeira. Alencar utiliza o mito para fechar sua história. Ela, como os mitos em referência, tem princípio, meio e fim. O mítico chega a desdobrar-se mesmo em duas faces que se informam mutuamente, e o maravilhoso pagão e o maravilhoso cristão[12] aparecem congeminados, um servindo de substrato ao outro, em ênfase evidente do mito indígena sobre o judaico, da mesma maneira que o natural sobreleva ao cultural. E ao pender para o natural por meio do mítico o texto vai se aproximando cada vez mais do poético, revelando no plano da língua outra característica estrutural da obra.

De que maneira, portanto, pode a *língua* usada por Alencar ser considerada um elemento estrutural ligado ao polo natural em detrimento do cultural?

A passagem do plano da narrativa e dos personagens para o plano da língua a partir do modelo Natureza/Cultura já não oferece grande complexidade. É decorrente que o autor que se apoiara no mítico para estruturar sua obra tendesse natural-

---

12 No caso específico da superposição do mito judaico-cristão (Noé) e do mito indígena (Tamandaré), difícil é ver uma independência entre eles. Possivelmente o mito bíblico informou o mito pagão, pois a exemplo do que observa Franz Boas, "Many of the deluge of North American Indians are obviously derived from Biblical source. There are also a large number of native deluge tales. The assimilation between the two groups is very thorough; in a great many cases it is difficult to decide whether we are dealing a Biblical or a native story [Muitos mitos de dilúvio dos índios norte-americanos são obviamente derivados da fonte bíblica. Há também um grande número de contos nativos de dilúvio. A assimilação entre os dois grupos é muito profunda; em um grande número de casos é difícil decidir se estamos lidando com uma história bíblica ou nativa]". Boas, *Race language and culture* [Raça, linguagem e cultura], 1966, p.524.

mente para o poético. Interessado em fixar a natureza essencial dos seres, essa mesma essência é rastreada por meio do poético, uma vez que mito e poesia soem estar congeminados. Acresce que num autor integralizador de formas e conteúdos seria contraditória a escolha de outra língua que não aquela que definiu como a expressão "natural" do homem brasileiro.

Embrica-se aqui, então, toda a luta de Alencar por dar à nossa literatura o instrumento expressivo que lhe era necessário. Ao definir-se uma língua mais brasileira que portuguesa, ele estava reafirmando metaforicamente a Natureza diante da Cultura. E em *O guarani* ele desenvolve sua tese tanto na maneira como seus personagens se expressam como nas constantes catálises que lhe possibilitam completar aquilo que não disse nos diálogos e nas narrativas. Numa dessas suspensões da história, para reafirmar sua tese insistentemente referenciada, ele compara Peri ao poeta primitivo, dizendo o "poeta primitivo canta a natureza, na mesma linguagem da natureza" (p.118). Não há dúvida que houve aí uma superposição do autor e do personagem, e que Alencar está retomando a tese de uma língua que afirme os conteúdos da brasilidade, tal como havia reivindicado em *Como e por que sou romancista*, no prefácio de *Sonhos d'ouro*, e nos prefácios de *Diva* e *Iracema*.

Por isso, aproxima o poético e o natural: "Não é isso *poesia*? O homem que nasceu, embalou-se e cresceu nesse berço perfumado; no meio de cenas tão diversas, entre o eterno contraste do sorriso e da lágrima, da flor e do espinho, do mel e do veneno não é um poeta?" (p.118).

E depois já perfeitamente identificado na pele de Peri afirma: "*Poeta* primitivo, canta a *natureza* na mesma *linguagem da natureza*: ignorante do que se passa nele, vai procurar nas imagens que tem diante dos olhos a expressão do sentimento vago e confuso que nele agita a alma".

"Sua *palavra* é a que Deus escreveu com as *letras* que formam o livro da criação, é a flor, o céu, a luz, a cor, o ar, o sol; sublimes coisas que a natureza faz sorrindo."

"A sua *frase* como o regato serpeja ou salta como o rio que se despenha da cascata; às vezes se eleva ao cimo da montanha outras desce e rasteja como o inseto, sutil, delicada e mimosa" (p.118).

Assim referenciado, o texto de Alencar pretende ser a reprodução da linguagem natural. Mas ainda: interessa-lhe ler nas coisas o seu interno discurso, apresentando-se sua palavra como o reencontro do homem com as coisas. A sintaxe do livro é a sintaxe dos elementos naturais aglutinados sistemicamente numa gramática que conjuga o homem e o meio, o personagem e a natureza, o micro e o macrocosmos. Sua frase não pretende ser um discurso *sobre* a natureza, mas quer ser parte da natureza ela própria.

A natureza – ele a chama de "livro da criação", e seu livro é a reinscrição do texto natural. Livro e natureza se correspondem. Como diria Michel Foucault, há um jogo de complementaridade entre o *signo* e o seu *similar*, pois "la nature et le verbe s'entrecroisent à l'infini, formant pour qui sait lire comme un grand texte unique [a natureza e o verbo se entrecruzam ao infinito, formando para quem sabe ler como um grande texto único]".[13]

---

13 Foucault, *Les mots et les choses* [As palavras e as coisas] 1966, p.49.

4
A Moreninha

Considerado por muitos críticos um romance apenas curioso e somente importante do ponto de vista histórico, *A Moreninha* (1843) tem atravessado as décadas, e continua atingindo um público diversificado mais de cem anos depois, convertido para a televisão, cinema, história em quadrinhos. Entre romances escritos em pleno Romantismo, chega a ser quase inexplicável a permanência dessa obra produzida por Macedo aos 23 anos. Uma análise estrutural, que consulte o processo de montagem da composição, pode fornecer uma visão de como os elementos aí se organizam para formar uma obra de gosto popular na qual a ideologia da comunidade se reencontre. Sob vários aspectos *A Moreninha* cristalizou melhor que muitos outros textos do Romantismo, incluindo outros romances de Macedo, uma série de procedimentos formais-estéticos que garantem o sucesso da narrativa fixada entre o mito e a literatura.

PROPOSIÇÃO

Este estudo se desenvolverá em torno dos seguintes pontos:

a) *A Moreninha* apresenta uma discussão irônico-teórica dos personagens confrontando o Romantismo com outras escolas literárias. Essa discussão aparentemente ambígua no nível do enunciado vai sofrendo uma transformação no nível da enunciação, a ponto de o romance realizar o endosso dos ideais românticos que pretendia ironizar a princípio. Esse jogo entre o enunciado (que critica) e a enunciação (que endossa) aproveita a tensão histórica.

b) A discussão teórica entre os personagens vai cedendo espaço à realização estrutural da lenda. Os personagens do romance vão se superpondo aos figurantes lendários, revelando-se uma identificação entre a estrutura do romance e a estrutura da lenda. Essa reduplicação dos modelos confirma que, no nível da enunciação, a narrativa assumiu os pressupostos do Romantismo.

c) Essa narrativa se mostra como um objeto lúdico e ideológico, interessada em afirmar valores definidos pela estética romântica. O elemento lúdico está presente nos níveis da narração, dos personagens e da língua(gem), reafirmando-se na composição do romance como gênero compósito, interessado ideologicamente em ser aceito pelo receptor.

DESENVOLVIMENTO

O Romantismo confirmado pela enunciação

O texto de *A Moreninha* produz um problema inicial, que é a aparente defasagem entre o que vai expresso no nível do enunciado e aquilo que os personagens vivem no nível da enunciação. Abre-se com uma certa ambiguidade, marcada pela ironia (etimologicamente: falar o contrário daquilo que se pensa). Aparentemente a óptica do narrador identifica-se com o ponto de vista de Fabrício, definido como "clássico" em oposição a Augusto – apresentado como romântico, num ar de deboche: "o meu romântico Augusto, em ceroulas, com as fraldas à mostra". O narrador alimenta esse enfoque irônico criando certa tensão na história, que na enunciação se sabe romântica. Essa tensão artificial é incrementada pela aposta que os personagens fazem entre si: se Augusto não resistisse aos encantos das moças da Ilha e se apaixonasse por uma delas por 15 dias, teria que escrever um romance contando esses eventos; caso contrário, a história de sua resistência seria narrada por Fabrício.

O romance, portanto, se inicia como uma partida, um jogo, com uma tensão entre as partes. No nível de sua estrutura, uma assimetria entre enunciado e enunciação; ao nível da história, uma disputa entre o clássico e o romântico. Para encaminhar o jogo, no entanto, o romance usa de uma série de simetrias, apontadas já nos primeiros parágrafos e persistentes em todo o livro, que terminam por converter o jogo numa partida simétrica em que o resultado final já é previsto. Nesse sentido, o que era *jogo* se converte em *ritual*, pois o jogo aparece como *disjuntivo*; o jogo resulta da criação de uma divisão diferencial entre jogadores individuais ou equipes, que nada designava, previamente, como desiguais. Todavia, no fim da partida distinguir-se-ão em ganhadores e perdedores. De forma simétrica e inversa, o ritual é *conjuntivo*, pois "institui uma união (...) uma relação orgânica, entre dois grupos (...) que eram dissociados no início".[1]

Já no primeiro capítulo a possibilidade de encontro dos estudantes (Augusto, Felipe, Leopoldo, Fabrício) com as jovens (Carolina, Joaquina, Joana e Clementina) provoca uma discussão sobre o conceito de amor, que deriva para uma apresentação irônica do que era a querela entre o Romantismo e o Classicismo.

---

1 Lévi-Strauss, *O pensamento selvagem*, p.54.

Discutem-se ideias de beleza, identificando-se a moça loira como clássica e a moreninha como romântica. Macedo tematiza um assunto teórico que ainda hoje fascina aos estudiosos de estilística e aos que classificam as obras segundo os estilos de época. A discussão entre os personagens revela a atualidade do assunto na época em que o romance foi produzido. Tinha-se saído ou se esforçava para sair das teorias e dos preceitos artísticos que dominaram do século XV ao século XVIII. Tratava-se de opor uma estética nacional, indianista e sertaneja a uma estética europeia, civilizada e ariana. Macedo se inscreve na mesma pauta em que Alencar colocou Iracema, Taunay, Inocência e Bernardo Guimarães, a escrava Isaura. Com uma ressalva: foi quem primeiro tornou clara a questão criando um tipo até então ausente de nossa ficção.

Na apresentação de Joaninha como "pálida", Joaquina como "loira" e Carolina como "moreninha", temos toda uma gama de tipos descritos pelos poetas em sua fixação de ideais cromático-femininos. Essa discussão sobre o tipo físico das mulheres encaminha a discussão sobre os ideais românticos. Estabelece-se nos primeiros capítulos uma variada definição dos termos romântico/romantismo. Acusado de ser romântico, Augusto é assim definido por ser "inconstante" e "namorador", e porque um romântico "não diz o que sente e não sente o que diz". Todas essas definições, claras ao nível de enunciado e incorretas de um ponto de vista estético e literário, vão ser contrariadas no nível da enunciação com o desenvolvimento da narração. Percebe-se que há um "falso" romantismo e um "autêntico" romantismo. Que a autêntica personalidade de Augusto só se vai revelar no fim, quando ele assume todo o romantismo que disfarçava esforçando-se por ser inconstante e namorador. A inconstância aparente de Augusto é o disfarce para a fidelidade que mantém ao ideal de amor, e ao juramento de só se casar com a menina do breve branco (cap.7).

Essa curva entre o princípio e o fim do romance destaca-se pela utilização de dois verbos de sentido parecido, mas guardadores de diferenças substanciais: no princípio da história os amigos repetem várias vezes que Augusto "está" romântico (cap.5); no fim, o narrador convence que Augusto "é" romântico. O "está" caracteriza exatamente as definições espúrias, aspectuais e superficiais de romantismo (incorrigível, velhaco, inconstante). Por isso, será esse mesmo "está" que definirá Felipe (cap.5), um romântico fracassado, que já se havia chamado de "ultraclássico" em contraposição a Augusto, a que chama de "ultrarromântico". Por outro lado, essa diferença entre "estar" e "ser" coincide com o tom irônico do princípio do livro, que vai sendo trocado pelo dramático, tanto mais se define o "ser" romântico de Augusto e Carolina. Esse ser essencial se configura melhor depois que a história inicial se cruza com a história medial (história dos breves e as lendas dos índios). Depois desse cruzamento, torna-se a narrativa mais espessa, e saindo da aparência o personagem narrador expõe-se à essência mesma do romantismo que queria criticar. Sintetizando:

princípio	*meio*	*fim*
romantismo aparente	lenda	romantismo autêntico
estar		ser
ironia		

Exercício ideológico da estética romântica: cruzamento da lenda e do romance

A ênfase numa discussão irônico-teórica sobre ideais românticos e clássicos domina os primeiros capítulos. Ao chegar ao capitulo 7, o narrador se mete por outro caminho: a apropriação de poemas e lendas que redupliquem os modelos embrionários de sua narrativa. Aqui ele se afirma em suportes típicos da obra romântica: fontes orais, a lenda, a balada.

Nessa parte o *jogo* inicial se aproxima do *mito* como modo de efetivar o *rito*, que se instala em sua estrutura. A rigor, Macedo não se utiliza de um mito em seu sentido exato, mas da lenda. Lenda em sua acepção etimológica: do latim "legenda", o que deve ser lido, o que se lê (*legere*).[2] Lenda e mito se equivaleriam neste romance de acordo com suas funções. A lenda de Aí e Aoitin exerce a função de preparar o reencontro dos personagens Augusto/Carolina.[3]

Para conferir o romance com as estruturas míticas, o autor usa da técnica do encaixe. Utiliza-se da narrativa "Os dois breves, branco e verde" (cap.7), as histórias dos índios Aí e Aoitin (cap.9) e a "Balada do rochedo" (cap.10). Nesses encaixes os índices lançados nos capítulos anteriores são reduplicados e desenvolvidos. Mais: esses capítulos se remetem estruturalmente um ao outro numa realização especular da mesma estrutura de reduplicação dos modelos. A estrutura vai sendo recontada em vários níveis:

a) No passado: história do menino e da menina na praia se prometendo amor e casamento, selando a promessa com um ritual realizado pelo velho moribundo.

---

2 Campos, Notas à margem de uma análise de Pessoa. In: Jakobson, *Linguística, poética, cinema*, p.201.

3 Parece que a história dos dois índios não tem confirmação no repertório mítico indígena, podendo ter sido uma invenção ou adaptação de Macedo. Não conseguimos achar sua fonte. O que encontramos foi a descrição de como o romance foi revertido em lenda na ilha de Paquetá, e a Moreninha convertida em personagem lendário. Teríamos aqui a reversão das influências: a série literária teria gerado a lenda dentro da série social.

b) No passado lendário: com a lenda de Aoitin e seu amor pela índia Aí, que reduplica a história de Augusto/Carolina.

c) No presente: a balada contada pela Moreninha sobre o rochedo, que efetiva a fusão das versões anteriores indicando mais claramente o rumo da personagem no cumprimento da promessa (do passado) e do presságio (da lenda).

Os encaixes

Vendo mais detalhadamente os encaixes:

História dos breves – Quando se prepara para narrar à D. Ana a história dos breves, branco e verde, Augusto se recolhe com a senhora a uma gruta onde há um copo de prata e uma pequena bacia de pedra. Esse espaço diferente do espaço onde transcorrem as outras cenas é o espaço mítico por excelência. É o lugar da revelação, onde há uma abertura para um contato do homem com as formas mágicas do universo. Repete-se aqui um *topos* comum nas narrativas românticas e míticas: o personagem se retira para um lugar sagrado e ouve, recebe e conhece os fatores determinantes de sua vida e seu futuro. Aí os personagens isolam-se da realidade e de outras testemunhas (exceto a Moreninha, que furtivamente escuta a história. Ela pode participar desse segredo porque também habita o espaço da exceção do mito e da lenda).

O que essa história conta é a realização de um perfeito *sistema de trocas* em vários planos. Tal sistema de trocas é regido pela mesma elementaridade que aparece nos mitos e nas lendas, sempre apelando para as díades e tríades. Existe, por exemplo, uma troca inter-par, em díade, que envolve a figura do menino e da menina. É uma troca no sentido horizontal, entre figuras de igual valor. O outro tipo de troca é em tríade e envolve a figura do velho moribundo, que faz o vértice do triângulo desse sistema. O velho, como não pode oferecer nenhum objeto em troca, oferece o *dom* – a profecia de que os dois ainda seriam felizes e se casariam no futuro.

Os diversos lances desse sistema de trocas seriam:

a) o menino dá uma concha do mar à menina, e com esse objeto ele substitui a boneca que o primo da menina havia quebrado. Por meio deste objeto ele se relaciona emocionalmente com a menina;

b) a seguir o menino dá uma nota ao velho moribundo e a menina dá uma moeda de ouro, estabelecendo a tríade;

c) como sinal de reciprocidade, o velho efetiva um ritual de trocas entre os dois: toma do breve branco e do camafeu do menino e os dá à menina; toma o breve com o botão de esmeralda da menina e os entrega ao menino. A troca é selada com a profecia de um encontrão e a realização do casamento.

Todo esse sistema de trocas realiza-se num cenário também de forte sentido simbólico. Os meninos haviam se encontrado na praia, e é à beira-mar que Augusto e Carolina vão se encontrar no futuro. Ainda: os fatos de a menina dizer que em casa vai mentir contando que perdeu a esmeralda na praia e de o menino dizer que perdeu o camafeu nas pedras reafirmam o sentido das imagens de água/pedra que governam as figuras de Carolina e Augusto, respectivamente. Assim estabelece-se uma proporção:

esmeralda : praia : Augusto : : camafeu : pedra : Moreninha

Ajunta-se a isso a reincidência da imagem da água e da pedra sempre referenciando especificamente um desses personagens: Augusto vem, como o índio Aoitin, de barco atravessando as ondas para ver Carolina; a Moreninha, de cima do rochedo, canta sua balada e avista o amado que vem à ilha. Essa aproximação é posta em nível de enunciado no capítulo 20, quando o próprio narrador a confirma explicitamente superpondo a imagem de Aoitin e de Augusto ao comparar o botelão à piroga e o canto da índia tamoia à balada de Carolina.[4]

Aí/Aoitin, Carolina/Augusto – O romance é todo montado dentro de um sistema de oposições de personagens. Nos dispensamos de trabalhar com todas as oposições, não somente porque elas se reduplicam, mas porque quantitativamente são muitas: só no primeiro sarau se reuniram 26 personagens, segundo o narrador. Pode-se, no entanto, efetuar a divisão em conjuntos seguindo vários critérios. Por exemplo: distribuí-los em masculinos e femininos, circunscrevê-los no espaço da cidade *versus* o espaço da ilha, dividi-los em "clássicos" e "românticos" ou, o que faremos, em personagens da lenda e do romance.

O fato é que em qualquer dessas divisões aparecerá uma simetria na composição dos tipos. Temos três rapazes: Augusto, Fabrício, Leopoldo – que a convite de Felipe vão à ilha conhecer três moças – Carolina, Joaninha, Joaquina, que se agrupam em torno de D. Ana. Considerando esses e outros personagens ainda aos pares teríamos as seguintes oposições:

Fabrício "ultraclássico"	– *Augusto "ultrarromântico"*
Carolina "romântica"	– *Joaquina "clássica"*
D. Ana – compreensiva	– *Pai de Augusto – severo*
Aí – índia da gruta	– *Aoitin – índio caçador*
Menino do breve branco	– *Menina do breve verde*

4 Numa análise mais exaustiva do texto de Macedo deve-se desenvolver um estudo sobre as imagens articuladas recorrentemente em toda a história. Exemplo, a imagem do beija-flor e da abelha aplicadas a Carolina e a imagem da borboleta referenciando Augusto.

Selecionemos dois pares que parecem se informar mutuamente, constituindo o núcleo dos figurantes do capítulo 11, que, por sua vez, reduplicam o capítulo 7, e que, por sua vez, vão ser reduplicados no interior da história até o fim.

A história de Aí/Aoitin é a versão mítica do amor de Augusto/Carolina. Ao realizar a estrutura da lenda, o romance estará se afirmando ideologicamente, abrindo um espaço maior para o exercício mítico da narrativa. Lembre-se, a propósito, a composição dos personagens e dos objetos em *O guarani* e a composição em *A Moreninha*. No romance de Alencar há uma crescente tensão, que é justamente a passagem das díades para as tríades até a recaída final na díade. Em Macedo o sistema se monta muito em torno de díades; as tríades, apesar de serem muito referenciadas e comentadas no interior da própria história, não se organizam sistematicamente. Por isso há uma tensão simbólica mais fraca neste livro do que no de Alencar.

Selecionando as figuras dos índios como reduplicadoras de Augusto e Carolina, observa-se que sua relação se desenvolve dentro daquilo que, segundo Lévi-Strauss em *Le cru et le cuit* [O cru e o cozido], também se poderia chamar o código dos sentidos. Esse código conta a abertura emocional de um figurante em relação ao outro.

A abertura de Aoitin para o amor se dá por meio de um agente simbólico: as lágrimas da índia apaixonada. Essas lágrimas são acompanhadas de outras informações dentro do código.

a) Aí canta e chora, e as lágrimas caem sobre os olhos de Aoitin, que enxerga a moça e exclama: “Linda Moça!” (código visual; primeira abertura).

b) Aí canta e chora, e as lágrimas caem sobre o ouvido de Aoitin, que ouve a sua cantiga e exclama: “Voz sonora!” (código auditivo: segunda abertura).

c) Aí canta e chora, e as lágrimas caem no lugar do coração e o índio exclama: "Sinto amar-te!" (recepção da mensagem: terceira abertura).

Desperto para o amor, o índio sente sede – sinal da abertura sentimental sobre seus sentidos. Ele tem sede e vai bebendo a água da fonte, que são "as lágrimas do amor".

A partir daí a narrativa desenvolve o encontro de Augusto e Carolina seguindo o mesmo código dos sentidos utilizado para aproximar os índios. A ligação entre uma história e outra é fornecida no enunciado: "Dizem, pois, que quem bebe desta água não sai da nossa ilha sem amar alguém dela e torna por força, em demanda do objeto amado. Dizem também alguns que algumas gotas bastam para fazer a quem bebe adivinhar os segredos do amor" (cap.9). A relação entre os dois jovens passa pelos mesmos estágios, havendo coincidência até no modo como repetidamente Augusto toma da água do copo de prata para ir bebendo enquanto narra ou ouve D. Ana narrar. Entremeado com isso, Augusto passa pelos três estágios:

a) Primeiro vê a Moreninha, mas não conseguem se entender (corresponderia ao código visual).

b) Depois ele a ouve cantar a balada sobre o rochedo (corresponderia ao código auditivo).

c) Em terceiro lugar ele se apaixona (recepção da mensagem, e acaba por beber a água no copo de prata – cap.17).

As histórias dos índios e dos amantes se encontram na imagem da gruta e do rochedo, posto que esse espaço continua sendo o espaço da realização do mito. Foi ali que Augusto se abriu à D. Ana e é ali que vai reencontrar a menina do breve branco quando os dois revelam a sua verdadeira identidade. Confirmam-se os três níveis em que transcorre a história a que aludimos anteriormente: o passado, o passado da lenda e o presente dos personagens se fundem. A narrativa se fecha circularmente por um reconhecimento, o futuro encravado no passado, linearmente, a ponto de Carolina dizer ironicamente após a revelação: "nós éramos conhecidos antigos" (cap.23).

A narrativa como uma composição lúdica, mas simétrica

A consciência do fazer lúdico transparece das primeiras páginas do romance, quando na introdução intitulada "Duas palavras" ele considera que se atreveu a escrever um "romance" movido não pela "glória, amor e interesse", mas pelo "desenfado" e pelo "ócio". Afasta sua obra do negócio (*nec-otium*) enquanto uma atividade economicamente interessada, para se afirmar como ócio (*otium*). Assim se pôs a "fazer travessuras" com sua "imaginação traquinas". O sentido de gratuidade que daí se destaca fica mais bem configurado quando no primeiro capítulo descobre-se já a motivação do enredo: uma disputa entre jovens.

Instaura-se a narrativa como um jogo, uma aposta entre Augusto e seus amigos: se Augusto – símbolo da inconstância, se apaixonar durante 15 dias por uma mulher (no caso, Carolina), deverá escrever um romance onde contará como se rendeu aos encantos da menina. Caso contrário, Felipe narraria a história da invulnerabilidade de Augusto. Até aí a narrativa cumpre o pretexto clássico para se inscrever, pretexto esse que varia de acordo com a época e com os autores. Para Boccaccio (*Decameron*) foi a peste que ameaçava a vida dos jovens, que se salvam narrando-se histórias; para Scheherazade, de *As mil e uma noites*, a ameaça de morte renovada todos os dias. No caso de Macedo, pressupõe-se que o livro seria escrito tanto diante do êxito quanto do fracasso. Obviamente o resultado seria diferente. Como Augusto sucumbe aos encantos da pequena, redige o romance, e no epílogo sabe-se que o texto lido já é a realização da promessa. *A Moreninha* como romance é, portanto, o fracasso fictício de um personagem como indivíduo e seu êxito como amante. A narrativa só existe por causa desse fracasso. E ela narra o êxito do amor.

Com esse artifício simples Macedo desenvolve sua narração, que se converte num exercício lúdico de escrita. O lúdico inicia-se pela aposta entre os amigos, narrando-se as primeiras cenas num sentido de jogo-cênico-teatral e confirma-se história adentro: mantendo a ação entre a farsa e a comédia. Desenvolve-se numa série de jogos e brincadeiras de salão por meio de saraus e festas. Confirma-se pela descrição de vários códigos para aproximação dos amantes: regras impostas por Joaninha e Felipe (cap.8), código das flores (cap.6), o jogo das letras dos nomes das moças (cap.5). Reitera-se pela insistência no jogo da palhinha, gamão, voltarete, nos brinquedos de boneca – que envolvem até os personagens principais – e as cenas de Augusto bordando para Carolina.

No nível da língua, o lúdico expõe-se por meio dos efeitos irônicos e uma crítica muita vez ambígua ao próprio código romântico de que o autor está se servindo. No nível da narração, o lúdico transparece pelo manuseio de linguagens diferentes (prosa, poesia, lendas, fontes escritas e orais) que informam o romance como um gênero compósito repleto de linguagens heterogêneas.

Estamos nos referindo à ludicidade dessa narrativa, mas há que apontar os limites do jogo em Macedo. Limites esses que explicam o condicionamento do jogo ao rito. O jogo aí é controlado ideologicamente. Daí que a ironia vá cedendo espaço tanto mais o mítico se constrói pela reafirmação da lenda. O jogo aqui não é aberto como na narrativa de estrutura complexa de Machado de Assis (ver análise de *Esaú e Jacó*). Tudo tende a uma conjunção em Macedo. Conjunção de romance, do mito-lenda, conjunção da série literária e da ideologia. Aí existe, sem dúvida, o jogo, tanto é que no epílogo se diz que Augusto "perdeu ganhando". Ganhou seguindo as regras do ritual da escrita romântica. Na verdade, Macedo cedeu ritualisticamente ao impulso de conformidade com o lógico esperado. Tanto assim que ele soube ir cedendo sua escrita à necessidade daquilo que o leitor queria ler: "como todos preveem, a balada foi nessa estrofe interrompida e D. Carolina..." (cap.23).

É curioso o diálogo que se estabelece entre o enunciado e a enunciação deste romance, que se afirma dentro dos pressupostos românticos apesar da crítica a esse processo de narrar (cap.18).

Macedo estendeu a crítica ao código romântico o quanto quis, mas se retraiu na confecção final do romance, optando por um endosso daquilo que ironizara. Assim é que critica os personagens tagarelas das narrativas românticas (cap.19), mas essa tagarelice persiste em seus livros; inclui alguns laivos de realismo, por exemplo, descrição de certas doenças tabus na época, e se poupa às vastas descrições dos cenários tão ao gosto de Alencar e Bernardo Guimarães. Chega mesmo a criticar abertamente a onisciência do narrador ao mesmo tempo que se utiliza dessa onisciência penetrando em quase todos os recintos. Tudo indica que ele tenha trabalhado predominantemente com modelos conscientes e que o não desvio do código romântico seja voluntário. Por isso se podia dar ao luxo de ensaiar suas críticas ao próprio Romantismo. Ao compor seu livro se sabia inserido dentro do sistema que levemente ironizava, exercitando um estilo novo apenas no Brasil. A agilidade e a relativa inovação dessa prosa não se repetiram nos romances seguintes. Ao contrário, Macedo assumiu de vez todos os maneirismos ideológicos do Romantismo reafirmando seu sucesso e reduplicando o processo de composição típico da narrativa de estrutura simples.

5
O CORTIÇO

INTRODUÇÃO

Enquanto *O guarani* e *A Moreninha* buscam seu principal suporte no mito e na lenda, *O cortiço*[1] se efetiva ao realizar os pressupostos científicos do século XIX revertidos para a série literária por meio do que se convencionou chamar de Naturalismo. Por intermédio de leituras científicas ou paracientíficas e absorvendo obras naturalistas de autores europeus, Aluísio Azevedo fixou no livro que analisaremos alguns modelos científicos vigentes no século XIX, gerados no campo da termodinâmica e da biologia.

Da termodinâmica ele se utiliza de dois conceitos básicos, que em sua obra aparecem metaforicamente revestidos:

a) "a pérdida de un tipo de energía implica siempre la aparición de una cantidad determinada de algún otro tipo de energía. La energía no puede crearse ni destruirse, sino sólo transformarse" [a perda de um tipo de energia implica sempre o aparecimento de uma quantidade determinada de algum outro tipo de energia. A energia não pode criar-se nem destruir-se, mas somente transformar-se];[2]

---

1 Azevedo, *O cortiço*, 1968.

2 Hull, *Historia y filosofía de la ciencia* [História e filosofia da ciência], 1961, p.328.

b) "el segundo principio general de la termodinámica dice aunque la energía del universo permanece constante, su grado de desorganización tiende a aumentar (Este grado de desorganización se llama a veces 'entropia')" [o segundo princípio geral da termodinâmica diz que se a energia do universo permanece constante, seu grau de desorganização tende a aumentar (Este grau de desorganização se chama às vezes "entropia")].[3]

O evolucionismo é ilustrado insistentemente dentro da história do cortiço, podendo-se localizar aí o revérbero de leis e princípios formulados por Mendell, Darwin, Huxley, Spencer e uma série de outros cientistas e pensadores que Hull rastreia em seu livro *Historia y filosofía de la ciencia* para mostrar os focos de ideias estruturadoras da vida no século XIX na civilização ocidental. A evolução sob forma de "progresso" aí aparece desafiando os organismos simples e complexos. O que a ciência nos dá como progresso biológico, nessa narrativa aparece sob forma sociológica e social. O personagem Jerônimo, por exemplo, em contraposição a Romão comprova o princípio de que "pueden, en efecto, imaginarse circunstancias tolerables para un organismo rudo y casi insensible y que, en cambio, determinarían la ruina de un tipo más sensitivo" [se podem imaginar, efetivamente, circunstâncias toleráveis para um organismo rude e quase insensível e que, por outro lado, determinariam a ruína de um tipo mais sensível].[4] Na análise que se segue retomaremos algumas colocações teóricas de Hull e sua aplicação à narrativa de Azevedo. Por ora, basta assinalar introdutoriamente que a ligação desse romance com modelos situados na série científica revela o espírito simétrico de sua composição, limitando o lúdico e o aleatório. Nesse sentido, em relação à série literária, *O cortiço* se identifica como

3 Id., ibid., p.330.

4 Id., ibid., p.361.

uma narrativa de estrutura simples compromissado com modelos exteriores ao seu texto, ainda que no enunciado sua produção o coloque do lado da contraideologia, uma vez que denuncia o código social vigente criticando o espaço da ideologia dominante.

PROPOSIÇÃO

Este trabalho se propõe a desenvolver as seguintes observações sobre a estrutura de *O cortiço*:

1. Localizam-se aí dois grandes conjuntos: o conjunto 1 (o cortiço São Romão) e o conjunto 2 (a casa do Miranda), que, definindo-se como o conjunto simples e o conjunto complexo, respectivamente, mantêm entre si um restrito e controlado regime de trocas.

2. Ambos os conjuntos estão sujeitos a um sistema de transformações. Essas transformações ocorrem num sentido ascendente e descendente, conforme os elementos se identifiquem com as leis da evolução e de entropia de seu universo.

3. Todo esse sistema de transformações é exemplificado por personagens protótipos que são reduplicados em uma série de outros personagens secundários. Como uma célula que se multiplica por meiose, a narrativa vai se reduplicando simetricamente na realização de modelos inspirados na série científica.

DESENVOLVIMENTO

O conjunto simples e o conjunto complexo

Os 23 capítulos que compõem a narrativa de *O cortiço* e que contam uma história com princípio, clímax e desfecho, dentro de uma disposição tradicional, podem ser reestudados pela configuração de dois conjuntos que agrupam elementos de características semelhantes.

O conjunto 1 – cortiço São Romão – define-se por sua composição elementar. Seus elementos têm uma constituição primária e estão ao nível da natureza e do instinto. O conjunto 2 – casa do Miranda – mostra a vigência de certas regras mais definidas culturalmente. Existe entre seus elementos uma coexistência baseada num maleável regime de trocas, que indica a predominância de outros interesses que não o puramente instintivo.

Portanto, ainda que correndo o risco de simplificar a questão, se poderia dizer que o conjunto 1 está do lado da Natureza e o conjunto 2 está do lado da Cultura. Toda a movimentação de Romão, por exemplo, é para sair do solo puramente biológico e instintivo em que se agita o cortiço e entrar numa organização social regida por um sistema jurídico e político representativo da Cultura. De uma certa forma repete-se aqui a oposição inicial de *O guarani* e que já analisamos: a casa, seja de D. Antônio Mariz ou de Miranda, estabelecendo-se do lado da Cultura, define-se também como o jardim diante da floresta que é a habitação dos Aimorés e dos favelados: "hay un conflicto entre el jardín y la selva, y la naturaleza primitiva tiende a restabelecer la vegetación selvaje en el jardín en cuanto se produce uma disminución de los esfuerzos de los jardineros" [há um conflito entre o jardim e a selva, e a natureza primitiva tende a restabelecer a vegetação selvagem no jardim enquanto se produz uma diminuição dos esforços dos jardineiros].[5]

O conjunto simples nivela-se em vários sentidos, porque a sua dominante é a horizontalidade. De um ponto de

5 Id., ibid., p.368.

vista racial sua grande maioria é de pretos e mestiços, e os elementos de outras raças que para aí vêm acabam por se comportar como a maioria. De um ponto de vista social, todos são empregados e assalariados, vivendo em pequenos misteres sendo, portanto, economicamente dependentes do regime imposto pelos elementos do conjunto 2. Nivelam-se por baixo, pela miséria e pela pobreza. Agrupam-se num coletivismo tribal e identificam-se mais pelas semelhanças do que pelas diferenças. O próprio nome – "cortiço" – marca a sua natureza. Num cortiço, metaforicamente falando, também a grande quantidade de abelhas são as operárias com funções semelhantes, excetuando-se somente a abelha rainha. Não estranha, portanto, que o narrador insista numa sequência de imagens de animais e insetos para caracterizar esse conjunto. Tome-se como exercício de pesquisa o capítulo III relatando o despertar do cortiço. Por aí, por meio de um processo de antropomorfização não se diferenciam objetos, homens, animais e vegetais. É tudo um bando de "machos e fêmeas", numa "fermentação sanguínea, naquela gula viçosa de plantas rasteiras", mostrando "o prazer animal de existir". Há um "verminar constante de formigueiro assanhado" e "destacam-se risos, sons de vozes que se alternavam, sem saber onde, grasnar de marrecos, cantar de galos, cacarejar de galinhas".

Os elementos marcam-se pela sua impessoalidade, dissolvidos na comunidade instintiva e animal. Para ressaltar essa horda de seres primitivos, o narrador acentua a degradação dos tipos aproximando-os insistentemente de animais e conferindo-lhes apelidos. Leandra com "ancas de animal do campo"; Neném como uma "enguia"; Paula com "dente de cão" e Pombinha, com esse nome no diminutivo ocultando seu verdadeiro nome, significa a fusão do natural e do cultural, quando o narrador privilegia o apelido de caracterização zoomórfica. E assim, narrativa adentro, persiste um movimento de zoomorfização das criaturas, nivelando-as por baixo, pelo que têm de mais elementar. Romão e Bertoleza trabalham como uma "junta de bois"; o cortiço exala um "fartum de besta no coito", os personagens se xingam de cão, vaca, galinha, porco; Jerônimo com suas "lascívias de macaco e cheiro sensual dos bodes"; Piedade abandonada surge "ululante como um cão", soltando um "mugido lúgubre" como "uma vaca chamando ao longe".

Poder-se-ia fazer um levantamento também da sujeição dos elementos do conjunto 1 ao instinto e aos sentidos, mostrando que existe uma abertura maior da parte deles para as coisas físicas. São todos sensíveis a um código sonoro, visual, aromático e tátil. Estão expostos às leis naturais, reagindo dentro de um princípio de estímulo e resposta em relação ao ambiente. Este estudo que se poderia fazer partindo do que Lévi-Strauss fez com uma série de mitos sul-americanos em *Le cru et le cuit* [O cru e o cozido] encontraria seu melhor exemplo na imagem do *sol* e sua interferência não apenas sobre a comunidade, mas sobre uma personagem especialmente, Pombinha, como é narrado no capítulo IX. Noutra parte deste estudo nos referimos ao personagem Jerônimo exposto às intempéries dos trópicos, revelando-se como elemento mais sensível às transformações.

Continuando um estudo semiológico sobre as técnicas que o narrador emprega para nivelar os elementos do conjunto 1, encontraríamos a própria fisionomia ou planta da expansão do cortiço desde sua célula inicial. Aí conta a extensão, o linear, o crescimento horizontal que reafirma a zoomorfização expressa conteudisticamente. A reprodução é quantitativa e não qualitativa. Segue o modelo biológico: "El organismo empieza por ser uma sola célula. Esta se divide em dos; cada una de éstas se divide a su vez y así sucesivamente. Mientras se multiplican, las diversas células se desarrollan de diversos modos, adaptándose así a la formación de los diversos órganos del individuo" [O organismo começa sendo uma única célula. Esta se divide em duas; cada uma destas se divide por sua vez, e assim sucessivamente. Enquanto se multiplicam, as diversas células se desenvolvem de diversos modos, adaptando-se assim à formação dos diversos órgãos do indivíduo].[6]

No primeiro parágrafo encontramos Romão como proprietário de uma venda. Depois que se associa a Bertoleza, explorando-lhe o corpo e o trabalho, sua propriedade se expande: compra um pouco de terra ao fundo da taverna, rouba material do terreno vizinho, acaba construindo três casinhas "que foram o ponto de partida do grande cortiço São Romão".

> Hoje quatro braças de terra, amanhã seis, depois mais outras, ia o vendeiro conquistando todo o terreno que se estendia pelos fundos de sua bodega; e, à proporção que o conquistava, reproduziam-se os quartos e o número de moradores (...) dentro de um ano e meio, arrematava já todo o espaço compreendido entre as suas casinhas e a pedreira.

Por outro lado, seu negócio melhorava. Com sua "febre de possuir" ele transforma a simples taverna num bazar com produtos importados, e além de Bertoleza tem vários caixeiros. Ao fim, o cortiço já se compõe de 95 moradias. Realizou-se o modelo biológico da transformação da vida pela meiose progressiva: "e naquela terra encharcada e fumegante, naquela umidade quente e lodosa, começou a minhocar, a esfervilhar, a crescer, um

6 Id., ibid., p.351.

mundo, uma coisa viva, uma geração, que parecia brotar espontânea, ali mesmo, daquele lameiro, a multiplicar-se como larvas no esterco".

Assim a horizontalidade entre a Venda → Avenida passa por diversas etapas progressivamente: Taverna → venda → quitanda → casa de pasto → bazar → grande armazém → estalagem → sobrado → Avenida São Romão.

O conjunto complexo

A expansão do conjunto 1 esbarra na instauração do conjunto complexo em sua verticalidade. Pode-se proceder a uma análise semiológica dos elementos a partir do desenho do sobrado do Miranda, e os lugares se explicam e se completam em confronto com os elementos do conjunto 1. Instaura-se a verticalidade a partir do nome do Miranda: do latim *miranda*, gerundivo de *miror*, admirar, que deve ser admirado, e por ampliação – "evidente". Miranda contempla lá de cima o avanço de Romão preparando-se para se beneficiar, e é lá de cima de sua janela que assiste aos festejos e às brigas no cortiço. *Estela* (estrela) é "senhora pretensiosa e com fumaças de nobreza"; é ela quem trouxe a fortuna ao Miranda por meio de seu dote; *Zulmira* – a excelsa, colocada também lá em cima no sobrado em sua palidez de adolescente; Henriquinho (radical *rik*, poderoso, rico, príncipe da casa) "tinha quinze anos e vinha terminar na corte alguns preparatórios que lhe faltavam para entrar na Academia de Medicina" (cap.II). E aí, nesse conjunto, se instala *Botelho*, diferente dos demais: seu nome significa parasita, alga. E o próprio narrador cuida de chamá-lo de "parasita", mostrando como "vegeta à sombra do Miranda", servindo de mediador nas transas sexuais de Henriquinho e Estela, e depois no casamento de Romão e Zulmira.

Esse conjunto complexo tem a caracterizá-lo sua capacidade de barganha, mantendo um regime de trocas necessárias a sua própria sobrevivência, enquanto o conjunto simples resolve seus conflitos ao nível do instinto e da natureza, impondo a violência como solução para os impasses. Metaforicamente se poderia dizer que a atitude de seus elementos é antropofágica: não existe uma possibilidade de mediação constante. O nível de mediação é muito baixo. Entre dois elementos em conflito (A e B) a única solução é a eliminação de um deles. Coabitar é inviável. A única solução é a violência e a morte. Exemplos:

a) *Relação Bruno/Leocádia*: quando Bruno descobre que Leocádia encontra-se com Henriquinho, a solução que encontra é a destruição de sua casa e a expulsão da mulher sob ameaça de morte.

b) *Relação Jerônimo/Firmo*: a rivalidade por causa da mulata Rita configura-se por uma briga de porrete *versus* navalha, e num outro ponto da narrativa pelo assassinato de Firmo.

c) *Relação Romão/Bertoleza*: ao se ver traída por Romão, Bertoleza comete violência contra si mesma e rasga a barriga, derramando as vísceras no chão da cozinha.

d) *Relação Rita/Piedade*: reduplicando o conflito Firmo/Jerônimo, brasileiro/português, branco/mulato xingando-se as personagens com os mais diferentes nomes de animais, reafirmando o primitivismo de seu conjunto.

Já o outro conjunto – o complexo – soluciona os conflitos efetivando trocas de objetos e dons. Na verdade, mais objetos do que dons, uma vez que o romance se esforça por cumprir os preceitos naturalistas ressaltando sempre o aspecto físico/objetivo das relações.

e) *Relação Estela/Miranda*: apontada desde o princípio da narrativa como uma associação de interesses em que a mulher entrava com o capital e o homem, com a sua gerência, destaca-se a função do dote, na formação dessa sociedade econômico-sentimental.

Os outros relacionamentos repetem a mesma permissividade. Botelho sabe das relações Henriquinho/Estela, mas não fala, porque precisa agradar ao marido e à mulher para permanecer na casa. Miranda tolera essa e outras infidelidades por questão de dinheiro e para manter as aparências.

Retomando as comparações entre um conjunto e outro, assim teríamos a caracterizá-los:

Conjunto 1 – simples – instinto – animal – horizontal – VIOLÊNCIA
Conjunto 2 – complexo – racional – cultural – vertical – TROCA

O sistema de trocas e a passagem do simples ao complexo

Até agora estamos considerando as relações internas de cada conjunto, sem precisar as funções que estabelecem entre si. Poder-se-ia, usando de terminologia biológica e científica tão ao agrado do Naturalismo, dizer que o regime de trocas dá-se num sentido endógeno (dentro do conjunto) e exógeno (entre os conjuntos). Nesse sentido há que considerar a relação que envolve os personagens Romão/Miranda, representando cada um o seu conjunto, respectivamente. A relação entre os dois envolve a passagem do simples ao complexo. Na medida em que Romão é bem-sucedido nas trocas que propõe, escapa às leis quantitativas e horizontais de seu conjunto para ir se comportando segundo os princípios de outro grupo. Aí procura a verticalidade da cultura, perseguindo títulos de nobreza que devem soerguer o indivíduo da massa. Num trabalho mais detalhado pode-se localizar e descrever todo o processo de transformações por que passa o personagem ao se aproximar de Zulmira (metonímia do conjunto complexo).

A evolução de Romão se dá em duas fases: antes e depois do encontro de suas propriedades com as propriedades do Miranda. Esse encontro, ou melhor, confronto, força a construção de um muro entre os dois. O muro passa a simbolizar o conflito e a sua possibilidade de superação, na medida em que se caracteriza como mais um obstáculo a vencer no avanço do personagem. (A propósito, se poderia lembrar aqui que esse romance de Aluísio se presta muito bem à análise descritivista de Claude Bremond que ressalta a sucessão de obstáculos e tarefas a vencer pelo herói na realização da história. Não a empregamos aqui por achar que ela trabalha num setor muito restrito e limitado da análise. Mas valeria a pena utilizá-la ainda que como exercício para alunos.)

O muro estabelece-se, então, como a *diferença* entre Romão e Miranda, é o limite entre a "selva" e o "jardim", entre a "Natureza" e a "Cultura". Como a trajetória de Romão implica na aceitação das "regras" da cultura, ele desenvolve sua capacidade de negociação e troca. Vejamos sucintamente a evolução das fases em Romão até encontrar o obstáculo e superá-lo.

1ª fase

proprietário da venda
proprietário de Bertoleza
proprietário da terra/casa
proprietário de 3 casas
proprietário do terreno
proprietário da pedreira
proprietário do cortiço – 95 casas

2ª fase

"travou-se, então, luta renhida e surda entre o português, negociante de fazendas por atacado, e o português negociante de secos e molhados" (cap.I, p.28).

Símbolo da querela são os termos empregados pelo narrador para fixar no nível zoomórfico o impasse do conflito. Romão coloca um cão de fila no seu terreno para guardar o material que amealhava. Tal cão ameaçava a família do Miranda. "Em compensação, não caía no quintal do Miranda galinha ou frango, fugidos da cerca do vendeiro, que não levasse imediato sumiço" (cap.I).

Assim se poderia visualizar o jogo de imagens no conflito:

Romão → (cão de fila) → MURO ← (galinha) ← Miranda

3ª fase

Inicia-se uma terceira fase entre os dois conjuntos, quando resolvem partir para um sistema de alianças. Por meio de um processo lento de conquista social e econômica, Romão consegue a mão de Zulmira como forma de conseguir as comendas e títulos futuros. Miranda, em contrapartida, reforça-se economicamente com essa aliança. Ao se verificar essa transformação de Romão, ele já não é mais o simples vendeiro, mas o proprietário da Avenida São Romão.

Sistema de transformações comparadas

As transformações por que passam os elementos, cumprindo as leis genéticas, biológicas, econômicas, raciais e ecológicas podem ser estudadas por meio de confrontos. Esse sistema de transformações engloba o regime de trocas, que é um dos elementos que possibilitam a modificação. Podemos pesquisar essas alterações nos personagens por meio de três deles, por coincidência, três portugueses que assumem espaços e funções diversas na história: Romão, Miranda e Jerônimo.

a) *Romão*: significa o elemento vitorioso segundo uma seleção das espécies. Ele se modifica, mas ascende na escala social e econômica assumindo os valores tidos como positivos na cultura brasileira.

b) *Miranda*: sua posição de aristocrata com pequenas variações se mantém e ele atinge o baronato.

c) *Jerônimo*: depois de atingir o máximo de sua posição de assalariado, envolvido pelos elementos naturais do conjunto 1, no interior do qual foi viver, entra em degenerescência.

Teríamos, então, uma linha ascendente (Romão) que seguiria o modelo teórico do primeiro princípio da termodinâmica e reafirmaria os princípios da seleção natural das espécies. Teríamos uma linha estável (Miranda) reafirmando que os elementos sempre se transformam, pois "la energía no puede crearse ni destruirse, sino sólo transformarse" [a energia não pode criar-se nem destruir-se, mas somente transformar-se]; e, em terceiro lugar, a figura de Jerônimo (linha descendente), exemplo de entropia do sistema.

Para termos uma melhor ideia do contraste entre os personagens, tomemos os dois exemplos extremos: Romão e Jerônimo. Ambos descrevem uma linha ascensional e descendente com evidente sentido ideológico em sua interpretação: a cada avanço na escala social e financeira (no caso de Romão) corresponde um degrau abaixo na degradação moral e humana. Para visualizar e esquematizar arbitrariamente as trajetórias desses dois personagens teríamos:

a) *Romão:*

Visconde

proprietário
da avenida

proprietário
da estalagem

proprietário
do cortiço

proprietário
do terreno

vendeiro

falseia alforria
de Bertoleza

rouba materiais

rouba Domingues
e Libório

cumplicidade implícita
na morte de Bertoleza

b) *Jerônimo*: Quando aparece na estalagem de Romão é comparado a um Hércules. A figura mitológica aí não é acidental, mas ganha mais sentido com a fisionomia do personagem depois que entra em decadência. Ele aí chega com ideais de ascensão, pois saíra da roça onde "tinha que sujeitar-se a emparelhar com os negros escravos e viver com eles no mesmo meio degradante, encurralado como uma besta, sem aspirações nem futuro, trabalhando eternamente para outro" (cap. V). Todo esse capítulo é a exaltação das virtudes de Jerônimo como um tipo clássico-mitológico.

No interior do conjunto 1 aos poucos vai se envolvendo sensorial e irracionalmente com o novo ambiente. O narrador estabelece uma competição entre a sensibilidade europeia e a brasileira, descrevendo como o europeu sucumbe quando abre seus sentidos ao sol dos trópicos. A integração de Jerônimo se realiza segundo uma "fuga dos cinco sentidos" – parafraseando Lévi-Strauss em suas análises em *Le cru et le cuit*. Ele se entrega à música brasileira (audição) e olvida os fados portugueses; não resiste à luz dos trópicos e à dança da baiana Rita (visual); entorpece-se com o seu aroma, com o "aroma quente dos trevos e baunilhas, que o atordoava nas matas brasileiras" e diante do perfume da mulata prefere-lhe o café e a cachaça em vez do chá preto da mulher (olfativo-gustativo). Outros dados do código sensorial ainda se associam, formando uma rede de envolvimento que levam o português a ser o avesso do que no princípio parecia. Esse aspecto da análise deve ser ainda aprofundado como exercício de análise. Aqui nos limitamos a essas indicações.

Sintetizando o processo transformativo, inteiramente diferente do de Romão, teríamos a seguinte ilustração das fases de Jerônimo:

contramestre
faz lajedos
faz parale-
lepípedos
quebrador
de pedras
colono
briga com
Firmo
mata
Firmo
deixa a
família
miséria

A linha descendente de Piedade, mulher de Jerônimo, é semelhante. Ela perde sua estabilidade quando o marido se envolve com o meio ambiente brasileiro (metonimicamente representado por Rita), e passa pelos mesmos degraus de decadência, conhecendo a decadência física, a desorganização do lar, a embriaguez, a briga com Rita e a miséria. Ela reduplica o modelo de transformações de Jerônimo exemplificando a entropia do sistema.

Função da mulher no sistema de transformações

Como vimos anteriormente, a mulher participa do regime de trocas, ela dá e recebe. A posição da mulher na estética naturalista, no entanto, é bem diversa daquela na estética romântica. Descrita mais objetivamente, enraizada na realidade, ela surge sem idealizações e falseamentos. Nessa narrativa de Azevedo, a mulher é descrita principalmente como fêmea, que se acasala com o macho por interesses físicos e materiais.

Três tipos diferentes de mulher encontramos aqui descritos nessas relações: *a)* a mulher-objeto, que é trocada como nas sociedades primitivas; *b)* a mulher sujeito-objeto, que aceita as regras do sistema dando tanto quanto recebe; *c)* a mulher-sujeito que regula os regimes de troca, capaz de impor condições e manobrar o macho em benefício próprio.

a) *Mulher-objeto*. Exemplifica-se inicialmente em Bertoleza, elemento feminino que se associa ao masculino (Romão) para criação do cortiço. Macho e fêmea trabalham dia e noite, e quanto mais o tempo passa, mais o macho se afasta da fêmea, uma vez que ela era peça fundamental apenas no princípio da carreira de Romão: "à medida que ele galgava posição social, a desgraçada descia mais e mais, fazia-se mais escrava e rasteira". Outro exemplo é Zulmira: vai ser outro degrau utilizado por Romão, agora não no conjunto 1, mas no conjunto 2. A passagem de um conjunto ao outro implica a presença de um elemento feminino no regime de troca. Reafirmam-se certas regras da sociedade, daquilo que José de Alencar chamara de "mercado matrimonial". As ligações entre ele e Bertoleza, e entre ele e Zulmira são totalmente circunstanciais. As mulheres aí são elementos cambiáveis no comércio que ele opera.

b) *Mulher sujeito-objeto.* A relação Estela/Miranda coloca os dois em nível de igualdade. Ambos se beneficiam. Essa relação ajusta o regime de trocas sexuais, que são a contrapartida das trocas econômicas e sociais. A dupla Rita/Jerônimo exemplifica o mesmo regime de trocas. O narrador vem ao nível do enunciado para dizer que entre eles se cumpria o ritual da atração racial. Rita é metonímia da natureza tropical, ao passo que Jerônimo é o símbolo daquilo que o autor chama de "raça superior" (sic): "mas desde que Jerônimo propendeu para ela, fascinando-a com sua tranquila seriedade de animal bom e forte, o sangue da mestiça reclamou os seus direitos da apuração, e Rita preferiu no europeu o macho de raça superior" (cap.XV).

Todas essas personagens têm a caracterizá-las ou a permanência no mesmo *status* econômico e social ou a decadência. Nenhuma sai de seu conjunto, as transformações são endógenas e não exógenas, como se dará com Leonie, Pombinha, Senhorinha.

c) *Mulher-sujeito.* O termo "sujeito" aqui implica uma interpretação dos valores ideológicos da comunidade descrita. Assim como Romão consegue se impor afirmando-se enquanto indivíduo dentro dos padrões vigentes na sociedade, aquelas mulheres (Leonie, Pombinha, Senhorinha) também se destacam da dependência contínua do macho e passam a exercer o poder por meio do sexo-luxúria. Como Romão, elas extrapolam de seu conjunto original e se realizam no conjunto complexo.

Leonie – como protótipo da mulher do cortiço que saiu para a prostituição de elite – mantém trânsito livre entre um conjunto e outro. Ela pode desfilar com os amantes pelas ruas e teatros com a mesma leveza com que regressa ao cortiço para ver sua afilhada. Sua ascensão social permite-lhe o trânsito. O modelo de Leonie repete-se em Pombinha, que é por ela seduzida, deixando de lado seu aspecto angelical para assumir a imagem da "serpente", que o narrador maneja para classificar o vigor do instinto e a ameaça sexual. Repete-se em termos onomásticos o determinismo: a pombinha vai ser devorada pela leoa por meio da iniciação homossexual: "a serpente vencia afinal: Pombinha foi, pelo próprio pé, atraída, meter-se-lhe na boca". Pombinha, enfim, "desfere o voo". Tal modelo se repete com a filha de Jerônimo/Piedade atraída por Pombinha: "a cadeia continuava e continuaria interminavelmente; o cortiço estava preparando uma nova prostituta naquela pobre menina desamparada, que se fazia mulher ao lado de uma infeliz mãe ébria" (cap.XXII).

Pode-se destacar ainda que, malgrado essas diferenciações quanto ao papel da mulher, existe uma constante a destacar: a estética naturalista em Azevedo acentua a supremacia do feminino sobre o masculino, da fêmea sobre o macho em proporções como esta:

soberania : escravidão : : feminino : masculino

Os homens, segundo a versão de Leonie, existem para "servir ao feminino" enquanto as mulheres são "rainhas", "senhoras" num "império" onde os homens são "escravos".

Reduplicação dos modelos de evolução e entropia

Como uma narrativa centrada em modelos conscientes e interessados ideologicamente em defender uma tese determinada, *O cortiço* reduplica, numa série de quadros, seus modelos principais. Por exemplo, o modelo da evolução e da entropia exemplifica-se agora no confronto entre os dois cortiços: São Romão e Cabeça de Gato. Há que retomar e retificar aqui algumas observações que fizemos sob a expansão do cortiço São Romão. A sua horizontalidade não é completa. É relativa à verticalidade do palacete do Miranda. Na medida em que Romão vai evoluindo econômica e socialmente, seu cortiço sofre um processo de modificações também qualitativas até chegar à Avenida São Romão. A linha de ascensão do cortiço é a mesma de seu proprietário, que, na verdade, funciona como uma metonímia de seu conjunto.

O novo cortiço (Cabeça de Gato) não é apenas o que o São Romão era em sua origem, mas se torna o refúgio daqueles que não evoluem nem se transformam. É um reduto de excluídos reincidentes, como Firmo, que para lá muda. Repetem-se com os dois cortiços as duas linhas de ascensão e decadência que marcam a trajetória de Romão e Jerônimo, respectivamente. O capítulo XX conta a transformação final do cortiço na Avenida São Romão:

> João Romão conseguira meter o sobrado do vizinho no chinelo; o seu era mais alto e mais nobre, e então com as cortinas e com a mobília nova impunha respeito. Foi abaixo aquele grosso e velho muro da frente com seu largo portão de cocheira, e a entrada da estalagem era agora dez braças mais para dentro, tendo entre ela e a rua um pequeno jardim com bancos e um modesto repuxo ao meio, de cimento, imitando pedra (...) e na tabuleta nova, muito maior que a primeira, em vez de "Estalagem de São Romão" lia-se em letras caprichosas "Avenida São Romão".

Enquanto isto:

> o Cabeça de Gato, à proporção que o São Romão se engrandecia, mais e mais ia-se rebaixando acanalhado, fazendo-se cada vez mais torpe, mais abjeto, mais cortiço, vivendo satisfeito do lixo e da salsugem que o outro rejeitava, como se todo o seu ideal fosse conservar inalterável, para sempre, o verdadeiro tipo da estalagem fluminense, a legítima, a legendária; aquela em que há um samba e um rolo por noite; aquela em que se matam homens sem a polícia descobrir os assassinos; viveiros de larvas sensuais em que irmãos dormem misturados com as irmãs na mesma cama; paraíso de vermes; brejo de lodo quente e fumegante, donde brota a vida brutalmente, como de uma podridão (cap.XXII).

Antes que se diferenciassem tanto, os dois cortiços guardavam características de uma sociedade primitiva, realizando em sua interação todos os quesitos de uma sociedade fechada. Como tal, tinham suas regras próprias, excluindo-se e opondo-se aos outros conjuntos da sociedade. Exemplo disso é como reagem diante da *lei* – o aparecimento da polícia. Organizam-se contra o elemento estranho-invasor como se fossem uma só comunidade. Veja-se o episódio da luta de Jerônimo/Firmo e a chegada da polícia:

> João Romão atravessou o pátio, como um general em perigo, gritando a todos: – Não entra a polícia! Não deixa entrar! Aguenta! Aguenta! – Não entra! Não entra! Repercutiu a multidão em coro (...) Um empenho coletivo os agitava agora, todos, numa solidariedade briosa, como se ficassem desonrados para sempre se a

> polícia entrasse ali pela primeira vez. Enquanto se tratava de uma simples luta entre dois rivais, estava direito! Jogassem lá as cristas, que o mais homem ficaria com a mulher, mas agora tratava-se de defender a estalagem, a comuna, onde cada um tinha a zelar por alguém ou alguma coisa querida (cap.X).

Ainda na comparação do primitivismo desses dois conjuntos importa ressaltar as características tribais de ambos. O narrador tenta dar uma certa dignidade às lutas entre os dois cortiços convertendo a briga numa "batalha" e numa "guerra" de uma tribo contra outra. Procura-se uma nobreza para os contendores. Trazem símbolos clássicos de guerreiros. Estamos entre um torneio medieval e uma festa tribal. Se agrupam totemicamente, tomando como símbolo animais que sintetizam as características de ambos:

Carapicus (peixe) ——————— Cabeça de Gato (gato)

Assinalada a rivalidade nos símbolos totêmicos, ela se confirma nas cores da bandeira:

Carapicus (vermelha) ——————— Cabeça de Gato (amarela)

O autor é explícito coincidindo o enunciado e a enunciação de sua história: "Em meio do pátio do Cabeça de Gato arvorava-se uma bandeira amarela; os carapicus responderam logo levantando um pavilhão vermelho. E as duas cores olhavam-se no ar como um desafio de guerra" (cap.XIII).

Definidos totemicamente com suas bandeiras, os grupos se aproximam com suas armas (navalhas) e com suas músicas (danças dos capoeiras). Tem início o torneio, que culmina com o incêndio desencadeado pela Bruxa – sempre envolvida com o fogo. E para explicar a gênese do confronto, surge o narrador reafirmando a ideologia naturalista e servindo-se dos modelos da série científica: "E, no entanto, o sol, único causador de tudo aquilo..."

CONCLUSÃO

Essa análise, evidentemente, não esgota o conhecimento da estrutura do livro. Centramo-nos aqui mais no nível da narração e dos personagens com incursões pelo nível da língua(gem). Fosse um trabalho maior e se teria obrigação de ampliar as observações, constatando no nível da frase os modelos que regem a composição da narrativa. Uma análise estilística, por exemplo, embricaria nesse nível, mostrando que a língua de Azevedo, em sua plurivalência de nacionalidades, mostra como o francês, o italiano, o português de Portugal, o falar do cortiço, o falar dos salões se mesclam constituindo conjuntos que integralizam a língua brasileira num sentido mais amplo. Sua língua é mestiça como seus personagens e se espalha pelo simples e pelo complexo. Por aí se poderia chegar a tocar de novo no problema da ideologia que configurou o romance, ideologia esta que tanto mais se configura quanto mais se sabe que a arte de Aluísio se voltava para o receptor. Sua produção tinha um endereço certo: o jornal, o teatro e uma grande massa de leitores. E parece que ele foi bem-sucedido nisso, porque teria sido o nosso primeiro escritor profissional, segundo afirmou Valentim Magalhães, só tendo largado a pena para um emprego no Ministério das Relações Exteriores.

Dentro de uma concepção teórica para compreender a teoria e a prática do romance no Brasil, Aluísio teria praticado em relação à série social uma narrativa contraideológica, apontando as falhas do sistema ao denunciar a exploração dos cortiços (alguns dos quais pertencentes ao Conde D'Eu). Em relação à série literária, sua obra é ideológica quando cumpre à risca os preceitos naturalistas, seguindo de perto o modelo europeu. Trabalhou com modelos conscientes, predominantemente, realizando uma narrativa da transparência interessada no espaço real.

POLÊMICA

Crítica de Antonio Candido à análise, neste livro, de *O cortiço*

Literatura-sociologia

Antonio Candido

A primeira e mais persistente modalidade de estudo das relações entre a literatura e a sociedade é que se poderia chamar, em suas várias manifestações, de paralelística. Conforme ela, há uma relação causal entre ambas, de tal modo que a sociedade se reflete na literatura e o texto é uma incorporação dos elementos tomados à realidade e transformados em assuntos, temas, motivos da composição. Por isso, a via normal para conhecer e compreender um texto seria procurar esse reflexo, porque em última instância ele é veículo de uma visão do mundo e da sociedade. Segundo a terminologia usada por Eliot no decênio de 1920 e hoje esquecida, ele é heterotélico, ou seja, tem uma finalidade fora de si e só pode ser entendido em função dela.

Essa concepção é a do positivismo crítico, que vem do século XIX e prestou enormes serviços aos estudos literários, consolidando a história da literatura e a filologia, além de estabelecer critérios para avaliar as ligações entre a obra e a sociedade num dado momento. O seu formulador mais claro e sistemático foi Taine, do qual passou, no todo ou em parte, a várias outras correntes de pensamento, inclusive o Marxismo, como se pode verificar na obra de marxistas iniciais, como Plekanov. Apesar do refinamento dos conceitos, devido ao ponto de vista dialético, ela ainda reponta, não obstante as denegações, em teóricos marxistas de muito maior originalidade no campo estético, como Lukács ou Della Volpe.

Mas com Lukács ela assume matizes novos, que abrem para outras perspectivas, sobretudo porque ele se interessava não apenas pela transposição do fato em tema, mas pela função desse processo na estruturação da obra. Nesse caso, o elemento social se torna fator de constituição da estrutura, não modelo do conteúdo, e o paralelismo se atenua até eventualmente desaparecer. Sobretudo porque, graças aos conceitos de infraestrutura e de ideologia, os marxistas desconfiam da camada aparente e procuram vê-la como afloramento, manifestação superficial de significados profundos, que podem ser diferentes e que, estes sim, exprimem as relações reais com a sociedade. Forma-se, portanto, no texto um primeiro nível de articulação formal, produto sobretudo da independência do autor e de sua adequação às normas estéticas vigentes, e um segundo nível de articulação propriamente estrutural, devido a impregnações vindas da sociedade e escapando ao governo racional do autor. Ao distinguir um plano profundo de significado e insistir na sua decisiva importância, o marxismo não apenas abre caminho para a análise das ideologias, mas permite estratificar a compreensão do texto, estabelecendo a possibilidade da existência de mais um nível de significado e, sobretudo, da divergência dialética entre ambos, o que enriquece muito a visão crítica, devido ao senso das tensões.

Preocupado com as consequências políticas das suas ideias, nem sempre Lukács explorou devidamente essa seara estimulante; e chegou a dar o exemplo negativo de uma leitura meramente temática, revertendo ao paralelismo, mesmo em estudos tão famosos, mas tão insatisfatórios quanto os que dedicou a Balzac. Isso não impediu outros momentos de grande plenitude crítica, e algumas das suas ideias fundamentais, ricas de possibilidade, foram desenvolvidas por autores inspirados nele – haja vista a Adorno, com a sua concepção da forma como verdadeira manifestação do social na obra ou (em nível mais modesto) Goldmann, com a concepção extremamente lukacsiana da homologia, ou seja (deixando de lado o eventual paralelismo temático) que as estruturas do texto correspondem a estruturas mentais das classes. Graças a conceitos desse tipo, fica possível ir além da mera relação causa-efeito entre os fatos sociais e o texto literário, como se esse não passasse de epifenômeno daquele.

A essa altura podemos tentar um apanhado geral, dizendo que os problemas propostos pelo positivismo crítico e retomados de maneira muito mais requintada pelo marxismo levam a constatar, no domínio das relações entre literatura e sociedade, que: (1) há um vínculo entre a produção do texto e a sociedade a que pertence o autor; (2) esse vínculo consiste basicamente na possibilidade de exprimir os traços dessa sociedade, fazendo do texto uma representação especial da realidade exterior; (3) ao passarem de "fato" a "assunto", os traços da realidade exterior se organizam num sistema diferente, com possibilidades combinatórias mais limitadas, que denota a sua dependência em relação à realidade; (4) há, portanto, uma deformação criadora, em virtude da tensão entre o desejo de reproduzir e o desejo de inventar; (5) essa deformação depende em parte da discrepância entre o intuito do autor e a atuação de forças por assim dizer mais fortes do que ele, que motivam a constituição de um subsolo debaixo da camada aparente de significado; (6) tais forças determinantes se prendem sobretudo às estruturas mentais dos grupos e das classes sociais a que o autor pertence, e que se caracterizam por um certo modo de ver o mundo; (7) o elemento individual puxa a expressão estética para um lado, enquanto o elemento social puxa eventualmente para outro o significado profundo, diversificando o texto verticalmente e dando-lhe uma profundidade que obriga a complementar a análise estética pela análise ideológica; (8) na medida em que a superfície aparente do texto é a sua organização formal, a sua camada estética propriamente dita, ela comanda o trabalho analítico sobre a camada profunda, que só se configura através dela, mas que, por sua vez, a esclarece, de torna-viagem.

O que aí está é uma sugestão de enfoque das relações entre obra e sociedade, do ângulo dos chamados fatores externos, de modo tal que o estudioso é obrigado a considerar forma e conteúdo como momentos dialéticos de uma compreensão total, podendo a análise do texto ser feita tanto a partir de um quanto de outro. Com efeito, se tivermos uma concepção totalizadora, qualquer análise adequada da forma termina por recuperar o conteúdo; e qualquer análise adequada do conteúdo termina por recuperar a forma.

Antes de ir mais longe, convém perguntar aonde vai o positivismo quando não retomado do ângulo marxista, como se fez aqui. Vai dar numa análise paralelística que reduz o texto literário a documento da realidade externa e, portanto, mata a possibilidade de encará-lo como literatura. São estudos ainda hoje florescentes, mas de poucas perspectivas, nos quais se escreve sobre o sistema de empréstimo em Balzac, o problema do menor abandonado em Dickens, o mundo carcerário em Dostoievski.

Mais coerente é outro ramo da cepa positivista: a sociologia da literatura propriamente dita, isto é, o estudo, por meio de pesquisas concretas, de problemas como difusão da obra, origem social dos autores, voga dos assuntos etc., do tipo praticado pelo grupo de Bordeaux, em torno de Robert Escarpit ou, com mais vigor e penetração, por Hoggart, na Inglaterra.

Nessa linha eu citaria, no Brasil, o excelente estudo de Ecléia Bosi sobre as leituras da mulher operária em São Paulo. Em tais casos, cujo interesse é frequentemente muito grande, estamos no estudo científico da sociedade e do comportamento, portanto fora da investigação específica dos textos literários, que nos interessa aqui.

Convém lembrar a propósito que os progressos feitos nesta investigação estiveram, frequentemente, ligados a uma posição anti-histórica e portanto anti-sociológica. Com efeito, eles foram devidos em parte a uma reação contra o excesso de espírito histórico, que tinha levado a exacerbar a concepção do texto como produto de fatores externos e, portanto, a desconhecer os seus aspectos específicos. Não obstante, é preciso lembrar que o método excelente da "*explication de texte*" apareceu na França em pleno fastígio do positivismo crítico e da história literária nele baseada; e a "*explication de texte*", quando bem conduzida, preserva simultaneamente a integridade estética (por meio da análise gramatical e estilística) e as vinculações históricas.

De modo geral, no entanto, as posições que mais contribuíram para renovar os métodos de análise e chamar atenção para o texto enquanto literatura, não enquanto fato cultural ou documento histórico (que ele é também), se fizeram em reação contra a história literária de cunho positivista, e às vezes com reservas quanto à conveniência de abordar as vinculações sociais. Foi o caso da estilística de Spitzer, a partir do decênio de 1910, em que pese o seu senso agudo do momento e o seu gosto pelas grandes extrapolações culturais; do formalismo russo do decênio de [19]20, que ficamos conhecendo quase meio século depois; do "*new-criticism*" dos anos [19]40 etc.

Daí ter-se criado quase até os nossos dias uma mentalidade que poderíamos chamar de disjuntiva, pois impunha praticamente uma opção entre conceber o texto como todo autônomo, a ser estudado na sua estrutura, sem referência necessária ao contexto cultural e social; e concebê-lo como aspecto da cultura, inteligível apenas na medida em que referido a ela e à sociedade.

Nos nossos dias, percebemos mais claramente que os dois extremos são ângulos possíveis, mas que uma posição totalizadora os engloba dialeticamente, de tal modo, como já vimos, que toda análise formal bem conduzida termina por recuperar o conteúdo, e toda análise adequada deste leva necessariamente à consideração da forma. Mas é fora de dúvida que o progresso extraordinário da análise formal, sobretudo graças à investigação linguística, permitiu criar instrumentos adequados, porque específicos, para propor sob nova luz a análise do conteúdo, antes tributária dos métodos históricos e sociológicos. Por isso, é quase com o sentimento de ver realizado algo previsto e necessário que, atualmente, passados uns poucos anos de compreensível hipertrofia formalista, vemos estudos de orientação semiótica (por exemplo) trabalharem na dimensão social do texto, como aliás sempre procurou fazer o engenhoso Umberto Eco, como sugerem os jovens das revista *Poetics* ou o grupo russo da Universidade de Tartu, do qual conhecemos sobretudo Iuri Lotman. Reciprocamente, críticos de formação marxista, como os da revista *Littérature*, procuram, com a sua "sociocrítica", dispensar tratamento formal adequado ao texto, para não falar nas tentativas de síntese de grupos como o de Birmingham, originariamente formado à sombra de Hoggart, e combinando de maneira pertinente a semiologia barthiana com as sugestões da Escola de Frankfurt, tudo ligado a um senso vivo da pesquisa concreta sobre os hábitos literários das classes e as técnicas de comunicação.

Agora, entremos no que mais interessa, ou seja, a análise do texto, de um ângulo que ressalte ao mesmo tempo a sua integridade específica de construção literária e a sua natureza de incorporador da realidade social e cultural de um dado momento. Para isso, tomaremos como base uma posição em que foi indicada acima do ângulo do marxismo (mas que ocorre em outras orientações), e pressupõe que as camadas aparentes devem ser não apenas descritas e analisadas em si, mas também (eventualmente sobretudo) como signo de outras camadas, mais profundas e ocultas, que só podem ser desvendadas mediante uma análise sistemática adequada. No nosso caso, a análise ideológica, que tentará mostrar sob o nível estético do texto o seu nível estrutural – para usarmos em contexto diverso a distinção de Jean-Pierre Richard.

Essa análise pode ser feita a partir de mais de uma posição metodológica, inclusive de cunho paralelístico predominante, isto é, preocupado sobretudo em verificar no texto a presença de elementos da sociedade e da cultura, e vendo como funcionam nele – o que seria a posição tradicional transformada pelos progressos teóricos mencionados. Pode também ser feita a partir dos elementos formais do texto para, por meio deles, mostrar as suas implicações sociais. Exemplo de alta qualidade, que eu comentaria se houvesse tempo, é o ensaio de João Luiz Lafetá, "O mundo à revelia".[7]

E há pelo menos uma terceira possibilidade, que se tentará definir à medida que formos avançando na análise ideológica d'*O cortiço*, de Aluísio Azevedo, partindo do pressuposto ao estudo geral abrangente, que aliás não caberia nos limites de uma palestra, e me restringirei a um dos seus aspectos básicos.

Como se sabe, o livro repousa numa tensão entre dois lugares, que representam dois modos de viver e, no seu contexto, duas etapas da acumulação de capital: a habitação coletiva, propriedade de João Romão, e o sobrado do Comendador Mi-

---

7 João Lafetá, "O mundo à revelia". In Ramos, Graciliano. *São Bernardo*. 22ª ed. São Paulo, Martins. p.7-31.

randa, ambos portugueses. A relação entre os dois lugares fica patente quando se percebe que o alvo de João Romão é chegar ao nível social e econômico representado pela casa do vizinho, o que efetivamente consegue, a ponto de casar com a sua filha. Em sentido diferente e com muita penetração crítica, Affonso Romano de Sant'Anna estudou esse processo como passagem da natureza à cultura, e em termos que lembram condições de Lévi-Strauss.[8]

Sendo assim, é compreensível que a análise do livro parta do seu sistema de tensões, apoiado em duas ordens complementares de realidade: os lugares e as relações humanas.[9] A tarefa inicial consiste, pois, em estabelecer quais são os pares mais significativos de tensão, isto é, os que se apresentam mais carregados de sentido e capazes de explicar um maior número de fatos. Quanto aos lugares, teríamos, por exemplo: Sobrado x Botafogo; Sobrado x Cidade; Cortiço x Botafogo; Cortiço x Cidade; Cortiço Carapicus x Cortiço Cabeças de Gato; Cortiço x Sobrado etc. etc. É claro que o último se impõe. Quanto às relações humanas concretas, teríamos, entre muitos pares possíveis: Gente do bairro x Gente de outros bairros; Gente do bairro x Gente do centro; Adulto x Criança; Homem x Mulher; Brasileiro x Português; Branco x "De cor" etc. etc. No universo do livro, são irrelevantes os três primeiros, pouco relevante o quarto, relevantes os dois últimos, porque dão lugar a sistemas definidos de significado, tanto no plano individual quanto no coletivo. Não contando que há entre eles uma correlação suplementar decisiva, que veremos daqui a pouco.

---

8 Sant'anna, Affonso Romano de. "O cortiço". In *Análise estrutural de romances brasileiros*. Petrópolis: Vozes, 1973. p. 97-115.

9 A partir daqui, a análise reproduz na maioria, apesar de inclusões, cortes e alterações, a que faz parte do ensaio "A passagem do dois ao três – Contribuição para o estudo das mediações na análise literária", *Revista de História*, nº 100. São Paulo, 1975.

Quem é português? Os ricos, seus parentes e aliados; o candidato a rico; alguns trabalhadores pobres. Quem é brasileiro? A maioria absoluta dos pobres e alguns pouquíssimos ricos, vinculados aos portugueses por laços de dependência: Estela (mulher), Zulmira (filha), Henrique (hóspede). O lugar dos ricos é o Sobrado; dos pobres, o Cortiço. Entre ambos, transita João Romão, como elemento dinâmico de passagem.

Os portugueses são de dois tipos: vitoriosos e vencidos; enquanto os brasileiros (salvo aquelas três exceções) são sempre vencidos, no que se refere à dominação na sociedade. Daí um antagonismo visceral entre os dois grupos; não apenas de classe a classe, mas dentro da mesma classe – antagonismo que no segundo caso desaparece quando o grupo como tal é posto em perigo e todos passam a ser apenas pobres de um dado agrupamento de vizinhança. Em termos de cor, verifica-se que no Sobrado, salvo algum servidor, só há brancos; enquanto no Cortiço há brancos, mestiços e negros, mostrando que o grupo pobre é mais complexo e diversificado.

No entanto, essas divisões antagônicas são modificadas e até certo ponto atenuadas por um terceiro elemento qualificador: a animalidade. Todos – brancos e pretos, brasileiros e portugueses, ricos e pobres, homens e mulheres – se caracterizam pela redução ao nível animal, seja porque as funções fisiológicas são trazidas à primeira plana, quebrando as diferenças de cultura, seja porque o narrador usa para todos qualificativos e traços de caracterização que animalizam, como era comum no Naturalismo. O próprio Cortiço é definido diversas vezes como aglomerado de animais, em nível metafórico, o que dá caráter coletivo aos traços de cada um.

Desse modo, somos levados a verificar que as oposições binárias mencionadas anteriormento são insuficientes como instrumento analítico, pois o terceiro elemento se interpõe, modificando a relação dos dois termos. De fato, eu não tenho:

Brasileiro x Português
ou
Branco x "De cor",
mas:
Brasileiro x Português
Animal
e
Branco x "De cor"
Animal,

entendendo-se que o terceiro termo é denominador comum.

Além disso, há outros traços que desmancham os pares binários, alterando o seu significado. Assim, se verificarmos qual é o destino do português no contexto do livro, veremos que, se ele tem a mencionada opção "vencer ou ser vencido", quando adota o modo de ser do brasileiro deixa de ser português no sentido de vencedor, de dominador real ou potencial, para ser dominado, ou seja, se abrasileirar, – processo descrito com admirável luxo de detalhes simbólicos na sedução de Jerônimo pela telúrica Rita Baiana.

Desse modo, percebo que as divisões polares que estabeleci, seguindo a camada ostensiva do texto, são válidas, mas insuficientes, porque a grande divisão, fundamental e implícita, é entre ricos e pobres, independentemente da raça e da nacionalidade, em última instância. E que Sobrado e Cortiço têm sentido pleno em função disso, a saber: como Lugar de Rico e Lugar de Pobre.

Mas o denominador comum "animal" não oblitera também essa divisão latente, confundindo o que parece distinto? Para responder à dúvida, sou levado a uma discriminação analítica, cujo resultado parece mostrar que, neste livro, "animal" não é categoria unívoca, mas apresenta pelo menos três modalidades conceituais: (1) a dos animais propriamente ditos, irrelevantes na trama, a não ser como "indiciantes" e, às vezes, "catálises", no sentido de Barthes; (2) a da animalidade que abrange animais e homens, relativa ao que há de "natural = animal" em ambos, nos termos do Naturalismo, sendo, portanto, uma espécie de animalização ontológica, total; (3) a do animal como um certo tipo de figuração implícita, conotando uma animalização parcial, social e não ontológica, que define o homem tratado economicamente como bicho, na medida em que se torna besta de carga, pela necessidade de vender sua força de trabalho. Note-se, a propósito, que só é possível distinguir o nível (2) do (3) se utilizarmos como mediadora esta categoria (trabalho), o que mostra como a análise dos significados do texto pode ser refinada por meio de um elemento "externo" (social), que funciona como se fosse "formal interno".

No nível (3), não se trata mais daquela animalidade essencial, própria das concepções do Naturalismo e tão mencionada pelos críticos; animalidade que irmana o rico Comendador e futuro Visconde Miranda do Sobrado, "se servindo da mulher como de uma escarradeira", à miserável Piedade de Jesus do Cortiço, que "mugia como uma vaca" e se entrega bêbada ao vagabundo Pataca; ou, ainda, à francesa Léonie, violando a impúbere Pombinha como "corcovos de égua". Trata-se de uma marca social acessória, parcial, exprimindo a alienação do trabalhador que, ao vender sua força de trabalho, vê reduzida uma parcela de sua humanidade, enquanto aumenta a parcela de animalidade, na medida em que é nivelado a uma máquina muscular.

Vemos então que uma leitura orientada pelos traços sociais, incorporados ao texto como fatores de estrutura, mostra que, neste romance, de certo modo o Branco por excelência não é o que tem cor branca, mas o que pertence ou vai pertencer à camada dominante, sobretudo o Português. Mais: que, também de certo modo, o Negro não é o de cor preta, mas o que pertence às camadas sociais cujos membros são, no limite, tratados como escravos, isto é, aqueles sobre os quais recaía no Brasil o grosso do trabalho produtivo: a massa brasileira do Cortiço, feita de brancos, negros, mulatos, caboclos, cafusos, mas também dos portugueses que, em vez de tenderem à classe dominante, tendem à classe dominada, redefinida segundo critérios sociais e econômicos. Daqui a pouco veremos que esta leitura escapa aos desígnios conscientes do Autor; ela decorre de camadas profundas do texto, cujas raízes mergulham no coletivo.

O tratamento do animal como intermediário latente entre pares binários de tensão leva a considerar a necessidade de rever esses pares à luz de outros elementos mediadores, verificando-se, por exemplo, que a oposição básica Sobrado x Cortiço se esclarece graças à interposição de categorias como Trabalho, que enformam a passagem do Cortiço ao Sobrado como projeto econômico (de João Romão). Entre as duas categorias extremas, interpõe-se a realidade da luta de classes, da alienação, da formação da mais valia, – que não estavam, é claro, no intuito do Autor, mas que para nós são categorias de pesquisa e interpretação graças às quais se esclarece a dinâmica da sociedade, que ele observou como ponto de partida para a recriação de que resulta o texto; e que podem passar a funcionar neste em caráter de imanência, como instauradores virtuais de significado.

De que maneira traduzir em termos adequados essa presença de mediações sociais e econômicas, encarnadas na atuação dos personagens e, sobretudo, no encaminhamento geral da narrativa? Considerando como eixo d'*O cortiço*, sob esse aspecto, o processo de acumulação de capital, que permite inclusive a passagem do estado de natureza ao estado de cultura, definida e analisada por Affonso Romano de Sant'Anna. Mas convém observar que não permite indiscriminadamente a todos os moradores da habitação coletiva, como seria o resultado lógico da dicotomia não mediana Sobrado-Cortiço; permite apenas ao acumulador de capital, ficando os outros privados de participar do processo, do qual são instrumentos. A começar pela escrava fugida Bertoleza, a quem João Romão se identifica nas etapas iniciais, quando ainda está perto de ser socialmente Brasileiro/Negro, para ir se destacando aos poucos, na medida em que se torna de fato socialmente Branco. Daí a necessidade de suprimi-la, como sobrevivência incômoda de um modo superado de existir.

Resumindo antes de prosseguir, digamos que o enfoque formal das oposições, sugerido pelo próprio texto por meio da sua estrutura de tensões, é importante, mas precisa ser aprofundado pelo enfoque das mediações como terceiro termo. As duas categorias centrais opostas, de caráter topológico, Sobrado e Cortiço, são mediadas por três categorias relacionais, que permitem ver o significado real da oposição, pois elas definem o destino de cada um em face do Trabalho, que condiciona a dinâmica da acumulação econômica e consequente definição das posições sociais. Das três categorias relacionais, duas são reais e uma é virtual: Português = Brancos = Dominador, Brasileiro = Negro = Dominado; e Animal, nos sentidos (2) e (3), que por sua vez as medeia. E há uma espécie de grande categoria enformadora, ao mesmo tempo real e simbólica: a Natureza específica do Brasil e sua grande alegoria, o Sol, mediadora suprema entre as outras categorias (por motivos de espaço e oportunidade, não é tratada nesta palestra).

Comparativamente, a categoria decisiva é o Cortiço; tanto assim, que o Sobrado não é motivo de criação estilística especial, ao passo que ela é um verdadeiro fulcro de descrições, epítetos, metáforas etc. Isso porque constitui uma espécie de microcosmo do Brasil, enquanto o Sobrado é a dimensão que tende a se des-brasileirisar, na medida em que assimila traços cosmopolitas, incaracterísticos até certo ponto, sobrepondo-se à placenta originária do Cortiço, de cuja dinâmica se desprende virtualmente, como outra etapa no processo de apropriação dos meios econômicos de dominação.

A análise que acaba de ser proposta pretende alcançar de maneira adequada os significados profundos do texto, a partir da estrutura de tensões (que aflora na superfície), vista em seus elementos mediadores de caráter social. Já ficou dito que é possível, como outra via mais literária, investigar as implicações sociais e culturais a partir da análise formal de cunho linguístico, como faz o João Luiz Lafetá. Agora, para completar a tarefa, indaguemos se é possível algo contrário, isto é: tomar os dados externos, não, como fizemos até agora, no nível de conceitos correspondendo a algo que se interioriza para constituir a estrutura; mas formando uma espécie de modelo prévio, já pronto fora do texto, e que no entanto pode ser tratado como se estivesse dentro. Se possível, nós poderemos, por meio dele, verificar a pertinência da análise anterior. Ao mesmo tempo, estaremos usando o **social** como **formal**, a ponto de obliterar o fosso entre ambos, e favorecendo aquela reversibilidade metodológica a que nos referimos antes, segundo a qual a análise, sendo totalizadora, pode partir de um lado quanto de outro.

Em termos práticos, no caso d'*O cortiço*, isso equivaleria a perguntar o seguinte: no tempo de Aluísio Azevedo, haveria no Rio de Janeiro alguma formulação ideológica, exprimindo, portanto, um estado de Espírito de classe, que pudesse ser tomada como modelo possível da visão redutora do trabalho à animalidade, nos termos em que aparece no texto, segundo a análise efetuada anteriormente?

No caso positivo, podemos admitir como hipótese de trabalho uma certa correspondência essencial entre o texto e a realidade, que fosse além de fórmulas gerais, como "visão do mundo", e se traduzisse numa transposição de modelo. Este seria, no caso, considerado como um esquema ideológico extraído da realidade concreta; não como abstração construída a partir do texto. E atuaria como se tivesse dado forma ao que está no texto por meio de sua organização. Com isso, talvez fosse possível ver mais claramente não apenas de que maneira forma e conteúdo são momentos dialeticamente inseparáveis, duas faces da mesma moeda, mas, ainda, como, por baixo do nível intencional da composição (nível estético propriamente dito), penetram elementos de uma ideologia que contribui para constituir o nível profundo, não intencional (nível estrutural propriamente dito). E quem sabe tudo isso servisse para reabrir a discussão sobre a possibilidade de documentar o trabalho analítico de cunho formal, relacionando-o com dados da realidade social.

Como se sabe, há um número respeitável de ditos populares a respeito das relações raciais e dos protagonistas do trabalho produtivo (escravos, imigrantes portugueses e italianos) no Brasil da segunda metade do século XIX. Um deles, que corria então no Rio de Janeiro, parece corresponder ao nosso desígnio; por isso vamos tomá-lo como modelo hipotético da estrutura de tensões d'*O cortiço*, admitindo que em princípio poderia ter servido para chegar a conclusões análogas à que chegamos em nossa análise. Trata-se do seguinte rifão, grosseiro e agressivo, trazendo a marca brutal dos interesses de classe:

> "Para português, negro e burro, três pês: pão para comer, pano para vestir, pau para trabalhar".

Chama atenção desde logo o incrível efeito de violência das labiais aliteradas, presentes em todas as palavras tonicamente centrais, **menos uma**: negro. E aqui temos um caso curioso de provável interferência ideológica num processo fônico de alta regularidade, que estruturalmente deveria predominar e que de fato predominaria de modo absoluto se tivéssemos, em lugar de **negro**, **preto**. O desdobramento fônico normal, com a sua lógica poderosa e quase inevitável, seria, nesse caso:

"Para português, preto e burro, três pês etc."

No entanto, o conceito depreciativo de escravo foi mais forte e quebrou o fluxo do som, substituindo a palavra mais **normal** por outra fonicamente aberrante, mas que naquele tempo exprimia o conceito com maior dureza.

Feita essa observação, porque interessa ao nosso objetivo, deixemos de lado a análise formal exaustiva e sublinhemos que, no âmago, o significado dessa espécie de rifão se baseia numa contaminação ideológica sutil entre os seus termos. Com efeito, pão é alimento do homem; mas estendido ao animal como antonomásia quase profanatória, aproxima um do outro. O pano, sendo metonímia da vestimenta, não pode ser estendido nem de maneira figurada, se não houver, também figuradamente, uma confusão ontológica entre animal e homem, possível por meio da antanáclase implícita: burro (animal) e burro (pessoa sem inteligência, por isso animalizada). O pau é admitido quando aplicado ao animal, mas, graças às extensões precedentes, reflui sobre o negro e dele sobre o português. Resulta uma equiparação dos três, refletida estruturalmente pela paronomásia (pão, pano, pau), que, por assim dizer, consagra no plano sonoro (semantizado) a confusão econômica e social visada pelo enunciado, cujos sujeitos, uma vez nivelados, entram por meio dela na atmosfera ambígua dos jogos verbais, liberando várias séries de combinações possíveis: português-pão, negro-pano, burro-pau; português-pau, negro-pão, burro-pano, e assim por diante.

Consequência: o que é próprio do homem se estende ao animal e permite, por simetria, que o que é próprio do animal se estenda ao homem. Pão para o homem e também para o burro; pano para o homem e também para o burro; pau para o burro e também para o homem. Como na prática não se dá pão nem pano ao burro, mas se dá pau ao homem, conclui-se que o resultado é uma equiparação última do homem ao animal, e não do animal ao homem, estendendo-se (e aí está a chave de tudo) que não se trata do homem em sua integridade de ser, mas de homem = trabalhador. O dito não envolve, portanto, uma posição ontológica, mas sociológica, e visa ocultamente definir uma relação de trabalho (ligada a certo tipo de acumulação de riqueza), na qual o homem pode ser confundido com o bicho tratado de acordo com essa confusão. Nesse caso não está em jogo uma equiparação gentil do animal ao homem, como nas fábulas; mas uma equiparação bruta do homem ao animal. Não de todos os homens, é claro, pois o rifão pressupõe um emissor ideal que não é nem português, nem negro, nem burro; e segundo o qual os primeiros são iguais ao último porque se nivelam por meio de um trabalho equivalente ao esforço animal.

Esse ditado serve de introdução ao universo das relações humanas d'*O cortiço*, não apenas porque confirma a nossa análise, mas porque encerra também uma ilusão do brasileiro livre daquele tempo, que é o seu emissor, e que no enfoque narrativo do romance se manifesta com uma curiosa mistura de lucidez e obnubilação.

Penso no brasileiro livre com a sua tendência mais ou menos acentuada para o ócio, favorecido pela escravidão, encarando o trabalho com derrogação e forma de nivelar por baixo, quase até à esfera da animalidade, como está no ditado. O português se nivelaria ao escravo porque, de tamanco e camisa de meia, parecia depositar-se (para usar a imagem usual do tempo) na borra da sociedade, pois "trabalhava como um burro". Mas enquanto o negro escravo e depois liberto era de fato confinado sem remédio às camadas inferiores, o português, falsamente assimilado a ela pela prosápia leviana dos "filhos da terra", podia eventualmente acumular dinheiro, subir e mandar no país semicolonial.

N'*O cortiço*, João Romão não se distingue pelos hábitos da escrava Bertoleza; mas é o princípio construtor e animador da morada coletiva, de cuja exploração surda vai tirando os meios que o elevam no fim do livro ao andar da burguesia, pronto para ser Comendador ou Barão. Ri melhor quem ri por último. Quem ri por último é ele, sobre as vidas destroçadas dos outros, queimados como lenha para a acumulação brutal do seu dinheiro. O brasileiro livre, que riu dele pela piada e o chicote, fica, como se dizia no tempo, "a ver navios", porque em geral tendia às várias formas de ócio, com ou sem dignidade; e nessa sociedade que fingia prolongar as **ordens** sociais tradicionais, o trabalho era o ovo de Colombo que permitia ascender e desvendava cada vez mais a sua verdadeira divisão em classes econômicas.

Trabalho horrivelmente derrogatório aos olhos do brasileiro, traduzindo-se para ele numa espécie de animalização do português trabalhador. Com efeito, trata-se n'*O cortiço* de formas primitivas de amealhamento, a partir de muito pouco ou quase nada, exigindo uma espécie de ascetismo total e a aceitação de modalidades diretas e violentas de exploração, incluindo o roubo como forma de ganho e a transformação da mulher escrava em companheira-máquina.

É visível que a carreira de João Romão tem para o romancista um caráter de paradigma, na medida em que é um modo do brasileiro mais ou menos ressentido encarar a constituição das fortunas portuguesas, que dominavam então as cidades como o Rio. Aliás, Aluísio Azevedo foi o primeiro dos nossos romancistas a descrever minuciosamente o mecanismo de formação da riqueza individual. Basta comparar o seu livro com as indicações sumárias de Macedo, Alencar ou Machado de Assis, nos quais o dinheiro aparece com frequência, mas adquirido por herança, dote ou outra causa fortuita. Pesando, determinando, é claro, mas como um dado já pronto no entrecho. N'*O cortiço* ele se torna implicitamente objeto central da narrativa, cujo ritmo acaba se ajustando ao ritmo subterrâneo da sua acumulação, tomada pela primeira vez no Brasil, salvo erro, como eixo da composição ficcional.

Ora, essa aquisição assume a forma, odiosa para o narrador, de exploração do nacional pelo estrangeiro. Tanto assim, que neste livro não há qualquer sentimento de injustiça social ou de exploração de classes, mas nacionalismo e xenofobia, denúncia do **abuso** por parte do imigrante "que vem tirar o nosso sangue". Daí a ocorrência duma espécie de luta de raças e nacionalidades, num livro que nem implicitamente questiona os fundamentos da ordem. O roubo e a exploração desalmada de João Romão são expostos como comportamento-padrão do português forasteiro, ganhador de dinheiro à custa do natural da terra, denotando da parte do narrador, como da parte do emissor do ideal ditado, uma curiosa visão popular e ressentida do freguês endividado de empório.

Notemos de passagem que *Quincas Borba*, publicado no mesmo ano d'*O cortiço*, também trata de acumulação e também não questiona explicitamente a ordem. Mas há uma denúncia tácita do burguês enquanto ganhador de dinheiro, e da ordem que o engloba normalmente;[10] ao contrário do livro de Aluísio, onde quem sai estigmatizado não é o burguês (classe), mas o português (etnia).

A presença do português é, portanto, decisiva enquanto alternativa ou antagonismo do brasileiro; de tal modo que um dos fatores determinantes da narrativa é o comportamento de um ou de outro em face do Brasil, tomado essencialmente como Natureza, como disponibilidade que condiciona a ação e, portanto, o destino de cada um.

A visão dos intelectuais brasileiros no século XIX era bastante ambígua, pois, não encontrando nas obras da civiliza-

---

10 Ver a respeito a análise penetrante de Teresa Pires Vara: *Humanitas:* um signo em busca de significado. São Paulo, Duas Cidades, 1974.

ção apoio suficiente para justificar o orgulho nacional, eles recuavam estrategicamente para a natureza como segunda linha, entrincheirando-se numa posição que era também capitulação, ao ser um modo colonial e pitoresco de ver o país.

O narrador d'*O cortiço*, não escapa dessa e doutras contradições; e o livro dá grande importância à natureza, mas concebida como **meio**, à moda naturalista, estabelecendo implicitamente para a atuação dos personagens três possibilidades que lembram as para ele futuras alternativas de Toynbee:

1. português que chega e vence o
2. português que chega e é vencido pelo MEIO
3. brasileiro explorado e adaptado ao

Mas a essa altura é preciso voltar ao dito dos três pês por dois motivos: primeiro, para insistir no seu baixo caráter de formulação ideológica; segundo, para especificar, porque pode servir de modelo para analisar *O cortiço*.

Imagine-se mais detalhadamente a personalidade do seu emissor ideal, ou seja, do tipo de gente que o dizia e repetia, sentindo-se confirmada por meio dele na sua superioridade. Gente cônscia de ser branca, brasileira e livre, – três categorias extremamente relativas, que precisavam por isso mesmo ser afirmadas com ênfase, para abafar as dúvidas, num país onde as posições eram tão recentes quanto a própria nacionalidade, onde a brancura era o que ainda é (uma convenção escorada na cooptação dos "homens bons"), onde a liberdade era uma forma de disfarçar a dependência.

Daí a grosseria agressiva da formulação, feita para não deixar dúvidas: eu (emissor), brasileiro nato, livre, branco, não posso me confundir com o homem de trabalho, que é escravo e de outra cor; e odeio o português, que trabalha como ele e acaba mais rico e mais importante do que eu, sendo além disso mais branco. Quanto mais ruidosamente eu proclamar o meu débil privilégio, mais possibilidades terei de ser considerado branco, gente bem, candidato viável aos benefícios que a Sociedade e o Estado devem reservar aos seus prediletos. Na realidade, o ditado exprime uma espécie de gíria ideológica de classe, com toda a tradicional grossura de tais casos.

Por isso, está em condições de ser tomado como paradigma para compreendermos a estrutura d'*O cortiço*, cuja violência social é maior do que certamente supunha o seu autor, e que pode ser visto figuradamente como um jogo nessa espécie de língua do pê, cujo principal figurante é o português, isto é: o Comendador Miranda, já posto no sobrado; João Romão, ainda labutando na venda como um escravo, mas olhando o sobrado e chegando lá; Jerônimo e outros, que seguem os impulsos, nivelam-se aos da terra e perdem a vez. Eles são o branco europeu, desprezado de maneira ambivalente pelo nativo, mas pronto para suplantá-lo e se tornar o senhor verdadeiro, se conseguir ser agente, não paciente, no processo de espoliar e juntar dinheiro.

Segundo figurante é o negro e os que, sendo pobres, são assimilados a ele: o capoeira Firmo, Rita Baiana, a arraia miúda dos cortiços, que mesmo quando etnicamente branca é socialmente preta. Terceiro figurante é o animal, no sentido que vimos, e que funciona no ditado como termo de referência para justificar a animalização social dos outros. Por isso, a análise do ditado parece confirmar a que tínhamos proposto para o livro, confirmando que, afinal de contas, dos figurantes a que caberiam os três pês, – o português não é português, o negro não é negro e o burro não é burro. Essencialmente, trata-se de uma tríade diversa, pois, na verdade, quem está em presença, disfarçados por eles, são: primeiro, o explorador econômico; segundo, o trabalhador reduzido a escravo; terceiro, o homem socialmente alienado, rebaixado ao nível do animal.

Um dos elementos trazidos pela análise do ditado (em relação ao que já tínhamos visto) foi a possibilidade de relacionar o seu emissor ideal com o narrador d'*O cortiço*, esclarecendo deste modo alguns aspectos relevantes do enfoque narrativo.

O emissor ideal tem um preconceito violento contra o português enquanto estrangeiro, contra o negro enquanto homem de cor e contra ambos enquanto trabalhadores manuais. O narrador, apesar de teoricamente neutro, como mandava o Naturalismo, partilha pelo menos os dois primeiros preconceitos e, além disso, gostaria sem dúvida de sugerir como complemento que o português é um explorador desalmado que vem se meter na terra dos outros, – sentimento corriqueiro num tempo em que o comércio era quase a única atividade econômica lucrativa nas cidades, constituindo monopólio dos portugueses. Esse ponto de vista implícito motiva uma composição baseada em tensões e fortemente centralizada pelos atos de exploração econômica, tomada, não como processo normal de acumulação capitalista, mas como iniciativa celerada de um salafrário.

No entanto, o forte preconceito racial (ostensivo no emissor, implícito no narrador) interfere na contida indignação nacionalista da narrativa e de certo modo a desarma, criando uma contradição ideologicamente paralisante. Com efeito, se a mulata Rita = Terra abandona o par Firmo pelo "macho de raça superior" Jerônimo, porque "o sangue reclamou os seus direitos de apuração"; se os moradores do Cortiço = Brasil são um pobre rebanho animalizado, racialmente "inferior" – como negar, num contexto de "luta pela sobrevivência" e crença na desigualdade essencial das raças, o direito de apropriação e comando ao macho econômico superior = João Romão?

A análise do emissor ideal permite assim um último desvendamento ideológico dos significados mais profundos do texto, os que vão além do intuito do seu autor e revelam as contradições do intelectual brasileiro daquele tempo... Portanto, ainda aqui parece existir continuidade virtual ditado-texto, justificando a utilização hipotética do primeiro como uma espécie de modelo externo da estrutura do segundo.

Para terminar em craveira teórica, podemos sugerir uma conclusão sob a égide do paradoxo. De certo modo, a análise **interna** pura, como é praticada por exemplo pelo **Estruturalismo**, visa construir um modelo que, no fundo, acaba sendo **externo**, porque é um paradigma que corresponde a algo **fora** da obra singular, na medida em que se refere a um gênero, a uma coletividade virtual de obras. Ao contrário, é possível que um elemento **externo**, não específico, porque exprimindo complexos ideológicos de outras séries, possa ser usado como modelo **interno**, que esclarece a estrutura singular (de **dentro**) da obra considerada.

Mas o que realmente interessa é assinalar a possibilidade de uma análise totalizadora, que complete a visão das oposições por meio de mediações adequadas, mostrando de que maneira o social funciona como elemento da estrutura, e de que maneira as componentes formais são a via necessária que torna inteligível o social. Semelhante análise não apenas superaria o isolamento das **séries** (linguística, histórica, social etc.), mas abriria caminho para um método reversível, ultrapassando a visão paralelística ao se mover nos dois sentidos: do texto para a sociedade e/ou da sociedade para o texto.

Resposta de Affonso Romano de Sant'Anna

Curtição: *O cortiço* do mestre Candido e o meu

Affonso Romano de Sant'Anna

O professor Antonio Candido publicou na *Revista de História* (nº 100/1974) e apresentou no II Encontro Nacional de Professores de Literatura (organizado por mim em julho de 1975 na Pontifícia Universidade Católica do Rio de Janeiro) um estudo sobre *O cortiço*, de Aluísio Azevedo, em que discute algumas das ideias que apresentei na leitura que fiz do mesmo livro e que está em *Análise Estrutural de Romances Brasileiros* (Vozes, 1973).

Na verdade, mais do que a discussão da minha análise, o ensaio do Mestre é, nas suas duas versões (a da revista e a apresentada na PUC-RJ), uma oportunidade para que ele discuta as relações entre Literatura e Sociologia por meio de uma prática de análise textual. O interesse despertado pelo meu estudo, menos do que ressaltar seu eventual valor, revela mais a atenção do Mestre para com a atividade dos mais jovens que têm nele um raro exemplo de caráter e de integridade intelectual. Num contexto em que o diálogo intelectual é rarefeito, em que os mais velhos desconhecem intencionalmente o trabalho dos mais novos e mesmo entre os mais novos há muito mais troca de ironias do que um debate, essa abertura do Mestre Candido é um estímulo para que eu prossiga em minhas pesquisas e intensifique o diálogo por ele aberto.

Considerando meu trabalho um "caminho interessante, um "livro estimulante" e "uma análise que faz progredir efetivamente o conhecimento de um texto", Mestre Candido amigável e atiladamente diverge de algumas colocações minhas, em alguns casos, talvez porque eu não tenha me expressado melhor, e, em outros, por uma questão de divergência metodológica. Tentando fazer jus à sua atenção, me esforçarei, não digo, em responder, mas em refazer alguns pontos de meu exercício analítico. Pois foi como tal que apresentei os textos daquele livro feito sob o estímulo de meus alunos. Assim, nesse diálogo entre o Mestre e o aluno, repassando meus deveres, me lembro de Guimarães Rosa: mestre não é quem sempre ensina, mas quem, de repente, aprende.

O professor Candido abre seu estudo com algumas considerações sobre a dificuldade que o Estruturalismo tem de pensar o número 3, pois se apega às simetrias e bilateralidades do número 2. Seu ensaio se chama, por isso: "A passagem do dois ao três: Contribuição para o estudo das mediações na análise literária". Essa sua primeira colocação implica já postulações de ordem teórica, e aí se observam algumas restrições latentes ao Estruturalismo, especialmente ao estruturalismo de modelos, uma vez que o Professor se identifica, em muitos trechos, com o estruturalismo genético. Ou, então, com o estruturalismo mais aberto, menos ortodoxo, que já o tinha levado em 1965 a publicar "Estrutura literária e função histórica", ensaio do livro *Literatura e sociedade* (Ed. Nacional, 1973), em que realiza uma exemplar análise de *O Caramuru*, de Santa Rita Durão.

Por isso devo logo adiantar, como sinal de nosso entendimento, que não apenas vejo nele a prática de uma democracia teórica, mas acolho o que o Mestre diz a meu respeito: "a posição do Autor é bastante compreensiva e aberta, pressupondo uma dúvida constante em relação aos "métodos", lembrando (ao possível leitor daquele meu livro) que à página 13 havia dito: "A verdade continua sem centro desde Copérnico/Galileu/Einstein. Continua sem centro a despeito de Jacques Derrida, que é quem ultimamente mais tem repetido que a verdade não tem centro." Igualmente, não apenas a meu favor, mas demonstrando que esse diálogo não parte de alguém que defende ferrenhamente verdades irremovíveis, lembro outro trecho em que dizia: "O modelo que se proponha como acabado, como uma cobertura da realidade, instaura-se como uma mentira. E o estabelecimento de dois modelos operacionais (narrativa de estrutura simples e narrativa de estrutura complexa) não me ilude. São um artifício da razão que quer continuidade. E a razão bem pode ser um cancro no azul." E assim, até a última página do livro, ao finalizar uma análise dos contos de Clarice Lispector, fazendo uma paráfrase de "Os desastres de Sofia", aceito que "o crítico ande o mundo ficcional de Clarice e não lhe descubra o tesouro onde ele aparentemente mais se exibe. Pode a riqueza estar do lado de fora, no vazio insituável. Pode até ser atingida aleatoriamente, estar escondida onde menos se espera, por exemplo, nos sujos quintais ou na impureza dos métodos aplicados na análise".

Isso posto, ressaltados os propósitos democráticos do Mestre e do discípulo nesses idos difíceis em que vivemos, voltemos ao problema do 2 e do 3. Mestre Candido começa por dizer que o amor de certas análises pelo número 2 vem do fato de que talvez entre "os dois o espírito localize mais facilmente o ponto intermédio e equidistante, que serve de apoio para o compasso dos esquemas". Comenta que o Cristianismo, mesmo usando a Trindade, não escapa a certo maniqueísmo e, diante do impasse dualista entre a Ordem e o Progresso, Augusto Comte terminou (na sua fase religiosa) por incorporar o Amor como mediador do sistema.

Seu estudo se propõe a se situar no número 3 amparado na dialética de Hegel, via Marx, evitando o que chama o "falso 3" e procurando o "3 verdadeiro, no qual as unidades (reais ou virtuais) se encontram em pé de igualdade". Condena o "falso 3" como "uma espécie de lugar mágico do significado". Nessa operação, que julgo legítima e que caracteriza um pensador maduro como o Mestre, surge uma palavra que se tornará sintomática para a fixação de nossas posições: várias vezes, no princípio de seu artigo, refere-se a um "deslizamento" que pode tornar a díade em tríade.

Essa relação entre o número 3 e o deslizamento merece uma observação prévia. Concordo com o Mestre que existe um "falso 3", não dialético. Parece que mostrei isso no mesmo volume, nas análises de *A moreninha*, de Macedo, e de *O guarani*, de Alencar. Ambos os autores referem-se ao número três explícita e repetidamente. Alencar, no capítulo 8, fala de "três linhas", "três pontos" e um "verdadeiro triângulo" para descrever a tensão entre os amantes. Mas, na verdade, o maniqueísmo do bem e do mal continua subjacente, mas não sai da díade. Em ambos os livros, o número 3 surge apenas reafirmando a simetria, pois não há um *jogo* (abertura) entre as partes, mas um *ritual* (fechamento). Por isso, denomino aquelas composições narrativas de estrutura simples. Diferentemente, no Machado de Assis de *Esaú e Jacó* temos a tríade indiciando a complexidade do sistema. A visão de Machado não é maniqueísta, mas ironicamente dialética (ou dialeticamente irônica).

Assim, aquele número 3 não é em si e por si mesmo complexo. Pode ser um Espírito Santo intempestivo resolvendo magicamente nossas ansiedades. E desse misticismo e metafísica nem Hegel, nem Marx, nem os marxistas escapam – em que pesem todos os esforços para demonstração em contrário. Como outros já o disseram, existe um "serafismo marxista", que faz que o marxismo funcione com o "angelismo autopropulsivo do mito". Daí que o teórico muita vez não passe de um "triunfador racional, o organizador de uma fé sabedora". E nos casos mais extremos, como o de Althusser, é possível concordar com Manuel Diegues, o francês, e ver aí um "cristianismo ideológico" posto que os teóricos desse tipo "são a nova armada de Jesuítas e Althusser é seu general, o Ignácio de Loyola do marxismo".

O número 3, portanto, sobre ser um produto superador de dualidades primitivas, pode ser uma recaída mítica de segundo grau. Aliás, no pensamento mágico e na numerologia o número 3 não é o mais bem servido. Há outros números perfeitos, e disso sabia um mágico da grandeza de Guimarães Rosa, que numerava esotericamente capítulos, linhas; número de letras dos nomes dos personagens e páginas dos livros. Talvez seja mais do que uma ironia dizer que a dialética condenando as dualidades e endossando as trialidades não passa de um ramo pobre da numerologia. Com efeito, a Religião carece de Graça e do Amor para se equilibrar;a Filosofia precisa da Dialética e da Metafísica, e a Arte já não saberia o que fazer sem a Estética e a explicação da obra por mediadores não menos mágicos sob o nome de "ironia", "estranhamento" e "desvio". Nesse sentido, não é de todo estúrdio dizer que a atividade crítica não é menos mítica e mágica do que a ficcional. A crítica está diante de um texto "em presença", mas sua tarefa é tecida do que está "em ausência". Ou seja, a eterna fábula da raposa e das uvas. O homem e as raposas têm diante de si o mesmo problema: cobrir o espaço vazio entre eles e as uvas; e o homem e as raposas não toleram a descontinuidade. Por isso, entre um ponto e outro traçam uma linha (reta ou curva), e não satisfeitos com isso continuam a unir os pontos até que as linhas, se cruzando, formem um sistema atrás do qual imaginam uma estrutura. O pânico do vazio une as estrelas num voo, cura as doenças, origina as religiões e ideologias, e impele à análise literária. Daí que se criem sistemas e teorias, que se pense em modelos como modo de articular peças que vagam aleatoriamente resistindo a se reunirem em sistema.

Portanto, além da anotação sobre os "deslizamentos" geoteóricos, talvez fosse importante indagar da origem desses movimentos, digamos, sísmicos e míticos, na superfície e na profundidade do pensamento humano. Talvez, em lugar de discutir sobre qual a melhor maneira de preencher o vazio, o mais sensato fosse analisar por que o vazio é insuportável, se é que existe. Poderia até se dar que a análise da função da tríade, o exame dessa pulsão que gera sua existência, nos informasse mais do que a discussão sobre qual tríade é a melhor, se a sagrada, a econômica ou a literária. Não suportando o vazio entre o 1 e o 2, por um mecanismo de busca de *consonância*, o indivíduo (ou o teórico) talvez estivesse desenvolvendo aquilo que cientistas sociais americanos chamam de mecanismos de *redução da dissonância cognitiva*.

Deixando, portanto, explícita nossa desconfiança não apenas em relação ao número 2, mas ao número 3 enquanto mítico, e ao 3 mesmo enquanto lógico e teórico, passemos a um outro ponto da amigável crítica do Professor. Referindo-se ele aos elementos que sustentam meu trabalho de análise de *O cortiço*, ressalta que eles são "filosóficos e antropológicos, mais do que linguísticos". A rigor, no entanto, conquanto esses modelos aí existam, o que está explícito na introdução, na proposição e na prática de minha análise é um outro propósito: trabalhar modelos da Física, especialmente da termodinâmica, e modelos da Biologia, que voluntária ou involuntariamente influíram no texto de A. Azevedo. Minha análise procura rastrear na narrativa desse autor os modelos do século XIX, não apenas como tecnicamente foram formulados nos diversos ramos científicos, mas como o romancista os manipulou ideologicamente por meio da diluição naturalista. É nesse sentido que entram aí os conceitos de *evolução, perda e transformação da energia* e de *entropia*. Eles se coadunam perfeitamente com os conceitos de evolucionismo e o sentido de "progresso" tal como definido por biólogos como Mendel ou cientistas como Darwin. Em minha análise, parece, ficou bastante claro que a reprodução do/no cortiço se dava por meiose orgânica e social, e que essa metáfora biológica pode refluir para uma compreensão sociológica e física de todo o sistema descrito. O que há, portanto, é toda uma ideologia científica de época uniformemente absorvida pelo romancista. E a literatura é um reflexo (em A. Azevedo) desse contexto informativo. Sua obra é uma grande metáfora, não apenas de leis econômicas, como fundamentalmente o quer o professor Candido, mas de leis da Biologia, da Física (e talvez da História) como eram entrevistas (simetricamente) pelo homem da segunda metade do século XIX. Homem positivista, avesso aos vazios, lidando com o 2 e o 3 com o mesmo vício de harmonia e o crônico pavor da descontinuidade. Não é à toa que o Positivismo floresceu tão violentamente nesse contexto. Há um determinismo que invade os campos do conhecimento num corte ontogenético (individual) e filogenético (social). O que minha análise fez foi evitar repetir essa ideia apenas, mas operacionalizar modelos comprovadores de como a entropia do sistema, o crescimento por meiose e a transformação evolutiva dos elementos podiam ser importantes na análise e interpretação do livro.

Falar do contexto positivista informa outro ponto em discussão dentro do trabalho do professor Candido. E aqui talvez fosse conveniente separar "a visão dicotômica" de A. Azevedo da visão desse seu analista, nem dicotômica, nem tricotômica. Certas obras, como a dos barrocos, dos românticos e realistas-naturalistas têm uma manifesta visão dualista do Universo. Apontar essa dualidade pode não ser o mesmo que endossá-la. Ainda recentemente demonstrei isso na leitura que fiz de Bilac (*Por um novo conceito de literatura brasileira*. Rio: Ed. Eldorado, 1976): o universo de Bilac é um sistema de claro/escuro, sujo/limpo, alto/baixo, racional/emocional, grego/bárbaro etc. Só um sistema teórico que dê conta disso, e o ultrapasse, pode provocar um distanciamento analítico para uma visão crítica.

A propósito, é necessário corrigir um mal-entendido. Diferentemente do que percebeu o Mestre, minha análise não se "baseia no fato de a narrativa descrever aquela passagem da Natureza à Cultura". Se assim fosse, eu estaria (ou A. Azevedo estaria) privilegiando o polo Cultura em detrimento da Natureza. Minha proposta é mais ampla e complexa, e a fixei naqueles três itens da proposição. Procura-se localizar dois grandes conjuntos: Conjunto 1 (São Romão) e Conjunto 2 (casa do Miranda), que definidos, respectivamente, como simples e complexo, mantêm um restrito e controlado regime de trocas. Realizo então a descrição desse regime de trocas, que, em certo sentido, é mais importante que a possível "passagem da Natureza à Cultura" de que fala o Professor Candido. E esse regime de trocas, como apontarei diversas vezes aqui e já apontei antes, não é apenas antropológico (via Lévi-Strauss), nem apenas sociológico e econômico (via Marx), mas vai além disto: aí se mostra toda uma *economia da libido* individual (erótica) e social (econômica). Mostrando ainda o interesse em discutir não a finalidade, mas o processo do livro, persigo o sistema de transformações que ocorrem tanto num sentido ascendente quanto descendente, conforme as leis da evolução e da entropia. Para demonstrar isso, seleciono personagens protótipos, porque os outros seriam seus reduplicadores.

Não há, portanto, na minha análise uma questão teleológica, uma preocupação com aquilo que Jacques Derrida chamava de *origem* (*archè*) e *fim* (*telós*), mas simplesmente um esforço interpretativo a partir de uma operacionalização que usa instrumentos de diversas séries literárias com alguma discrição. Daí que o alvo da descrição não tenha sido o *trajeto* da Natureza à Cultura, mas as diversas tensões entre os dois conjuntos e suas transformações.

Há outra afirmação ainda na página 3 do trabalho do professor Candido que talvez eu não tenha entendido bem e não sei se se refere especificamente ao meu trabalho ou ao de outros, quando diz, depois de algumas palavras elogiosas: "Menos felizes (diga-se de passagem) são certos jogos verbais em moda, como a interpretação simbólica dos nomes próprios a partir da etimologia". Parece-me que esses jogos verbais em Aluísio, como o demonstrei, são totalmente pertinentes: Miranda (lat. *Miranda*, gerundivo de *miror*) significa aquele que deve ser admirado e, por ampliação, evidente . É, com efeito, de cima de seu sobrado que contempla o mundo chão do cortiço. Ele é o alvo que Romão quer atingir. Sua mulher e sua filha reforçam esse significado: Estela (estrela) e Zulmira (a excelsa). Por sua vez, Henriquinho (radical *rik*, poderoso, rico, príncipe) era tratado como um delfim. Botelho, agregado à família, é, também no dicionário, uma alga parasita, e a palavra "parasita" lá está no texto.

De resto, essa coerência nomeadora continua pelos apelidos de animais dados às pessoas, como eu e outros já assinalamos e como é óbvio. Sendo Aluísio um realista, um desenhista que antes de escrever fazia no local o *croquis* de seus personagens, é bem verossímil seu comportamento realista também quanto aos nomes de seus personagens. E no mais essa "interpretação simbólica dos nomes próprios a partir da etimologia" está sobejamente praticada num Guimarães Rosa, conforme mostram as teses sobre ele, e suas cartas ao tradutor italiano, e é confessadamente exibida por Autran Dourado em *Uma poética do romance* e *Matéria de carpintaria* (Difel, 1976), além de ser uma prática ancestral em literatura.

Outro aspecto-chave nessa discussão e, aqui sim, entramos mais decididamente naquilo que o Professor Candido chama de "uma questão de método", é o problema da *mediação* de que ele fala repetidamente e que está, a nosso ver, ligado ao problema da construção dos *modelos*. Vejamos. O problema da mediação está, no trabalho do Professor Candido, ligado ao sistema de dualidades, e na narrativa de A. Azevedo lembra que elas poderiam ser polarizadas em: Cortiço (ou Sobrado) X Mundo Exterior; Cortiço (ou Sobrado) X Bairro (de Botafogo); Carapicus X Cabeça de Gato etc. Segundo adianta, no entanto, a oposição que indiquei – Cortiço = Natureza *versus* Sobrado = Cultura – é uma "tensão polar significativa" que preenche talvez melhor o campo semântico do que aquelas outras.

Aos poucos o professor Candido conduz seu raciocínio sobre o 2 e o 3 para uma observação que torna mais claro o seu método de leitura e decide qual a mediação de que fala. Para ele, "a grande divisão, a fundamental, é entre ricos e pobres; e o

Cortiço e o Sobrado têm sentido pleno em função disso, a saber: como Lugar do Pobre e o Lugar do Rico". Feita essa opção, ele avança elegendo uma categoria mediadora como a que melhor daria conta da estrutura do livro – o trabalho. Aqui realmente torna-se mais nítida a diferença metodológica entre o Mestre e o seu discípulo, pelo menos no que diz respeito especificamente a essa análise. Mestre Candido caminha a partir dessa observação firmemente para uma análise de lastro estruturalista (uma vez que usa várias terminologias mobilizadas pelo Estruturalismo), mas de vocação genética. Aí se percebe por que não lhe agrada ou não o convence muito a análise "estrategicamente fechada no texto". Realmente, a análise estruturalista de inspiração genética feita por um Goldman, Lefebvre, Sartre e Lukács, ou por outros como Macherrey e Badiou, está muito mais interessada no "exterior", ou, como o diz o próprio Mestre Candido, reescrevendo seu artigo para os *Cadernos da PUC*, nº 28/1975: "a via normal para se conhecer um texto seria procurar esse reflexo, porque em última instância ele é veículo de uma visão do mundo e da sociedade".

Aqui, nessa questão de método, devo confessar minha incompetência diante do método sociológico, uma vez que com ele consigo sempre um rendimento muito baixo e parcial nas leituras que empreendo. Ele serve razoavelmente bem para certos autores, mas não o vejo aplicado a outros. Serve para ler paralelamente Graciliano Ramos ou Euclides da Cunha, mas não conheço sua aplicação efetiva a Clarice Lispector e Guimarães Rosa. Penso, então, se não é um método fértil apenas para certos tipos de obras e que seu rendimento vai caindo porque as obras se abrem um leque de complexidades, enquanto ele trabalha sempre com pressupostos fixos, dentro de uma simetria só: Sociologia-Literatura. E isso me faz pensar na pequenez de todos esses métodos apenas antropológicos, apenas linguísticos, apenas psicanalíticos, que tendem a não passar de um exercício narcisista do crítico diante do texto, uma vez que só poderá extrair o que estava preparado para extrair. Científica e praticamente, este talvez não seja o melhor procedimento. Imagino um médico que só opere tumores: abre um cliente (ou um livro) e, feita a laparatomia exploratória, descobre uma pedra em um dos rins do paciente. Como fazer, se ele é especialista em tumores? Fecha a barriga do paciente e manda para outro especialista? Mas às vezes na prática é irrecorrível: o cliente está ali anestesiado e pode morrer se não for operado. Isso me faz pensar que o crítico é não apenas um cirurgião especializado: ele é mais, é um clínico geral: aberto o livro, tem que operar, seja qual for o material à sua frente. Escolher o cliente e a doença nem sempre faz evoluir a medicina.

Evidentemente que isso não se refere ao professor Candido, mestre de várias gerações e que já nos deu em *Formação da literatura brasileira* um leque extenso e intenso de suas possibilidades, além do método que usa. E essa superação prática das limitações teóricas do método lembra-me essa mania recente de se menosprezar Jung e endeusar Freud. Quem lê certas demonstrações teóricas incriminando Jung e depois conhece pessoas que foram analisadas por seu método e tiveram "alta" pode ficar sem entender esses limites entre a teoria e a prática. Por isso ouso dizer: a falha num sistema lógico pode ser recuperada pela prática. Ou a prática tem razões que a teoria desconhece.

Sou de opinião de que devem ser aplicados tantos modelos quantos sejam os que o analista perceba na latência da obra. Por isso creio que a aplicação da mediação do "trabalho" ou da "acumulação do capital" explica parcialmente o livro, atingindo seus valores aspectuais e não estruturais. A tensão dessa obra estaria na coabitação de diversos níveis de sua elaboração e nos diversos níveis de leitura que ela permite. Há uma ordem explícita na sua construção obedecendo a modelos conscientes de seu autor. Talvez a melhor crítica fosse aquela que rastreasse aí os elementos manifestos (ao nível do enunciado das diversas ideologias) e partisse para os elementos latentes (ao nível da enunciação e da crítica das ideologias). Ao que parece, a análise sociológica, além de não dar conta dos vários modelos que A. Azevedo deixou à mostra (como os extraídos da Biologia em Física), silencia sobre uma série de outros aspectos, como a eroticidade e as relações de poder da comunidade.

No caso específico da reanálise feita pelo professor Candido, poderemos fazer algumas observações sobre a preferência por algumas dualidades em detrimento de outras. Diz o Professor: "Quanto às relações humanas concretas, podemos ter, por exemplo: Adulto x Criança, Homem x Mulher, Brasileiro x Português, Branco x De cor – todas elas baseadas em características naturais, não devidas originariamente à Cultura. No universo do livro, a primeira e a segunda são irrelevantes, as outras são relevantes e dão lugar à formação de sistemas definidos de significado, sob o aspecto conceitual e metafórico, no plano individual e no coletivo."

Nossa discordância está em não acharmos a relação Homem x Mulher "irrelevante", enquanto só Brasileiro x Português e Branco x De cor seriam "relevantes". Parece-me que a relação Homem x Mulher não é "irrelevante", primeiramente por uma decorrência do que está manifesto na narrativa de Aluísio, que dá a esse aspecto um enfoque significativo dentro da estética naturalista. Em segundo lugar, não é irrelevante nem diante de uma leitura sociológica atual. Repete-se nesse nível das tensões duais uma relação de poder que deve ser analisada devidamente com ingredientes tomados não apenas à Sociologia, mas à Psicanálise. Já na minha análise dediquei uma parte à "função da mulher no sistema de transformações", separando aí três tipos de personagens: a mulher-objeto, a mulher sujeito-objeto e a mulher-sujeito. Atravessando esses compostos está uma proporção de certa complexidade e ambiguidade, pois se observa que soberania: escravidão: feminino: masculino. Haveria que introduzir aí os graus de relatividade do conceito de escravidão e soberania, uma vez que a sociedade, controlada por homens, sugere uma manipulação desses conceitos.

Por outro lado, o aspecto masculino e feminino é tão relevante que o próprio título do livro engloba figuradamente a vida de um cortiço de abelhas onde as "rainhas", "as escravas" e os "zangões" têm suas funções sociais estabelecidas a partir de um dado genético. De resto, como ignorar que Rita Baiana é o Lugar privilegiado da sensualidade feminina, Pombinha é o Lugar da pureza e Léonie o Lugar da prostituição? Igualmente, Estela na aristocracia e Bertoleza na escravidão ampliam o universo da reificação do corpo feminino numa sociedade em que o corpo é moeda e peça fundamental no sistema de trocas eróticas e econômicas. Pode-se, em suma, falar de uma economia da libido, não apenas interna (psicológica), mas também externa (social). E é nisso que o Naturalismo se diferencia do Romantismo ao lembrar outros elementos no sistema simbólico e concreto das trocas humanas.

A relação Homem x Mulher, portanto, insere-se num plano amplamente social. Mas não é a única nessa chave. Dentro do romance existe a relação Mulher x Mulher não apenas dentro de uma certa "normalidade" de convenções sociais, mas também dentro de "anormalidade" erótica e social. O lesbianismo de Léonie tem vinculações não apenas psicológicas, mas econômicas. Explicando melhor: a relação de poder e sedução que se estabelece entre Léonie e Pombinha, a cortesã rica e a virgem pobre, não oculta o dado social e econômico: a descoberta do sexo como meio de ascendência social pela porta transversa do homossexualismo. E isso torna a se repetir na cadeia das seduções eróticas e econômicas, quando Pombinha introduz Senhorinha no mesmo ritual.

Ainda sobre esse aspecto das relações eróticas e sociais, no capítulo da leitura ideológica aí subjacente é possível ver (graças aos elementos operacionais da Antropologia) que a relação sensualidade & trabalho oculta os mesmos preconceitos que Freud, Marcuse e Norman Brown denunciaram: o *trabalho* é sempre um *fechamento* em relação à sensualidade. A sensualidade é uma ameaça ao progresso econômico. Daí que Jerônimo seja destruído, pois se abriu ao erotismo, Romão e Miranda não conheceram a abertura erótica. Já Rita e Firmo, pela abertura, representam a resistência à ordem estabelecida da sociedade produtiva e repressiva. Qual a relação que haveria entre esse universo e o contexto positivista, racionalista (que exemplificamos em Bilac), condenando a sensualidade e fazendo a apologia da razão, submetendo Eros, Orfeu e Narciso à racionalidade repressora de Prometeu?

Preferia, portanto, não trabalhar, como o fez Mestre Candido, por exclusão, escolhendo as oposições, mas distribuindo-as sob o paradigma Cortiço/Natureza (que o Mestre também aceita), numa ordem que poderia indicar sua frequência ou importância:

Cortiço: relações humanas
Português x Brasileiro
Homem x Mulher
Branco x Preto
Brasileiros x Italianos
Adulto x Criança

Evidentemente, o Professor Candido sabe que a relação Homem x Mulher insere-se no mesmo círculo de poder erótico e econômico. Mas como a crítica sociológica está sempre mais atenta para elementos tidos convencionalmente como mais sociais que outros, sua atenção deve ter valorizado automaticamente a díade Português x Brasileiro e Branco x De cor. No entanto, já não sou eu quem o diz, mas sociólogos e sociólogas contemporâneos, em nossa sociedade a mulher também é uma minoria que pode ser comparada ao negro. Como proletária, ela gira dependente na órbita do poder financeiro (e, portanto, erótico) do homem. Como a Psicanálise nunca foi inimiga da Sociologia, é impossível fazer qualquer boa análise literária onde uma ou outra não entrem ou faltem as duas. Pois a Psicanálise da História não é um dos ramos mais fecundos das modernas Ciências Humanas? Como demonstrei na leitura que fiz de Bilac, ler o inconsciente do texto e a ideologia do contexto são tarefas congeminadas. E, por fim, essa díade Homem x Mulher pode ser mais bem enfocada ainda sob lentes antropológicas. Basta lembrar, no capítulo sobre os regimes de trocas tribais, a relação entre mulher & dinheiro. Ou, como disse Lévi-Strauss: na sociedade primitiva o casamento não é um negócio entre um homem e uma mulher, mas um negócio entre dois homens a respeito da mulher. Afirmação riquíssima que joga luz sobre uma série de aspectos não só de *O cortiço*, mas de dezenas de obras literárias, até mesmo de *Senhora*, de Alencar.

Outro problema que vejo na análise do professor Candido é a ausência de problematização da categoria "vencido" e "vencedor" na luta entre portugueses e brasileiros. Diz, por exemplo, que o Português, "nos termos do livro, tem pela frente uma opção: vencer ou ser vencido; enquanto o Brasileiro não tem opção: fica como está, isto é, vencido, dominado pelo Português". O que significaria especificamente a afirmação de que "os portugueses são de dois tipos: os que vencem e os que são vencidos, ao passo que os brasileiros são apenas vencidos"? essa afirmativa inclui as figuras femininas? Obviamente a ideia de "êxito" e "fracasso" aí está colada a um traço da ideologia dominante, segundo o qual o êxito e o fracasso são medidos materialmente. Então, como definir Rita Baiana, que menospreza a reificação e opta pela sensualidade sem vencer nem ser vencida? Por outro lado, o que dizer de cortiço enquanto coletividade, quando é "promovido", transformando-se ao final das mutações narradas na Avenida São Romão? Não estariam aí os brasileiros "vencedores", enquanto os "vencidos" emigraram para outro cortiço, o Cabeça de Gato, que absorveu as excrescências do primeiro?

E o que dizer da classe média emergente descrita ao final do livro? Não seria ela composta de "vencedores", em sua maioria de brasileiros? Assim, o trânsito de um extremo ao outro do "lugar do pobre" e do "lugar do rico" (conforme o professor Candido) não se faz apenas por meio de Romão, mas em termos grupais, e a classe média aparece mediatizando polos que Marx polarizou em excesso.

Outro dado que mereceria ser mais problematizado entre os selecionados pelo professor Candido é o elemento racial, ou melhor, o da cor das pessoas descritas. O Mestre faz a seguinte afirmativa não de todo precisa em relação ao texto do romance: "Em termos de cor o grupo pobre é mais complexo, porque formado por brancos, mestiços e negros, enquanto no Sobrado só há brancos. Ou, por outro lado, nem todos os brancos estão no Sobrado, mas nele só há brancos."

Deixando de lado o problema da "complexidade" do grupo pobre, uma vez que achamos que essa diferenciação cromática não introduz exatamente complexidade, porque a simplicidade continua mantida na enunciação do texto, analisemos a outra parte da afirmativa: de que no Sobrado só há brancos. Ora, o texto nos indica três negros morando no Sobrado: Valentim, Leonor e Isaura. Poder-se-ia dizer (embora não concordemos com isso) que no Sobrado são irrelevantes. No entanto, eles tipificam um sistema não somente social, mas familiar. E aqui apontamos para outro aspecto que a análise sociológica deste livro não pode ignorar: a constituição da família brasileira dentro dos padrões do século XIX. O estudo da família foge àquelas dualidades até agora utilizadas tanto pelo professor Candido quanto por mim, mas vai se inserir na relação sexo & poder, refluindo sobre o que chamamos de economia libidinal do sistema.

A parte II do livro, em que Aluísio descreve Isaura, Leonor e Valentim, parece sair de *Casa-grande & senzala*, de Gilberto Freyre. O crioulinho era mais amado de D. Estela que sua filha Zulmira e despertava ciúmes mesmo no marido. Valentim, entre outros, perturba o conceito de negro utilizado pelo Mestre Candido.

Praticamente a metade do trabalho do Professor Candido consiste numa demonstração de base linguística para provar que suas inferências integralizam o elemento externo e o interno do livro. Parte então para a conclusão de seu estudo, centrando-se na análise de um dito humorístico que seria o correspondente externo ao interno do texto. O dito é:

"Para português, negro e burro, três pês: pão para comer, pano para vestir, pau para trabalhar".

Volta aqui um problema metodológico. O emissor dessa frase no dizer do Professor é um "emissor ideal". Ideal (talvez) porque não nos é dada a fonte de onde a extraiu. Teria sido de seu repertório de conhecimento? De um texto histórico preciso? Qual a frequência da frase no contexto? Qual o significado específico no contexto em que foi pronunciada ou quais os seus vários significados em seus vários contextos?

São perguntas em demasia, concordo, mas nascem do desamparo em que a frase é deixada. Conquanto hábil e aliciadora, essa frase não se explica metodologicamente, uma vez que o analista poderia ter desentranhado do próprio texto frases, ditos, provérbios que realizassem a sua tese. Essa observação talvez nasça de um certo rigor que me impus nos textos de *Análise estrutural de romances brasileiros*, em que estabeleci que um modelo, para ser pertinente, teria que percorrer (na melhor das hipóteses) os três níveis de operacionalização do texto: o *nível da narração*, o *nível dos personagens* e o *nível da língua(gem)*. Um dos exemplos mais bem-sucedidos desse método está na leitura de Machado de Assis, quando integra a estrutura das máximas e provérbios que usa ao nível dos personagens e da narração. Assim a língua (o plano mínimo da frase) reverte em linguagem, num sentido mais amplo e amarram-se as pontas da análise. Igual estudo é possível fazer em Guimarães Rosa: a frase, seus aforismos, são à imagem e semelhança do longo plano da narração e do plano médio dos personagens.

Sem fazer ainda aqui essa análise do nível da frase, mas lembrando-me de alguns alunos que a fizeram exaustivamente quando estudamos *O Cortiço* na pós-graduação da PUC-RJ, mencionaria, no entanto, que na segunda parte do livro há um trecho que oferece elementos de ordem interna bastante eficientes para exemplificar concentradamente algumas das ideias do professor Candido. Está lá:

> "respondendo para Portugal a um ex-colega que o felicitava pelo casamento (Miranda), dissera que o *Brasil* era uma *cavalgadura, carregada de dinheiro* cujas *rédeas um homem fino* empolgava facilmente; ele, que se tinha na conta de invencível matreiro, não passava de um *pedaço de asno* comparado com o seu vizinho! Pensara fazer-se *senhor* do Brasil e fizera-se *escravo de uma brasileira* mal-educada e sem escrúpulos de virtude!"

Aí estão alguns elementos frásicos que foram relevantes no estudo do professor Candido: o asno, o dinheiro, o sistema exploratório. Estão aí até outros elementos que apontamos anteriormente e que seriam caros a uma análise sociológica mais extensiva: a conexão entre o erótico e o econômico e/ou as relações de poder. Não há, é verdade, o elemento racial, o negro, que a frase coligida pelo Mestre tem, mas segundo se depreende de sua afirmação o negro é mais aspectual que estrutural, pois "Negro não é o dar cor preta, mas todos os que pertencem às camadas sociais cujos membros são, no limite, tratados como escravos, isto é, aqueles sobre os quais recai o trabalho produtivo".

Uma análise sumária daquele texto transcrito do romance daria à análise do Professor Candido alguns elementos "internos" de verificação de sua tese. Ali existe uma relação aparente: o "homem fino" (ou português) pode domar a "cavalgadura" (ou o Brasil). Mas Miranda é um "homem fino" fracassado ante a grossura de Romão e Estela. É que aí há uma teoria do capital. Romão e Estela têm o capital. Donde a visão idealista das "virtudes" de Miranda se perturbar ante a realidade das trocas econômicas.

Ressaltam-se firmemente naquele trecho a metáfora animal (asno, cavalgadura, rédeas) e as relações de poder manifesta nos pares "escravo" e "senhor" e "feminino" e "masculino".

O dito "para português, negro e burro, três pês: pão para comer, pano para vestir, pau para trabalhar", a meu ver, tem três improcedências:

1 – só dá conta do português enquanto sinônimo de negro trabalhador como Romão (mesmo assim só no princípio de sua carreira);

2 – por consequência, não explicita o português sinônimo de branco que é o Miranda;

3 – e não classifica outro português, o Jerônimo, que foge ao negro e ao branco, e que mereceria até a tese do amulatamento, uma vez que, no nível do mulato Firmo, ama a mulata Rita Baiana e se desinteressa mulata e estereotipadamente do trabalho, trocando o negócio pelo ócio.

De resto, a operacionalização que o Professor fez em dois parágrafos não convence inteiramente e não parece revelar algo que não estivesse explícito à primeira leitura do dito popular. Há, contudo, um aspecto que não foi desenvolvido, e ninguém melhor do que o próprio Mestre para fazê-lo, uma vez que é trabalho de sua área. Refiro-me às relações entre o ócio e o trabalho no sociedade brasileira, àquilo que se poderia chamar de sociologia da malandragem. Soube que o Mestre publicou algo neste sentido estudando *As Memórias de um sargento de milícias*. Como não conheço esse texto (*mea culpa*), talvez esteja até sendo impreciso no afã de acertar. Mas, de qualquer forma, *O cortiço* levanta esse problema curioso das relações entre o ócio e o negócio. Um aluno meu (Luís Felipe Ribeiro) observou, num seminário, que o que caracteriza o trabalho nesse romance é que ele é sempre realizado fora dos limites do cortiço. Ou seja, os trabalhadores saem de madrugada deixando as mulheres em volta das tinas lavando roupa. O cortiço é antes o lugar da festa informe e miserável do cotidiano. Aí, como se observa, desponta já o problema do trabalho feminino doméstico, que os homens tendem a considerar irrevelante. E surge o problema da malandragem não apenas afeto aos pobres (no cortiço), mas a malandragem dos ricos (sobrado). Esse é um aspecto de que nossa literatura está cheia, encontrando-se tanto nos personagens de Machado de Assis até a sua cristalização em *Macunaíma*, de Mário de Andrade. Outra vertente paralela para uma sociologia da malandragem seria a música popular e seu cruzamento com a literatura, o cinema e o teatro. Dentro do folclore urbano carioca, um filme recentemente tipificou isso muito bem em música de Chico Buarque – *Vai trabalhar, vagabundo* –, com direção de Hugo Carvana.

Aliás, no seu ensaio, o professor Candido aborda o problema ao descrever a posição do brasileiro (imaginário) diante do trabalho:

> "eu, brasileiro, nato, livre, branco, não posso me confundir com o homem de trabalho, que é escravo e de outra cor; e odeio o português, que trabalha como ele e acaba rico e mais importante do que eu, sendo além disso mais branco. Quanto mais ruidosamente eu proclamar esse débil privilégio, mais possibilidades terei de ser considerado branco, gente bem, candidato viável aos benefícios que a Sociedade e o Estado devem reservar aos seus prediletos."

Finalmente, nesse leque de considerações complementares sobre a categoria trabalho levantada pelo Mestre ainda caberia indagar de algo que não fica claro no texto. Um problema de ordem ética. Que tipo de trabalho é valorizado? Todo trabalho é "honesto"? O que é um trabalho "desonesto"? Com efeito, há uma harmonia na observação de que só se enriquecem aqueles que além de trabalho praticam a desonestidade, donde trabalho só não dá riqueza a ninguém. Estão aí Miranda e Romão. Pois os demais figurantes principais do livro trabalham arduamente, e nem por isso sobem na vida acintosamente. Aliás, com Jerônimo sucede algo que comprova a ineficiência do trabalho como elemento mediador, pois nele o elemento mediador são a natureza e o meio. Não havia melhor trabalhador que ele nas pedreiras de Romão, e, no entanto... Não era branco, português e trabalhador?

Isso nos faz retomar a questão inicial de que não é possível uma análise ampla desse romance usando apenas um elemento mediador ou apenas um modelo. Há que selecionar os mais pertinentes e reagenciá-los sistemicamente. Por isso a tarefa do analista literário é das mais árduas. Ele tem que somar onde outros especialistas se contentam em restringir. Não que ele tenha que ser um filósofo, um sociólogo, um historiador, um antropólogo, um psicanalista, um matemática etc. Mas quanto mais ele souber dessas disciplinas afins e de outras que não são consideradas afins, melhor para ele e melhor para a Literatura. Se eu soubesse Economia e Matemática, por exemplo, poderia já ter testado a aplicabilidade da Teoria das Catástrofes para uma redefinição do Naturalismo no que ele tem de cenas versistas, de grandes tragédias, incêndios e movimentações de massas. Poderia se dar também que, sabendo tudo isso, minha análise redundasse ela mesma numa catástrofe, porque o saber não é nunca uma sequência quantitativa de informações.

Enfim, termino aqui esta análise de uma reanálise, certo de que as leituras se superpõem e, talvez, se enriqueçam umas às outras. Os pontos de contato entre minha análise e a do Mestre Candido, por terem sido ressaltadas algumas discordâncias, podem parecer inexistentes. Isso não é verdade. Se não bastasse a leitura comparativa de ambos os textos, que baste a minha afirmação de que cresci intelectualmente à sombra de muitas de suas obras. E este texto aqui nasceu do desejo de elaborar as correções que me fez com maestria. As discordâncias são uma homenagem a quem sempre ensinou outros a discordar claramente. É evidente que nossas análises e reanálises não esgotam o texto entrevisto, pois, como dizia João Cabral, "um galo sozinho não tece uma manhã: ele precisará sempre de outros galos". E, assim, do entretecido balão de ensaios e interpretações, que "a manhã, desde uma teia tênue, se vá tecendo, entre todos os galos".

6
Esaú e Jacó

"O leitor atento, verdadeiramente ruminante, tem quatro estômagos no cérebro, e por eles faz passar e repassar os atos e os fatos, até que deduz a verdade, que estava, ou parecia estar escondida."

Machado de Assis

PROPOSIÇÃO

Pretende-se demonstrar que, embora não seja o livro mais lido e estudado de Machado de Assis nem aquele que exiba mais virtuosismos técnicos, *Esaú e Jacó* (1904), submetido a uma análise estrutural, pode fornecer modelos básicos para a interpretação da obra machadiana.

Este trabalho se desdobrará a partir das seguintes observações:

a) *Esaú e Jacó* apresenta características de narrativa de estrutura complexa e, como tal, sua compreensão só se dá depois de isolarmos os suportes míticos e históricos que se cruzam na história. Machado se afasta do mito e da História (no caso, a História do Brasil) para centrar-se na problemática da escrita. Este livro, assim como *Memórias póstumas de Brás Cubas* (1881), converte-se na narrativa de como o livro está sendo escrito.

b) É fundamental o enfoque do método de composição utilizado pelo narrador e que aparece referenciado de modo implícito e explícito. Essa análise visa confrontar o enunciado e a enunciação, mostrando que o método machadiano afasta-se da simplicidade, que opõe conjuntos simétricos, para se exercitar na complexidade, que implica uma visão transformacional dos elementos em jogo. A problemática do *lúdico* e a do *nada* imbricam-se na problemática da escrita.

c) Essa análise torna-se mais evidente quando compreendemos os três níveis de transcorrência da narrativa: *narração, personagens, língua(gem)*. Atravessam essas três camadas alguns modelos que são repetidamente operacionalizados. O caráter transformacional desses modelos e sua crescente complexidade ilustram-se por meio dos personagens Pedro/Paulo, Flora, Conselheiro Aires. Didaticamente, esses modelos aparecem sob os nomes de *duplicidade* (A X B), *alternância* (A ou B) e *integração* (A e B). O estudo encaminha-se para uma compreensão da obra além da *língua* e do *estilo*, mas como uma manifestação de *língua(gem)*.

Isso posto, façamos a análise transcorrer pelos três níveis que divisamos para facilitar a apreensão da estrutura da narrativa.

NÍVEL DA NARRAÇÃO

Enquanto numa narrativa de estrutura simples como *O guarani*, de José de Alencar, a análise nos mostra que a estrutura tende a repousar sobre o mítico e o ideológico numa reduplicação de modelos muito comuns no romance-folhetim, em *Esaú e Jacó* parece ocorrer um descentramento daqueles apoios em favor de uma composição baseada sobre a própria escrita.

Isso equivale a dizer que os referentes desse romance não devem ser buscados exteriormente, mas localizados dentro de sua própria textura. O suporte mítico-ideológico que aí existe é apenas aspectual, sem subir nunca à estrutura do livro.

Examinemos inicialmente o suporte mítico. Teríamos aí duas fontes mitológicas: uma de inspiração bíblico-cristã e outra clássico-pagã. Na primeira (bíblico-cristã) encontramos o título do livro referenciando a história dos filhos de Isaac. A construção da história bíblica, no entanto, é bem diversa da história machadiana. Enquanto na Bíblia os irmãos se separam depois que Jacó usurpa o direito de progenitura de Esaú, e entre eles se desenvolve uma rivalidade por vários anos, ao final resolvida com uma reconciliação (Gênesis cap. 27 a 33), no romance de Machado a rivalidade entre os gêmeos Pedro e Paulo jamais é sanada. Há pausas, mas nunca o término do conflito. E é em aberto que a história termina, cada um seguindo sua linha numa descrição paralela do trajeto desses elementos.

Quanto à segunda matriz (clássico-pagã), o confronto poderia ser estabelecido talvez entre Pedro e Paulo e Castor e Pólux, referidos no último capítulo do livro. No entanto, ainda aí sucede uma divergência. O mito de Castor e Pólux (filhos de Júpiter e Leda) também difere da história de Pedro e Paulo, pois na lenda pagã, fraternalmente, Pólux reparte com Castor a imortalidade concedida por Júpiter, enquanto em Machado os dois irmãos seguem em sua oposição sistemática.

É mais acertado convir que em Machado aqueles mitos exercem função aspectual. O mito de Esaú e Jacó, por exemplo, serve para introduzir a história ao enfatizar que a rivalidade entre Pedro e Paulo havia se iniciado, como na narrativa bíblica, no ventre da mãe. Já Castor e Pólux apenas ilustram o último capítulo do livro. Colocados os dois mitos, um no princípio e outro no fim, não bastam, contudo, para decidir a estrutura do livro.

Como esses dois mitos, outros também são citados aqui e acolá. Há uma série de referências a figuras mitológicas bíblicas clássicas. Mas ainda que aparecendo sempre aos pares, como possíveis informadores de uma estrutura antitética, essas figuras não podem ser tomadas como os pilares da armação da narrativa. Por exemplo, Sibylla compõe com David uma das dualidades, repetindo os polos mitológicos clássicos e bíblicos. O capítulo 15 se intitula "Teste David cum Sibylla", aproveitando um verso do *Dies irae* medieval cantado nas missas dos mortos. David simboliza aí o profeta bíblico na linhagem pré-cristã e Sibylla a profetisa da antiga Roma. Na história de Machado, o confronto entre David/Sibylla identifica-se com a oposição Plácido/Cabocla do Castelo. Quer o narrador dizer que tanto o oráculo bíblico quanto o pagão, tanto a cartomante quanto o espírita de classe média confluem pela mesma profecia, no caso, o futuro dos gêmeos.

Não se organizando no nível mítico, poderia essa história encontrar seus modelos na ideologia, ou, mais precisamente, na História do Brasil anotada insistentemente em contrapontos dentro do livro? Há uma certa tentação para se comprovar o paralelo entre a história de Pedro e Paulo e a História referida por meio do conflito República *versus* Monarquia. Se esse fosse o caminho escolhido, o analista, inicialmente, sentiria uma inclinação para aceitar como índice a mania de D. Cláudia em marcar a vida por meio de referências a datas políticas (cap.31). Assim, se poderia conseguir um paralelo entre a maneira de a personagem marcar a sua vida e de o autor construir o seu romance.

Com efeito, o pai dos gêmeos vem para o Rio por ocasião da "febre das ações" (1855); os gêmeos nascem a 7 de abril de 1870 – aniversário da queda de Pedro I e/ou subida de Pedro II; o marido de Perpétua morre na Guerra do Paraguai (1864-1870); Santos encontra-se com a mulher (Perpétua) pensando na Lei Rio Branco (28/9/1871); Flora nasceu em agosto de 1871 durante o Ministério Rio Branco e no Ministério Sinimby (1878) já sabia ler e escrever corretamente; os gêmeos se identificam com as correntes políticas do sistema – o liberalismo e o conservadorismo – chegando a ser eleitos deputados; o próprio marido de D. Cláudia, Batista, se interessava por política a ponto de o narrador assinalar que "nele a política era menos uma opinião do que uma sarna" (cap.78); no capítulo 36 discute-se a abolição da escravatura, marcando-se a posição antitética dos gêmeos; capítulos inteiros são reservados a discussões entre conservadores e liberais, republicanos e monarquistas (cap.47); o próprio episódio da tabuleta, que começa no capítulo 49, continua no 63, e seu aparente interesse é contar a passagem da Monarquia à República por meio de um incidente particularizador da História; a véspera da Proclamação da República é referida como a "Noite de 14" e descreve-se o célebre baile da Ilha Fiscal – último baile da corte de Pedro II; ainda outra vez a figura de Flora é aproximada simbolicamente da situação política do país no capítulo "Três Constituições", sugerindo-se que ela era uma espécie de terceiro estatuto entre o Império (Pedro) e a República (Paulo).

À primeira vista parece haver elementos suficientes que nos conduzem a paralelizar história & História. No entanto, por mais que se levantem dados quantitativamente sugestivos, essa hipótese parece não se sustentar. O capítulo 107, por exemplo, marca a diferença entre uma e outra advertindo contra a possibilidade de se aproximar o sentido da morte de Flora da morte (temporária) da República depois do decreto de Estado de Sítio assinado pelo Marechal Floriano: "Ao cabo de 72 horas, todas as liberdades seriam restauradas, menos a de reviver. Quem morreu, morreu. Era o caso de Flora". É evidente aí a insinuação de que a figura de Flora não se deixa explicar apenas pelos fatos políticos e jornalísticos. No capítulo 79 é o próprio narrador que adverte à margem da história que o caráter de Flora não podia ter sua explicação somente "na variação política da mãe de Flora", e no capítulo 90 Aires pondera que "a moça não era como a República, que um podia defender e outro atacar; cumpria ganhá-la ou perdê-la de vez".

Duas maneiras ainda existem de demonstrar que a insistência nos dados políticos não alcança a estrutura do livro. Primeiro é a operacionalização de modelos que pela sua formalização expressem mais objetivamente o mecanismo sustentador da obra. Tais modelos serão desenvolvidos mais adiante.

Em segundo lugar, uma demonstração mais acurada do caráter não homólogo entre História & história viria do estudo de algumas variantes na obra geral do próprio Machado. É comum aí o fato de que a História, embora presente, importa-lhe sobretudo por aquilo que não é superficial. Sua narrativa cava mais fundo. Ele não conta uma história para ilustrar de novo um mito já existente, como era usual no Romantismo. Nem se interessa em compor uma obra realista enquanto o Realismo se define como descrição e fotografia de *uma* realidade social e histórica. É exatamente na medida em que se afasta de tal "realismo" externo para montar a coerência interna do texto que ele se aproxima mais de um caráter alegórico, contando uma parábola individualizadora e originalmente formulada. Se fosse narrativa mítica e ideológica ela se deixaria centrar em referentes externos, seria ilustração de uma fábula já narrada. Tome-se aquilo que se convencionou chamar de romance histórico, seja *As minas de prata* de Alencar, seja *Ivanhoé* de Walter Scott. O caráter sobredeterminante dos referentes ideológicos explicita a simplicidade simétrica daquelas narrativas. Elas reduplicam uma mensagem e cumprem um roteiro estabelecido fora delas.

Em Machado o texto concebido é um texto fictício, e não o texto da realidade ideológica codificada pela História. Daí se poder dizer que o mítico (ainda que escasso) e o histórico (ainda que insistente) em *Esaú e Jacó* se prendem à área do significado, do esteio exterior apenas aspectual, e que a compreensão da obra deve ser mais fundamente buscada no significante, naquilo que o inconsciente foi largando aqui e ali em seu alargamento e na expansão do imaginário. Aí o significado (História, Psicologia, Metafísica, Geografia e todas as demais matérias do currículo) é elemento necessário, mas apenas conjuntural, e não estrutural. Aqueles referentes existem, mas não decidem a narrativa, que se desvia deles sem se deixar enredar. Eles fazem parte do universo de composição da obra, mas não exaurem sua compreensão. Há que convir, com o próprio Machado, que "todo oráculo tem o falar dobrado". Ou seja: toda narrativa carece do significado e do significante para se estabelecer como signo. O significado, no entanto, tende sempre a ser aquilo que está *in praesentia*, aquilo que corre na superfície da narrativa, ao passo que o significante se articula *in absentia*. Fazer emergir a ausência da presença inicial é a tarefa do analista. Claro que tal tarefa não é impune. O analista corre o risco de expor os coelhos e baralhos que trazia escondido na casaca antes do espetáculo e aí ele pode se perder entre o brilho do mágico e do prestidigitador.

A questão da estrutura dessa obra e de seus modelos básicos se confunde com dois problemas que podem ser anotados aqui introdutoriamente: a problemática da verossimilhança e o método de composição do livro. Quanto à verossimilhança, seria aconselhável rever a bibliografia que retoma a problemática da mímesis e da verossimilhança desde Aristóteles e Platão até os estruturalistas da École de Hautes Études [Escola de Estudos Avançados] em Paris.[1] Feita aquela leitura, seria mais fácil

1 Ver a seleção *Literatura e semiologia*, 1971, que reúne artigos extraídos da revista *Communications*.

entender que há em *Esaú e Jacó*, e de uma maneira geral nos outros textos machadianos, o desenvolvimento de um conceito de verossimilhança que se despreocupa de conferir os personagens com a realidade exterior. A verossimilhança aí parece ser buscada nos elementos internos da obra, reafirmando que se algum realismo existe em Machado ele é sistêmico, e não referencial,[2] e deve ser compreendido a partir do problema da constituição da escrita como centro de si mesma.

Quer dizer: a explicação ou compreensão do mecanismo de construção do livro deve ser buscada no próprio livro, nos índices que o autor fornece, porque ele está criando uma realidade que, sendo em muitos pontos autônoma, chega até a se desinteressar da lógica e dos preceitos comumente utilizados pelas narrativas de estrutura simples, que procuram conferir o que se narra com o que está narrado no mito e na ideologia, seus referentes-base. Sobre isso tratamos em outras passagens desta análise ao recordarmos o papel sobredeterminante da enunciação ao focalizarmos a construção lúdica do romance.

O problema da verossimilhança interna está vinculado à explícita questão da técnica de construção do livro. A escrita que se procura a si mesma tematizando sua própria feitura exemplifica-se já na "Advertência" que o narrador coloca na abertura da história. Já aí sabemos que estamos diante de dois narradores. Machado considera que o texto apresentado é uma utilização do último dos manuscritos deixados pelo Conselheiro Aires. O efeito de imaginar uma escrita sobre a qual se comporia o romance não é uma novidade nem mesmo em Machado. No entanto, reforça a série de efeitos que ele obtém. Estamos diante de um romance que se pretende a leitura fingida de um manus-

---

2 Ver artigo "Realismo referencial e realismo sistêmico", de Luiz Costa Lima, em *Cadernos da PUC*, n.6, 1971.

crito. Como, no entanto, sabemos que o manuscrito é imaginado por Machado, melhor talvez fosse dizer que temos não apenas dois narradores, mas duas escritas superpostas. A constituição do narrador 1 e do narrador 2 tem por objetivo proceder a um distanciamento na própria matéria narrada. Instauram-se, pelo menos, dois planos narrativos: na escrita fingida (Conselheiro Aires) flui a história dos gêmeos, suas relações familiares e sentimentais, os envolvimentos políticos; na escrita real (Machado) articula-se a montagem da história, as anotações críticas sobre o imaginado texto de Aires, o aprofundamento de algumas observações e até discordâncias em relação ao manuscrito. Repete-se o mesmo jogo de relações que de um lado tem o enunciado (história) e de outro a enunciação (articulação da história), a tal ponto que se poderia, de uma maneira simplificada, tentar a seguinte proporção.

Aires : Machado : : enunciado : enunciação

Evidentemente, a figura de Aires não se descola da de Machado a não ser para efeito de demonstração de análise, do mesmo modo que nenhuma enunciação subsiste sem o enunciado. A duplicidade entre esses pares de elementos é de aspecto complementar. Esse contraponto entre o narrador 1 e o narrador 2, difícil de se destacar às vezes, vem denunciado pelo próprio autor ao depreender a figura de Aires em trechos como esse: "tal foi a conclusão de Aires, segundo se lê no Memorial. Tal será a do leitor, se gosta de concluir. Note que aqui lhe poupei o trabalho de Aires: não o obriguei a achar por si o que de outras vezes é obrigado a fazer" (cap.55). E a seguir continuando esse tipo de descolagem entre o enunciado e a enunciação, refere-se aos possíveis níveis de leitura de sua obra: "O leitor atento, verdadeiramente ruminante, tem quatro estômagos no cérebro, e por eles faz passar e repassar os atos e os fatos, até que deduz a verdade, que estava, ou parecia estar escondida" (cap.55).

Essa figura do "leitor ruminante" coloca-se do lado do analista e do narrador 2, do lado da enunciação. É o leitor crítico, e a função da escrita 2 é eminentemente crítica. Ela serve como "um par de lunetas para que o leitor do livro penetre o que for menos claro ou totalmente escuro" (cap.13). Crítico de sua própria história, interessado em construir e visualizar uma espécie de metalinguagem dubiamente séria e irônica, Machado em outros livros[3] brincaria com a possibilidade de uma outra linguagem crítica imposta aos seus livros pelos críticos oficiais.

A consciência da composição e a feitura da obra convertidas em tema retornam em outros pontos. Tomem-se os capítulos 12 e 27. No primeiro deles, introduz o paralelo entre a narrativa e o jogo de xadrez, ponderando sobre a ludicidade da composição. Todo o capítulo "A epígrafe" é dedicado a esse aspecto e por aí já se vai definindo a narrativa como a arte de jogar criticamente o próprio jogo da escrita. Com efeito, a ideia do jogo, que no nível do enunciado parece ser o jogo de damas ou de xadrez, mas que no nível da enunciação descobre-se ser o jogo da escrita do romance, atravessa todas as camadas da obra. O lúdico é um eixo em torno do qual se articulam as mil e uma anedotas do livro, aparentemente sem função. Mas a pouco e pouco vai se percebendo a correlação entre os dados antes tidos como aleatórios e começa-se a perceber a retomada daquele tópico já presente em *Memórias póstumas de Brás Cubas*: a discussão sobre o método utilizado pelo narrador. Naquele romance ele acentua que, a despeito da aparente confusão, é possível perceber-se o seu sistema. A ludicidade aí atinge seus extremos. Não só o autor se compraz nisso ("E vejamos agora com que destreza, com que arte

---

3 Ver o capítulo "A um crítico" (cap.137) em *Memórias póstumas de Brás Cubas*.

faço eu a maior transição deste livro" – cap.9), mas clarifica ainda mais sua arte de composição:

> De modo que o livro fica assim com todas as vantagens do método, sem a rigidez do método (...). Que isto de método, sendo, como é, uma coisa indispensável, todavia é melhor tê-lo sem gravata nem suspensório, mas um pouco à fresca e à solta, como quem não se lhe dá da vizinha fronteira, nem do inspetor de quarteirão (idem, cap.9).

Em *Esaú e Jacó*, advertindo ironicamente contra as interferências do leitor em sua obra (cap.27), afirma que seu "livro está sendo escrito com método", lembrando o que já havia posto na "Advertência", de que sua história está sendo "escrita com um pensamento interior e único, através de páginas diversas".

Essa questão do método, referida insistentemente em outros livros, encaminha a análise para o seu ponto central. Ou seja: de como vencendo a rigidez do método, nunca prescindindo dele, opera o narrador de tal forma que ele apareça apenas quando solicitado por meio de uma análise interessada em transparecer a estrutura da obra. É por aí que se entenderá um jogo já denunciado na presença de dois narradores e reafirmado mais ricamente ao destacarmos o enunciado da enunciação, ao separarmos o mito e a ideologia da problemática da escrita propriamente dita.

O que estivemos fazendo até agora nesta análise foi afastar aquilo que é apenas conjuntural para nos aproximarmos dos modelos interpretativos da estrutura. A análise daqui para a frente se concentrará em demonstrar a persistência de três modelos encontradiços tanto no nível da narração quanto dos personagens e da língua. Esses modelos conceitualmente poderiam ser assim introduzidos:

a) A narrativa machadiana desenvolve-se sistematicamente explorando a duplicidade por intermédio de um jogo de oposições.

b) Os elementos, apesar de opostos, não surgem de forma simétrica se complementando. Têm características ambíguas e bivalentes, sem que se possa prescindir de um deles ou se consiga separar um do outro com precisão, pois formam um composto de elementos solidários e inseparáveis.

c) À duplicidade e à ambiguidade soma-se um terceiro estágio que dá sentido aos anteriores na medida em que conjuga e integra os elementos do sistema dentro de uma ideia de complementaridade. As oposições e ambiguidades deixam de ser sistemáticas para se tornarem sistêmicas.

De uma maneira mais formalizante, isso equivale a dizer que três movimentos congeminados podem ser localizados não só nas partes, mas no todo da narrativa:

a) Duplicidade (A X B)
b) Alternância (A ou B)
c) Integração (A e B)

Lembrando que estamos ainda trabalhando no nível da narração, ou seja, dos grandes planos de composição do livro, vejamos como se exemplifica a vigência daqueles modelos indicadores não só da complexidade, mas de um comportamento especificamente machadiano.

O suporte mitológico e o histórico

Vimos introdutoriamente que as duplas: Cabocla/Plácido, David/Sibylla, Castor/Pólux não bastavam para resumir, do ponto de vista de suas histórias, a estrutura do livro. O que aqueles mitos contam são enredos diferentes, não obstante tenham uma montagem dual que é justamente a que aqui nos interessa ressaltar. Porque se aqueles mitos não informam a estrutura deste romance no nível de suas histórias (conteúdo), eles reforçam, em sua diversidade, a estrutura mesma do romance, que deles se serve explorando estruturalmente a formalização de suas oposições. A dualidade persiste neles por mais diversa que seja a parelha, e este é seu único ponto de contato com a narração machadiana, que preserva uma identidade puramente formal entre eles e seu texto. Mais vale dizer que põe o mito a serviço de sua narrativa, em vez de colocar a narrativa a serviço do mito, como se dá na narrativa de estrutura simples (*O guarani*, por exemplo). Dos mitos ele utiliza o que não é o mítico, mas aquilo que se registra no inconsciente de toda narrativa, seus pares opositivos. O suporte que o mito dá é puramente formal e ele lhes extrai a dualidade que, presente em qualquer mito, transcende o mito e é possível de ser localizada em outros suportes da narrativa.

Nesse mecanismo ele usa da duplicidade (A X B) na medida em que recorre aos pares opositivos: Cabocla/Plácido, Castor/Pólux e outros. Utiliza-se também da ambiguidade (A ou B), deixando a história oscilar entre seus personagens (Pedro e Paulo) e os mitos a que recorre. E termina por integrar (A e B), tudo isso a despeito das contradições. Mas aí a contradição é dialética e integrativa, ela faz parte do sistema. Tanto o afastamento do conteúdo do mito quanto a utilização de sua forma opositiva vinculam-se ao sistema geral que possibilita a narrativa investir na sua própria composição para instaurar sua complexidade.

Não havendo identidade definitiva entre Pedro (Monarquia) e Paulo (República) nem entre Flora (República/Monarquia), como à primeira vista parece, nota-se o mesmo procedimento quanto aos suportes mitológicos. Monarquia/República ou Pedro/Paulo apenas ilustram a dualidade que o narrador contraponteia. Tanto assim que, mesmo quando a Monarquia cede à República, a dualidade é cavada dentro da própria República, enfatizando que os regimes, personagens e mitos variam, mas a função permanece. O que existe é dualidade, alternância e integração. Mudam-se os nomes, mas teremos a função: A X B, A ou B, A e B.

Pode-se a esse respeito falar de uma autêntica *teoria das funções*,[4] a qual Machado não nomeou assim tão claramente como outras suas teorias,[5] mas que aponta de vez o que estamos querendo dizer ao falar que os suportes mítico e histórico ocorrem a despeito mesmo de serem mitos e histórias. Como a história de Machado não visa ilustrar a História do Brasil, mas esta é que serve para ilustrar a sua história, pode o narrador em vez de Monarquia e República falar também de Robespierre e Luís XVI (cap.24), que são uma dupla que mantém o mesmo regime de oposição localizável na história de qualquer país. Interessado mais na função entre dois elementos A/B, Machado afasta-se do significado deles para reter-lhes a significação. Tanto faz que diga "Aut Cesar aut Nihil" [Ou César ou nada], ou "César ou João Fernandes". A verdade é que a estrutura entre A/B é idêntica em qualquer das sentenças. Acontece, segundo a teoria das funções, que Petrus pode vir no lugar de Paulus (cap.115), que a função é sempre a mesma e a história e/ou História continua. Mudam-se os nomes dos personagens, mas o drama se mantém.

---

4 É possível construir uma "teoria das funções" a partir da obra machadiana. Isso explicaria melhor o seu "relativismo" e introduziria a ideia de sistema ao mesmo tempo que mostraria o caráter determinante da forma sobre os conteúdos. Ele busca sempre a tensão entre os elementos a despeito dos nomes eventuais desses mesmos elementos.

5 O levantamento das muitas "teorias" que Machado expõe em suas narrativas deveriam aspirar a um modelo que as articule e lhes dê um sentido estrutural.

Mito e História são aproveitados na medida em que servem ao jogo da escrita. César ou João Fernandes, David ou Sibylla, o que interessa é a dualidade, a alternância e a integração de todos eles no movimento transformacional da narrativa. Aí de novo despontaria o lúdico, aquele mesmo lúdico de características tão sofisticadas quanto metafísicas a que alude Jacques Derrida em seu *A escritura e a diferença*.

Encaixes reduplicadores de modelos

Além dos suportes míticos e históricos reagenciados por Machado, sua narrativa articula alguns encaixes, que, tendo autonomia, funcionam como parábolas que exemplificam a duplicidade, alternância e integração dos elementos. Quer dizer: em vez de se ater somente a referentes externos da narrativa (mito/história) tradicionalmente aceitos, cria pequenas historietas, anedotas e parábolas que reduplicam os modelos centrais.

Veja-se o episódio "Quando tiverem barbas" (cap. 23). Aparentemente desvinculado da história, vincula-se à enunciação, ao destacarmos o confronto entre branco/preto, religioso/profano e ao justapor o narrador às figuras dos capuchinhos com suas barbas brancas (antes) e negras (depois) às barbas negras (antes) e brancas (depois) do velho rifão.

Tome-se, no entanto, como exemplo melhor desses encaixes reduplicadores da duplicidade, ambiguidade e integração, a parábola que é a teoria das vogais, do espírita Plácido (cap. 81). Inicialmente se desenvolve a teoria de que haveria uma correspondência exata entre as vogais e os sentidos (duplicidade). Os opositores, no entanto, rebatem que a correspondência certa é entre os sentidos e as vogais, posição antitética que estabelece claramente a oposição A X B. Surge, então, uma terceira teoria sustentada por adeptos dissidentes de ambos os grupos, que formulam algo mais ambicioso (e conciliador): o homem não é apenas a soma de cinco vogais, mas um alfabeto inteiro de sensações, o que dilata também a ideia de sentidos. Ou seja: a colocação final saindo da discordância acaba por abranger as colocações iniciais, uma vez que as vogais são parte do alfabeto e a teoria agora não se limita aos sentidos, mas inclui todas as sensações do homem de uma maneira integrativa. Nos três lances desdobrou-se a duplicidade, a ambiguidade e a congeminação dos contrários, tudo englobado pelo sistema.

Modelos presentes na sequenciação

Numa narrativa de estrutura simples pode-se extrair facilmente uma sequência de oposições todas elas significativas quanto às simetrias da história. Esse tipo de construção eventualmente existe em Machado, mas sua narrativa não se limita aí. Ele abandona a simplicidade da oposição vida/morte que aparece no princípio de *Esaú e Jacó*, por exemplo, para jogar com a duplicidade convertida em tema de composição.

A tematização das antíteses transparece por meio da relevância que Machado dá às oposições na distribuição dos capítulos como técnica de montagem da própria história. Isso faz que os capítulos se sucedam e se complementem integrativamente. No capítulo 7, por exemplo, os personagens discutem sobre a viabilidade de Natividade dar à luz ou a um general ou a um casal. Diversamente, o capítulo seguinte se intitula: "Nem casal nem general", contando que Natividade gerara dois meninos e que a história iria, portanto, tomar outro rumo.

Esse processo de negação e diferenciação mais se explicita no capítulo 48: "Ao contrário do que ficou dito atrás, Flora não se aborreceu na ilha. Conjeturei mal, emendo-me a tempo". Desse modo, faz crer que o que foi escrito antes seria inapagável, daí que a única solução seja a explicação. Mas não consta que *Esaú e Jacó*, e muito menos *Dom Casmurro*, romance em que a história também se autocorrige, tivessem sido romances-folhetins. Nesse tipo de composição o autor tem de entregar a produção diária, restando-lhe a possibilidade de correção apenas nos capítulos seguintes. Mesmo em casos assim, o procedimento é diverso. No romance-folhetim, típica produção de narrativa de estrutura simples, o autor, se tiver de fazer alguma modificação a faz sempre ao nível da história, introduzindo arranjos novos, mas se furtando a explicitar claramente seu procedimento em comentários à margem, que informam mais a enunciação do que o enunciado. Em Machado o conserto da história é seu modo de contar a história. A negação ou modificação do enredo ou alteração das características dos personagens demonstram sua obsessão pela enunciação, seu prazer pelo bordado da narrativa, sua paixão pelo jogo.

Está aí o caráter transformacional dessa narrativa complexa que se faz enquanto se faz, dentro de uma *práxis* cheia de virtuosismo. O narrador pode dizer irônico e confiante: "Não, leitor, não me apanhas em contradição" ao confrontar o capítulo 74 com o 3, assinalando que a narrativa se altera porque a verdade também se altera. A verdade está em movimento, não tem centro, e a narrativa, como a verdade, vive num deslocar-se constante, recusando todos os centramentos que lhe queiramos conceder. É para reafirmar isso que o narrador introduz as considerações sobre a validade da nota de dois mil réis ontem e hoje. Ontem ela enriqueceu o Nóbrega, mas "agora ela não subia a uma gorjeta de cocheiro". E se a verdade transforma-se em câmbio imposto pelo jogo das relações, entende-se que a opinião do narrador altere-se a ponto de parecer contraditória. No capítulo 3 a esmola dada por Natividade e Perpétua ao irmão das almas era creditada a uma felicidade advinda de uma aventura amorosa, mas no capítulo 74 a esmola é creditada à proteção de Santa Rita de Cássia. É que as opiniões mudam, diz o narrador, e assim a sua narrativa. E são justamente essas mudanças que lhe interessa fixar. Talvez mais as transformações do que os objetos dessas transformações. Se assim não fosse, seus livros seriam o repositório de "cochilos do autor". Mas o que Machado faz é "cochilar" de propósito e comentar porque cochilou, de tal modo que o desvio passa a ser uma norma e um componente necessário ao andamento da composição. Incorporando o que parece ser um deslize que explicita as contradições revela-se interessado em mostrar que, no jogo da verdade, centro não existe, pois a verdade (se existe) é função do ponto de vista do narrador.

Modelos presentes na titulação dos capítulos

A titulação dos capítulos conduz o sistema de dualidade, alternância e integração. Em pelo menos 18 capítulos os títulos reforçam o jogo entre os contrários, ressaltando sempre o caráter transformacional (A X B, A ou B, A e B). Dispensando uma análise mais pormenorizada, veja-se a permanência dos três modelos nos seguintes títulos explicitadores do mecanismo:

Cap. 2 – Melhor descer do que subir
5 – Há contradições explicáveis
8 – Nem casal nem general
15 – Teste David com Sibylla
19 – Apenas duas. Quarenta anos. Terceira causa
24 – Robespierre e Luís XVI
37 – Desacordo no acordo

79 – Fusão, difusão, confusão
80 – Transfusão, enfim
81 – Ai, duas almas...
85 – Três Constituições
87 – Entre Aires e Flora
93 – Não ata nem desata
94 – Gestos opostos
100 – Duas cabeças
105 – Ambos quais?
113 – Uma Beatriz para dois
118 – Cousas passadas, cousas futuras

Esses títulos ganham mais importância tanto mais se percebe que a técnica de titular em Machado é sempre informadora da enunciação e da estrutura do livro. Isso ele levou ao máximo em *Memórias póstumas de Brás Cubas*, quando um capítulo tem apenas reticências no título (cap.53) congeminando com outro (cap.134), que é todo feito de reticências, sendo o seu conteúdo indicado apenas pelo título.

Vistos esses itens a respeito da narração, consideremos como se efetiva o jogo relacional dos personagens. De que maneira eles explicitam mais nitidamente aqueles modelos da dualidade, alternância e integração.

NÍVEL DOS PERSONAGENS

Poderíamos iniciar esta parte do estudo retomando a figura de Aires introduzida por aquela proporção (Aires : enunciado : : Machado : enunciação) expressa no nível da narração. Mas justamente porque Aires é uma das faces do narrador, sua figura é mais compreensível quando se analisam antes os personagens de composição mais simples.

Esta parte do estudo, portanto, poderia ser dividida em três itens que mostram a gradativa complexidade dos tipos. Essa complexidade crescente parece acompanhar o desenvolvimento dos três modelos, na medida em que os aproximemos dos personagens cardiais. Ou seja:

a) O modelo da duplicidade e oposição se exemplifica pela atuação dos gêmeos Pedro & Paulo e na carreira que estabelecem; opondo-se simetricamente (A X B).

b) O modelo da ambiguidade desenvolve-se por meio da figura de Flora, que, por seu caráter de "inexplicável", enfatiza a dubiedade entre os dois elementos antitéticos (A ou B).

c) O modelo de integração se explicita pela atuação de Aires, que reúne a duplicidade e a ambiguidade abrangentemente como narrador (A e B). Os três modelos se necessitam para se explicarem e revelam uma linha de simplicidade (ilustrada na oposição dos gêmeos) que acaba derivando para uma complexidade que tem Aires como exemplo.

Introduzindo o sistema de dualidades, no entanto, é necessário indicar como ela já está latente no relacionamento dos personagens menores. Natividade e Perpétua, já a partir de seus nomes (a origem e a eternidade), mostram a dualidade entre o elemento primordial e o caráter infinito do jogo de relações. Entre os casais também uma certa bilateralidade (Cláudia/Batista, Natividade/Santos) apontada pela oposição entre o feminino (inteligente, dinâmico, mediador) e o masculino (inseguro, inconstante, irrealizado). A oposição continua por meio da figura da Cabocla do Castelo – identificada com os ritos mágicos populares – e Plácido – espírita da classe média. Ambos funcionam como oráculos que reduplicam suas funções na história ilustrando a expressão clássica que confronta o cristão e o pagão: "Teste David com Sibylla". E ainda nessa mesma linha de personagens ancilares destaca-se a figura de Nóbrega. Aqui Machado repete um recurso comum em outros livros: apresenta opositivamente as duas faces de um personagem e/ou situação. Lembre-se *Quincas Borba*: no capítulo 60 Rubião salva o menino Deolindo da morte, no capítulo 182 é apedrejado pelo menino. O antes e o depois revelando as antíteses do homem da narrativa. Com Nóbrega dá-se algo estruturalmente equivalente: no princípio do livro é introduzido como irmão das almas, esmoler. Depois se transforma num próspero cidadão que casa com a filha do Ministro. Entre um dado e o outro, entre o antes e o depois está a vida e/ou narrativa com suas antíteses.

Vejamos, contudo, o desenvolvimento dos modelos a partir dos personagens de base.

Pedro e Paulo

A dualidade básica do livro está vinculada ao desempenho desses gêmeos. Filhos de Natividade e Santos, antes de nascerem já denunciavam uma insanável rivalidade. O narrador se refere a uma "briga uterina dos filhos", que, atravessando a história, nos últimos capítulos se converte numa "aversão recíproca... mas persistente no sangue como uma necessidade virtual" (cap.121). Iniciando a oposição entre os dois irmãos, aparece a epígrafe – "Dico che quando l'anima mal nata..."[Digo que quando a alma malnascida...] sugerindo a impossibilidade de acordo por uma espécie de fatalismo enfatizado já na fala do oráculo popular (Cabocla do Castelo), já na opinião do espírita Plácido.

Perfilando a oposição entre um personagem e outro, para visualizar melhor o contraponto que descrevem no livro teremos duas colunas:

PEDRO	PAULO
Recebe como sinal distintivo uma medalha de ouro de São Pedro (cap.8).	*Recebe como sinal distintivo uma medalha de São Paulo (cap.8).*
Determina-se que seria médico (cap. 8), o que se confirma quando entra para a escola de Medicina (cap.35) e começa a clinicar no Rio.	*Determina-se que seria advogado, o que se confirma quando entra para a escola de Direito e advoga em São Paulo.*
Pedro era mais dissimulado (cap.18). O fato de o pai receber o título de barão é para Pedro sinal de estima (cap.22).	*Paulo era mais agressivo. Paulo recebe o fato com um sentimento de inveja.*
Nasce no aniversário do dia em que Sua Majestade Pedro II subiu ao trono (cap.23).	*Nasce no aniversário do dia em que Pedro I caiu do trono.*
Passando por um vidraceiro, Pedro viu pendendo um retrato de Luís XVI, entrou e comprou-o (cap.24).	*Paulo quis ter igual fortuna, adequada às suas opiniões, e descobriu Robespierre.*
Pedro fantasia que a praia de Botafogo, de acordo com suas ideias políticas, é uma "enseada imperial" (cap.34).	*Paulo sonha com a enseada do Botafogo transformada numa "Veneza republicana".*
Pedro interpreta a emancipação dos escravos como um ato de justiça (cap.37).	*Para Paulo era o início da revolução: emancipado o preto, resta emancipar o branco.*
Ao ouvir o artigo que o irmão lia para Aires, no qual atacava a figura do imperador, Pedro exclama: "conheço tudo isto, são ideias paulistas" (cap.44).	*Defendendo suas ideias contra o ataque monarquista Paulo diz: "tudo são ideias coloniais".*
Pedro quer extirpar o regime republicano com um decreto (cap.44).	*Paulo ainda se declara capaz de derribar a Monarquia com dez homens.*

Aires define o caráter de Pedro dando-lhe uma citação da *Odisseia* (cap.45).	*Aires define o caráter de Paulo dando-lhe uma citação da* Ilíada.
Pedro acredita na restauração da Monarquia (cap.67).	*Paulo canta a vitória e diz que o regime estava podre e caiu por si.*
Alusão de que Pedro poderia ser o primeiro-ministro do Império (cap.85).	*Paulo poderia vir a ser o presidente da República.*

Flora morre e os dois irmãos fazem um acordo de paz (cap.109)

Um mês depois da morte de Flora, Pedro leva-lhe uma coroa de miosótis e coloca-a no lado correspondente aos pés da defunta (cap.112).	*No mesmo dia Paulo leva perpétuas e coloca-as do lado correspondente à cabeça da morta.*
Pedro, que era monárquico, passa a republicano e a defensor intransigente do governo.	*Com a evolução dos acontecimentos, Paulo se elege para a Câmara de Deputados, agora não mais como defensor da República, mas como oposição ao governo instaurado.*

Natividade morre, mas pede antes que os filhos façam as pazes. Eles de novo fazem um acordo que dura pouco tempo

Pedro, símbolo da conservação, opõe-se a Paulo como antigamente, o que faz o Conselheiro Aires dizer: "Não mudaram nada; são os mesmos".	Paulo volta às posições de ataque ao governo em oposição ao irmão, representando "o espírito de inquietação".

Dada a maneira como se desenvolve, a relação entre Pedro e Paulo, em sua alternância de oposição, pausa e troca de posições, oferece características que ultrapassam o sistemático para se inscrever como uma organização sistêmica. Deve haver aí atrás um conjunto de leis reguladoras dos mecanismos que transparecemos exibindo os dois conjuntos de elementos em colunas separadas: três princípios básicos aí se notam:

a) *Há uma oposição constante entre os elementos.* Toda a história é construída em torno desse eixo oposicional revelador de certo determinismo e de um mistério que os mais diversos oráculos (Cabocla e Plácido) registram.

b) *A oposição, conquanto sistemática, está sujeita a intermitências.* Nem por isso há quebra do ritmo, mas é por aí que se depreende uma maior complexidade do sistema. Há dois acordos de paz, quebrados logo depois e motivados pelas duas figuras femininas que polarizam os gêmeos: Natividade e Flora.

c) *Pode haver troca na posição dos elementos em jogo sem que isso lhes altere a função.* Pedro pode ocupar o lugar de Paulo e vice-versa. Quem era contra o regime passa a ser a favor, enquanto o outro passa à oposição. Essa alteração aspectual apenas reforça a função entre os dois elementos. Eles apenas trocam de lugar, mas seu desempenho é o mesmo.

Essas três anotações, que podem ser lidas também como as leis que regem o jogo relacional dos gêmeos, podem ser formalizadas do seguinte modo:

a) Oposição constante: A x B
b) Pausa na oposição: A = B
c) Troca na posição: B x A

Esses modelos podem ser chamados de modelos parciais integradores do modelo de oposição A x B já assinalado anteriormente. O fato de que as modificações aí se deem apenas aspectualmente e que a duplicidade persiste mostra que ainda estamos no primeiro estágio de transformação da narrativa. É a oposição simples e simétrica que aparece por meio das figuras de Pedro e Paulo. A complexidade vai emergindo exatamente quando passamos a analisar a figura de Flora.

Flora

Introduzida como uma personagem "inexplicável" (cap. 31), Flora talvez tenha sua figura mais bem situada a partir de seu relacionamento com outros elementos do grupo, marcando-se-lhe as diferenças e identidades. O primeiro elemento que se lhe pode contrapor é Natividade. A mãe dos gêmeos tem em si também uma certa dualidade, mas não é uma dualidade conflitiva. O narrador mesmo introduz como uma "senhora verde, com a mesmíssima alma azul" (cap.19), que converteu o Cabo das Tormentas em Cabo da Boa Esperança, vencendo "a primeira e a segunda mocidade sem que os ventos lhe derribassem a nau, nem as ondas a engolissem" (cap.19).

O limite entre Flora e Natividade parece estar no verso – "Ai, duas almas no meu seio moram", que funciona como a barra que as aproxima e diferencia, pois o narrador aplica o verso de Goethe a Flora depois de o ter aplicado a Natividade, deixando implícito que num caso e noutro o verso tem conotação diversa. Enquanto Natividade era a fonte harmônica daquela oposição, Flora não consegue realizar as sínteses de seus elementos, parecendo antes perder um e outro. Eles passaram por Flora sempre em oposição, e ela vai se ligar a Natividade tentando surpreender na fonte geradora dos gêmeos a reunião impossível dos contrários: "Queria Natividade sempre ao pé de si, pela razão que já deu, e por outras que não disse, nem porventura soube, mas podemos suspeitá-la e imprimir. Estava ali o ventre abençoado que gerara os dois gêmeos. De instinto achava nela algo de particular" (cap.212).

Já o relacionamento de Flora com Pedro e Paulo parece ter passado por dois estágios. No primeiro ela se deixa ludicamente entre um e outro sem sentir nenhuma exigência de maior escolha e opção. Há uma série de jogos que exprimem essa fase. Ela chama Paulo de Pedro e vice-versa: "em vão eles mudam da esquerda para a direita e da direita para a esquerda. Flora mudava os nomes também e os três acabavam rindo" (cap.35). Não havendo nenhuma premência de escolha, ela no princípio mantém com ambos uma relação idêntica: "Flora recebeu o irmão de Pedro tal qual recebia o irmão de Paulo" (cap.57).

Aos poucos a personagem vai se tornando mais complexa até que o narrador 1 (Aires) no nível do enunciado confesse não mais entendê-la. Desenvolve o tema de Flora como a "inexplicável" e anota em seu diário:

> Que o diabo a entenda, se puder; eu, que sou menos que ele, não acerto de a entender nunca. Ontem parecia querer a um, hoje quis ao outro; pouco antes das despedidas, queria a ambos. Encontrei outrora desses sentimentos alternos e simultâneos; eu mesmo fui uma e outra coisa, e sempre me entendi a mim. Mas aquela menina e moça... A condição de gêmeos explicará esta inclinação dupla; pode ser também que alguma qualidade falte a um que sobre ao outro, e vice-versa. É fantástico, sei, menos fantástico é se eles, destinados à inimizade, acharem nesta criatura um campo estreito de ódio, mas isto os explicaria a eles, não a ela (cap.59).

Os modelos de duplicidade, alternância e integração parecem estar presentes nestas declarações de Aires. Os dois modelos (A x B, A ou B) são mais nítidos. O terceiro já não se resolve tão integrativamente, se ponderarmos sobre a inviabilidade de configurar claramente a personalidade de Flora. Quer dizer: a simultaneidade, à qual Aires se refere ("sentimentos alternos e simultâneos"), revela antes uma incapacidade de junção dos contrários harmoniosamente. Não é que Flora consiga uni-los, o fato é que ela não consegue separá-los. A operação, portanto, é inversa: eles aparecem congeminados, como no capítulo "Duas cabeças", porque "as duas cabeças estavam ligadas por um vínculo escondido", que o desenho de Flora não mostra, e a narrativa não esclarece, porque esclarecer aquilo que é "inexplicável" é negar o próprio enigma.

Feita essa ressalva sobre o modelo de integração irrealizado em Flora e entendida a simultaneidade como sua solução para a impossível integração, pode-se localizar mesmo no nível da frase a permanência dos modelos: "Ontem parecia querer a um, hoje quis ao outro; pouco antes das despedidas queria a ambos". Ou então nas palavras da Natividade, que descreve as ambiguidades da moça (cap.84).

1. Parecera-lhe que Flora não aceitava nem um nem outro (A X B)
2. Logo depois que os aceitava a ambos (A e B)
3. E mais tarde um e outro alternadamente (A ou B)

A irresolução da figura de Flora, perdida entre os extremos, parece se mostrar mais naquilo que o narrador chama a "parábola da asna de Buridan". Segundo o sofisma de Jean Buridan (1327-1358), supunha-se que um asno colocado entre duas vasilhas contendo aveia devia morrer de fome, se não fosse dotado de livre-arbítrio, pois não haveria motivo determinante para que preferisse a da direita à da esquerda e vice-versa.

Essa "asna de Buridan" é referida pelo Conselheiro Aires considerando o enigma de Flora. É significativo que seja logo Aires quem faça essa consideração. Não conseguindo explicar o mistério de Flora, no entanto, ele o registra e o aceita como elemento da composição. Anota as antíteses procurando absorvê-las por sua inexplicabilidade mesma. É isso que o diferencia de Flora e faz com que seja um passo a frente no desenvolvimento transformacional dos modelos. Porque se a duplicidade caracteriza Pedro e Paulo, se a ambiguidade dilacera Flora, Aires vai realizar mais plenamente a integração incorporando em sua escrita – o manuscrito – e a sua inexplicável ambiguidade.

Conselheiro Aires

Aires é figura vinculadora dos níveis da narração, personagens e língua(gem). Estudando a narração, já anotávamos como esse duplo do narrador pode ser visto na articulação da história, considerando-se que ele é o narrador 1 e autor da escrita fingida que é o manuscrito. Aqui, a passagem daquele nível para este e deste para o próximo (o da língua) poderia ser feita usando de uma técnica comum em Machado: remeter o leitor a páginas anteriores ou preveni-lo do que está por vir, por meio de comentários à margem da análise. Feito esse manuseio da análise, será possível entender melhor por que se diz que Aires é o único que alcançou as leis do sistema que pressupunha um jogo de oposições, alternâncias e complementaridade.

Machado marca a posição de Aires apontando para a superioridade dele em relação aos demais. Se Natividade era a mãe legítima, ele "é o pai espiritual dos gêmeos" (cap.44). Tendo gostado de Natividade na juventude, o que sentiu "não foi propriamente paixão, não era homem disto" (cap.12). Já por aí se mostra sua qualidade de mediador, afastado dos destemperos emocionais, sabedor que "o coração é o abismo dos abismos". Em decorrência, apresenta-se como tendo "algumas das virtudes daquele tempo, e quase nenhum vício" (cap.12). Descrito dessa maneira, como um tipo superior e que controla bem suas emoções, chega-se a saber que "se os gêmeos tivessem nascido dele talvez não divergissem tanto nem nada, graças ao equilíbrio de seu espírito" (cap.42).

Como diplomata profissional, Aires atua também diplomaticamente. Conhece a arte de "descobrir" e "encobrir", pois "toda a diplomacia está nesses dois verbos parentes" (cap. 98). Verbos parentes, vale dizer, congeminados como Pedro e Paulo, que ele compreende e sabe distinguir. Posição bem diversa da de Flora, que não apenas se deixou morrer entre as antíteses, mas que não compreende a síntese do Conselheiro, dizendo-lhe: "Já o tenho achado em contradição. Pode ser, responde o Conselheiro. A vida e o mundo não são outra coisa" (cap.87). Aires é quem afasta o espanto diante do contraditório e assimila as divergências para realizar seu papel. Não estranha que para ele convergissem todos e que ele se manifeste por meio de um estilo onde a duplicidade, a alternância e a integração se manifestem.

Tome-se, já introduzindo o nível da língua(gem), esta descrição do Conselheiro:

> José da Costa Marcondes Aires tinha que nas *controvérsias* uma opinião dúbia ou *média* pode trazer a oportunidade de uma pílula, e compunha as suas de tal jeito, que o enfermo, se não *sarava*, não *morria*, e é o que fazem as pílulas. Não lhe queiras mal por isso; a droga amarga engole-se *com açúcar*. Aires opinou com pausa, delicadeza, *circunlóquios*, limpando o monóculo ao lenço de seda, pingando as palavras graves e obscuras,

> fitando os olhos no ar, como quem busca uma lembrança, e achava a lembrança, e *arredondava* com ela o parecer. Um dos ouvintes, aceitou-o logo, outro *divergiu* um pouco e *acabou de acordo*, assim o terceiro, o quarto e a sala toda (cap.12).

A análise estilística das frases conferidas a Aires revelam a mesma constante. Machado mais uma vez se adianta ao crítico e torna ele mesmo explícito o sistema de construção do personagem indicando claramente seu estilo/personalidade. Nesse trecho citado, o narrador fictício dá lugar ao narrador verdadeiro e Aires, que conduzia o enunciado, passa a ser analisado pela enunciação. Ele aparece reinterpretado linguisticamente: o homem dos circunlóquios, da pílula com açúcar, arredondando o pensamento, procurando derrogar as controvérsias e chegar a um acordo por meio de uma opinião dúbia e média, como de resto é natural a um diplomata ou a um narrador como Machado interessado em desenvolver ao máximo o aspecto lúdico da composição.

NÍVEL DA LÍNGUA(GEM)

Pelo estudo minimal da frase, constata-se a afirmação de Barthes de que o discurso não é uma grande frase que pode ser decomposta em seus elementos constitutivos. Nesse nível pretendemos localizar aquilo que antes foi mostrado num plano mais geral. Reduplicam-se, então, os modelos por meio de sua persistência. É uma espécie de prova dos nove. Percebe-se por aí que a estrutura tem uma sintaxe, que fala por sua organização, razão por que toda sintaxe é semanticamente recuperável.

Pode-se introduzir o estudo da frase aqui pela escolha mais ou menos aleatória de sentenças reveladoras dos modelos de duplicidade, ambiguidade e integração. Tomem-se frases como estas:

> Se há muito *riso* quando um partido *sobe*, também há muita *lágrima* de outro que *desce*, e do rio *riso de lágrima* se faz o primeiro dia da situação como o *Gênesis* (cap.47).
>
> Não tardaria muito que saíssem *formados e juntos*, um para defender o *direito* e o *torto* da gente, outro para ajudá-la a *viver* e *morrer*. Todos os *contrastes estão no homem* (cap.35).
>
> Quando a lembrança de Pedro surgiu na cabeça da moça, a *tristeza* empanava a *alegria*, mas a *alegria* vencia depressa a *outra,* e assim acabou o baile. Então as *duas*, *tristeza e alegria*, agasalharam-se no coração como as duas gêmeas que eram (cap.70).

A simples leitura dessas frases mostra a permanência dos modelos. Mas quando não seja assim formalmente, também conceitualmente o narrador volta a enfatizá-la:

> Como pode um só teto cobrir tão diversos pensamentos? Assim é também este céu claro ou brusco, outro teto vastíssimo que os cobre com o mesmo zelo da galinha aos seus pintinhos... Nem esqueça o próprio crânio do homem, que os cobre igualmente, não só diversos, senão opostos (cap.94).

Não seria difícil ir demonstrando simbolicamente que a narrativa é como um teto e que como o crânio do homem ela abriga diversas contradições.

No entanto, não é por esse caminho que seguiremos. Não é da constatação simplória daqueles elementos, senão na localização de processos estilísticos mais bem definidos e que reduplicam no plano minimal da frase certos comportamentos já vistos na narração e nos personagens.

Aforismos, paradoxos, redundâncias, estranhamentos e ironia

Referimo-nos aos *aforismos, paradoxos, redundâncias, estranhamentos* e à *ironia*, que são tributários do tópico linguagem & ludicidade, que abordaremos ao fim do estudo.

Um estudo do mecanismo de produção dos aforismos talvez revelasse a funcionalidade das formulações estruturalistas no esforço de circunscrever as dualidades. Há no aforismo, assim como no provérbio, um processo de tornar mais clara a mensagem sempre a partir da oposição dos elementos. Um jogo entre o elemento marcado e não marcado, uma maneira de fazer a virtude saltar pela presença do pecado, o bem se mostrar pela emergência do mal, e o presente se presentificar tanto mais se demarca o ausente. Isso se deve também ao caráter resumitivo desse tipo de pensamento. O aforismo como a máxima é o desfecho de uma parábola. A história não é escrita senão para se chegar a uma moral, a uma máxima, a uma síntese didática sobre o cotidiano do homem. Expressando-se por meio de aforismos e provérbios pode o indivíduo sustentar-se mítica e ideologicamente, uma vez que tais construções são os esteios da comunidade, concentração de todo seu pensamento mágico.

O aforismo, sobretudo, reproduz um universo de causa e efeito ao nível da ideologia que o gerou. Machado dá tratamento muito específico a esse recurso linguístico. Repousa formalmente sua narrativa sobre aforismos que revertem numa proposição irônica e crítica, ao transformar o que seria simples reprodução da sabedoria da comunidade numa composição diversa graças aos efeitos de estranhamento conseguidos pelo emprego do paradoxo, da ironia e do próprio estranhamento enquanto processo retórico típico de desvio da norma. Sobretudo dos aforismos, máximas e provérbios Machado se serve de sua estrutura: a dualidade que existe na composição desses efeitos.

Vejamos os aforismos e provérbios, inicialmente, em sua forma mais corriqueira. Tanto alguns de origem popular quanto outros gerados pelo narrador. Neles sobressai principalmente o princípio da dualidade.

> "O que o *berço dá* só a *cova tira*."
> "A *guerra* é a *mãe* de todas as coisas."
> "Teste *David* com *Sibylla*."
> "Na *mulher* o sexo corrige a banalidade; no *homem* agrava."
> "*Pitangueira* não dá *manga*."
> "Ni cet excès d'*honneur*, ni cette *indignité*." [Nem excesso de *honra*, nem esta *indignidade*.]
> "*César* ou *João Fernandes*."

Esses exemplos perfilam expressões em códigos linguísticos diversos, mas em todos sobreleva a dualidade, o caráter sintético, o mesmo jogo de elementos que encontramos nos outros níveis analisados. Se poderia também juntar aqui a inclusão de citações clássicas literárias, como aquele verso de Goethe: "*Duas almas* no meu seio moram", que reafirma o aspecto dual da composição. As citações em Machado são uma continuação das frases feitas roubadas ao cotidiano e exercem função semelhante.

Existe, no entanto, outro processo estilístico, na mesma linhagem dos aforismos, também sistemáticos em outras obras de Machado e nesta reincidentemente utilizado. Refiro-me às redundâncias, que tanto podem surgir por meio de aforismos simplesmente quanto por meio de frases irônicas e de efeito. Nelas permanece o jogo das dualidades.

> "O coração seja o *abismo* dos *abismos*."
> "Verdades *eternas* pedem horas *eternas*."
> "Foi um dos *conselhos* do *Conselheiro*."
> "*Petrópolis* deixou *Petrópolis*."

A redundância é o primeiro sinal de que o aforismo e a máxima sofrem desvios que se caracterizarão melhor como ironia. De redundância em redundância, voltando várias vezes sobre o já dito para um reforço da mensagem, a frase machadiana se inscreve ainda com um outro recurso estilístico portador do mesmo crivo das dualidades: o *paradoxo*:

> "Convém que os homens afirmem o que não sabem, e por ofício o contrário do que sabem."
> "Serve-se muita vez a liberdade parecendo sufocá-la."
> "A discórdia dos dois começou por um acordo."
> "Emancipado o preto, resta emancipar o branco."
> "A morte é um fenômeno igual à vida; talvez os mortos vivam."
> "Nada mais parecido com um conservador que um liberal e vice-versa."

Aforismos, redundâncias e paradoxos abrem espaços para o exercício de outro recurso retórico, este de emprego mais raro em autores contemporâneos de Machado, embora seja encontradiço nas narrativas de estrutura complexa de todas as épocas, como em Rabelais e Cervantes. Refiro-me ao efeito de *estranhamento*, artifício retórico revalorizado pelos formalistas, que o tomaram como ponto de partida para o estudo da poética moderna. Se por meio dos aforismos ele se exercita na formalização das dualidades, por meio de estranhamentos se apropriará da "sabedoria" e da "verdade" da comunidade, modificando-a a seu modo. Inverte e subverte as regras do jogo, introduz uma ruptura no sistema lógico do esperado. Invertendo os conteúdos de sua frase, altera-lhe a semântica, colocando à mostra as possibilidades de sua sintaxe. Assim é que Machado diz:

> "A discórdia não é tão feia quanto se pinta" (quando o usual seria: a desgraça não é tão feia quanto se pinta).
> "A mulher é a desolação do homem" (quando o pensamento bíblico: a mulher é a consolação do homem).
> "Paga o que deves, vê o que *não* te fica" (onde a negativa "não" reforça a ideia do nada que resta, transformando a frase: paga o que deve, vê o que te fica).
> "A ocasião faz o furto: o ladrão já nasce feito" (transformando o provérbio: a ocasião faz o ladrão).

Consciente do processo de estranhamento, o narrador dedica todo o capítulo 75 ("Provérbio errado") a explicar o sentido do provérbio e a necessidade de sua alteração. Esse fato não pode ser mais largamente explorado, principalmente se lançarmos mão de outras obras do romancista. Refiro-me ao processo sistemático que desenvolve de adulterar frases feitas, o que já valeu de críticos as mais diversas censuras, mas todas ao nível da impressão de que Machado estaria incorrendo em "cochilos". Tal tipo de observação, conquanto possa ser procedente num caso ou noutro, revela antes de tudo um tipo de leitura, que não é a mais apropriada para um texto de Machado. Ler assim é insistir em não ler Machado, porque o que sua escrita muita vez deseja é apagar a escrita ideológica corroendo-a com jogos de estranhamentos.

Talvez mais pertinente fosse remeter esse tipo de procedimento estilístico para o sistema geral da obra, incorporando-a ao eixo interpretativo da estrutura romanesca em Machado. Mais vale destacar aí a subversão da ideologia da comunidade e não *referendum* às verdades cotidianas, numa atitude antitética desenvolvida pela narrativa de estrutura simples sempre empenhada em endossar a "sabedoria" do homem médio pelas frases feitas como "o crime não compensa", "Deus ajuda quem madruga", "quem tudo quer tudo perde" etc.

A oposição à verdade da comunidade é exercida no nível da linguagem na medida em que sua língua se diversifica da língua comum por meio de estranhamentos. Ao proceder assim, está se destacando da *langue* geral e introduzindo sua *parole*, descentrando-se das consuetúdines para centrar-se numa proposição que, por sua natureza, corre o perigo de ser recusada, mas que é a sua legítima expressão. Nesse sentido, a coerência machadiana comprova-se não somente no nível da frase e pelo enfoque estilístico, mas exibe-se na própria maneira como desenvolve seus temas: de maneira distinta dos trilhos cotidianos ao ponto de contestar os elementos básicos da sociedade, que são a verdade e a mentira, a sandice a razão. Tanto em Plácido (*Esaú e Jacó*) quanto em Simão Bacamarte (*O alienista*), como em *Quincas Borba* e *Brás Cubas* a temática da loucura conjugada com a razão se entreabre de modo complexo e insólito. Deixando de opor esses elementos como inconciliáveis, como quer o modelo ideológico, ele mostra a relatividade de um e outro, configurando a loucura da razão e as razões da loucura, sem optar maniqueisticamente por um dos elementos em torno da barra, pois sabe que ambos os termos da proporção estão contaminados por definições ideológicas das quais procura se afastar. O que faz, então, é estranhar os conceitos cotidianos, a ideologia vigente. E esse estranhamento não sendo esporádico, mas sistemático, acaba por se dar em todos os níveis da análise.

O estranhamento como forma vizinha do paradoxo parece reforçar uma figura mais genericamente apontada em Machado, que é a *ironia*. Quase todos os analistas de sua obra têm se referido ao humor e à ironia, e alguns até localizam aí o sarcasmo. Abordando o mesmo tópico, porém desvinculando o mais possível a ironia do texto do que seria a ironia na biografia e psicologia de Machado, veremos que essa figura se imbrica no sistema geral da obra, que ajuda a sustentar.

Tome-se a etimologia do termo ironia: dizer o contrário do que se pensa, ou seja, uma fala dupla e dúbia, mas que congemina os contrários. Ironia como fala do avesso. Fala que faz falar aquilo que está silenciado. Um falar dobrado, típico dos oráculos e em Machado também típico. A expressão irônica, a piada, a graça constituem um desvio da linearidade do significado. Um enriquecimento rítmico e uma pluralidade semântica. Freud e Bergson dedicaram páginas clássicas ao tema da ironia e do humor, e a estilística de Bousoño e a obra de Maria Helena Novais Paiva – *Constituições para uma estilística da ironia* – exemplificam o problema em textos literários. Bousoño dedica-se ao confronto entre poesia e piada. Interessa-lhe demonstrar de que maneira uma e outra são um desvio da normalidade. Embora seu ensaio perca em objetividade o que ganha em imaginação, é clara e didática a observação de que quando se produz o termo *A* associamos-lhe em decorrência o termo *a*. Mas se o autor, destruindo essa relação, substitui *a* por *b*, emparelha A-b, com um consequente desvio do esperado e ruptura do sistema.

É como elemento referenciador da ruptura do sistema lógico do esperado que funciona o efeito da ironia em Machado. Ironia que inclui o paradoxo e o próprio estranhamento. Maneira de deslocar ou pôr a nu a verdade da comunidade, diante da ótica do narrador. Desentranhando o absurdo que a normalidade de certas frases feitas contém, faz emergir o inesperado, o insólito, ao mesmo tempo que pratica uma ironia naturalmente crítica. Na ironia está a dualidade, por meio do confronto entre o que está implícito e explícito. O sentido verdadeiro oscila. Mas a ironia integra porque é aquilo que não é e ao mesmo tempo é. O modo curvo de enfrentar o real salva-a de comprometer-se com a "verdade", porque se ela não chega a ser a verdade por inteiro afasta-se também da mentira. É um artifício estilístico medial-mediador. Um circunlóquio ao gosto do Conselheiro Aires.

Por meio dos aforismos, paradoxos, estranhamentos e ironia chega-se enfim ao estudo não apenas da língua, mas às considerações sobre como tudo isso reverte para a constituição da *linguagem* em Machado. Essa linguagem que se desenvolve sobre os modelos da dualidade, alternância e integração só se realiza graças ao aspecto não apenas transformacional dos elementos, mas à sua dança lúdica, que faz com que o centro esteja sempre em movimento e os pares se complementem dialeticamente, transparecendo na enunciação o que disfarçam no enunciado.

O tópico linguagem em Machado, portanto, carece de ser aproximado ao problema da ludicidade. E é o próprio narrador que se incumbe da aproximação, tratando a narrativa como uma partida de xadrez, usando um léxico de imagens que fala de rei e dama, bispo e cavalo, torre e peão. O capítulo 13 é o melhor exemplo da associação escrita/jogo, uma vez que todo ele é uma suspensão da história, um exercício de metalinguagem, pois por meio dele o autor comenta qual seria a epígrafe mais conveniente ao livro:

A epígrafe

Ora, aí está justamente a epígrafe do livro se lhe quisesse pôr alguma, e não me ocorresse outra. Não é somente um meio de completar as pessoas de minha narração com as ideias que deixaram, mas ainda um par

> de lunetas para que o leitor do livro penetre o que foi menos claro ou totalmente escuro.
>
> Por outro lado, há proveito em irem as pessoas de minha história colaborando nela, ajudando o autor, por uma lei de solidariedade, espécie de troca de serviços, entre o enxadrista e os seus trabalhos.
>
> Se aceitas a comparação, distinguirás o rei e a dama, o bispo e o cavalo, sem que o cavalo possa fazer de torre, nem a torre de peão. Há ainda a diferença da cor, branca e preta, mas esta não tira o poder da marcha de cada peça, e afinal umas e outras podem ganhar a partida, e assim vai o mundo. Talvez conviesse pôr aqui, de quando em quando, como nas publicações do jogo, um diagrama das posições belas ou difíceis. Não havendo tabuleiro, é um grande auxílio este processo para acompanhar os lances, mas também pode ser que tenhas visão bastante para reproduzir na memória as situações diversas. Creio que sim. Fora com diagramas! Tudo irá como se realmente visses jogar a partida entre pessoa e pessoa, ou mais claramente, entre Deus e o Diabo (cap.13).

Dispostos os partidos (branco/preto, Deus/Diabo, pessoa e pessoa) o jogo avança sem que haja uma opção clara por um dos contendores (afinal um ou outro pode ganhar a partida, e assim vai o mundo). Dentro de seu jogo constante de "encobrir", habilmente vai o narrador separando (ao mesmo tempo que aproxima) a narrativa de um tabuleiro invisível terminando por dispensar os "diagramas" dos avanços e recuos das peças.

Mas é o próprio Machado que inclui o diagrama (veladamente) ao falar do jogo e ao dizer como moverá suas peças.

É o comentário do jogo que ele mantém a todo instante e muita vez de modo explícito como no capítulo transcrito. Em outros capítulos ele também se refere ao voltarete, ao gamão e outros jogos. Mas não é só nesse sentido que o jogo aqui nos interessa, mas o lúdico que secunda isso tudo, quando se põe como comentador da própria partida. Assim um capítulo envia a outro por meio de um processo de composição que se quer autoexplicativo, como se estivesse reescrevendo constantemente a história e retomando a narrativa num processo de canto e contracanto. Ao proceder assim está tomando à narrativa os seus próprios referentes, centrando-se em seus próprios esteios, no interior daquilo mesmo que narra. Esse processo deixa de ser mero *divertissement* ou curiosidade estilística quando veiculado ao sistema lúdico de composição. Só no capítulo 99, por duas vezes, remete o leitor a capítulos anteriores para reativar a partida e/ou história. Só reativar o enunciado? Não, tornar mais clara a linha da enunciação, convertendo o comentário da história em algo tão relevante ou mais que a própria história. Aí, efetivamente, já se pode dizer glosando Marshall McLuhan, o meio é a mensagem.

Entrevista a narrativa como a arte de jogar criticamente o próprio jogo da escrita, pode-se entender, de um modo diverso daqueles até hoje apontados, a maneira como Machado constrói seus personagens. É dizer: ver aquela pecha de que ele faz tipos desvinculados da vida política e social, autor que não criaria tipos *típicos*, como quereria a estética de Lukács: personagens vadios, homens aposentados, herdeiros inconscientes de heranças misteriosas, mulheres presas ao jogo social e doméstico. Muita vez se repetiu que os personagens machadianos não têm emprego nem muitas obrigações com o produto nacional bruto do país. Vivem na Europa, apresentam-se em reuniões infindáveis num comportamento puramente verbal ou verboso da vida. A vida passa e eles tão somente conversam seu despreocupado bate-papo filosofante.

Perseguindo essas observações para divergir, outros críticos procuram demonstrar o contrário: a sutileza da "participação" machadiana. O que ocorre tanto com os acusadores quanto com os defensores é que inconscientemente tornam-se eles mesmos atores dramatizando a mesma estrutura que Machado denunciava e que ilustrou por meio de personagens como Plácido: a querela entre os que achavam que os sentidos correspondiam às vogais e aqueles que viam a correspondência entre as vogais e os sentidos (cap.82). Não seria o caso de se procurar, digamos, machadianamente uma visão terceira que conjugasse os elementos de forma mais lúdica? Não é a sua narrativa um afastamento do ideológico por inversão? Não há aí a recusa do suporte histórico e mítico ou a sua utilização apenas aspectualmente? Não tem a obra de Machado referentes internos muito mais estruturantes do que os externos?

Parece que Machado quis sempre se colocar ludicamente além da barra que separa o sim e o não. Assim descentra-se da ideologia e cria um mundo que pouco deve à realidade cotidiana, e aparente. Não estranha, portanto, que como ancestral da linha que veio dar em Jorge Luis Borges tivesse certa preferência por apólogos e parábolas em que seus personagens não sejam protótipos ou típicos, parecendo muito mais alegorias ou elementos que articula sobre um imponderável tabuleiro. Tome-se não apenas *Quincas Borba*, onde a fábula se moderniza e torna-se mais complexa com as figuras do homem e do cão, mas sobretudo veja-se *O alienista*: impossível conferir os dados da crônica de Itaguaí com a aparência do cotidiano. Nessa mesma linha tome-se o surrealismo *avant la lettre* de *Brás Cubas*. Aqui o texto se converteu na matéria-prima, e a verossimilhança só pode ser pensada no interior da obra.

Se os referentes externos são relegados, onde se realiza, enfim, a partida a que se referia o narrador ao aproximar a narrativa do jogo do xadrez? O tabuleiro não existe, já havia afirmado o narrador. O jogo busca a sua própria liberdade. E não havendo tabuleiro, a narrativa se configura como o tempo em que escreve. Ela é o seu próprio tempo, é como "um tecido invisível em que se pode bordar tudo, uma flor, um pássaro, uma dama, um castelo, um túmulo. Também se pode bordar nada. Nada em cima do invisível é a mais sutil obra deste mundo e acaso do outro" (cap.22).

Compreendido o nada, portanto, não como um tema metafísico, não como a afirmação de uma filosofia, mas como a substância do lúdico, não estranha que Aires atinasse que "há estados de alma em que a matéria da narração é o nada, o gosto de a fazer e de a ouvir é que é tudo" (cap.51).

Centrar-se sobre o *nada* neste caso é descentrar-se do *tudo*, que são a ideologia e o mito, sempre fornecidos aprioristicamente às narrativas de estrutura simples, que, estas sim, por se colocarem especularmente diante de uma realidade externa, deixam de ser uma narrativa para serem um enganoso reflexo da criatividade.

O jogo que teve um começo chega ao fim. Terminada a partida, o diálogo entre o enxadrista e seu trebelhos, o que resta? Para o autor do jogo/narrativa o fascínio de uma nova partida e o crédito de um exemplar desempenho. Para o analista do jogo, o crítico, talvez o gosto de ter feito o transcurso da partida, ainda que com maestria menor, porque o romancista ainda consegue dizer: "fora com os diagramas", mas o analista já não pode prescindir deles. Tanto por não saber construir um jogo melhor sobre o jogo primeiro, quanto pelo receio de, sem tais artifícios, não saber comunicar aos que leem "como nas publicações do jogo, um diagrama das posições belas ou difíceis".

7
VIDAS SECAS

NÍVEL DOS PERSONAGENS

Divisão dos conjuntos

Comecemos pelo nível dos personagens, onde procuraremos desentranhar um modelo binário e um modelo permutacional no relacionamento dos elementos da obra. Isso posto, consideremos que *Vidas* secas[1] se compõe de dois conjuntos onde se agrupam seus personagens, aqui muita vez designados também como *elementos*. O conjunto 1 englobaria a família de Fabiano e o conjunto 2 seria composto pela sociedade e/ou mundo hostil ao vaqueiro e seus acompanhantes. O conjunto 1 (família de Fabiano) compreende "seis viventes contando o papagaio", como se indica no primeiro capítulo. Aí estão Fabiano (o pai), Vitória (a mãe), o menino mais velho e o menino mais novo (que aqui simbolizaremos por MMV e MMN), além da cachorra Baleia e do papagaio.

Genericamente definido como o grande mundo que se opõe a Fabiano e sua família, o conjunto 2 funciona como um organismo fechado que repele qualquer comércio com os elementos de conjunto 1. São *conjuntos disjuntos*. Entre esses dois grupos não há um sistema de trocas, senão um mecanismo de

---

1 Usamos para este estudo a sexta edição da Martins de *Vidas secas*, 1960.

opressão e bloqueio. É a partir dessa oposição básica, enfatizada redundantemente dentro da obra, e da análise interna dos elementos do primeiro grupo que tentaremos fixar os modelos básicos que nos podem levar à estrutura da obra.

Vejamos, primeiramente, o conjunto 1 para, por meio da análise de seus elementos, irmos não só conhecendo sua constituição, mas o modo como ele se opõe ao outro conjunto. Ao primeiro contato, esse conjunto se mostra desdobrável em dois subconjuntos, assim compreendidos:

subconjunto dos elementos humanos: Fabiano, Vitória, MMV, MMN.

subconjunto dos elementos infra-humanos: a cachorra Baleia e o papagaio.

Esses dois subconjuntos só podem ser entrevistos separadamente para efeito do raciocínio analítico, que procura decodificar aquilo que o autor codificou no trabalho de criação. Embora possam ser percebidos, os dois subconjuntos não se apresentam num movimento de oposição fechada como a constatada entre o conjunto 1 e o conjunto 2. Dentro do conjunto 1, ao contrário, os dois subconjuntos se articulam numa integração inversamente simétrica à oposição anterior. Entre os dois subgrupos; a fusão é a tônica dominante e a oposição, se existe, é apenas aparente e melhor serve e serviu para demonstrar uma das chaves mestras do raciocínio na composição da obra.

Com efeito, os dois subconjuntos têm dois polos de referência, que vêm a dar-lhes unidade. Os elementos humanos Fabiano/Vitória/MMV/MMN podem ser aglutinados em torno do paradigma Homem e os elementos do outro subgrupo, em torno do paradigma Animal. Graficamente assim teríamos isso representado, imaginando uma escala onde o grau máximo fosse + 1 (Homem) e o grau mínimo – 1 (Animal):

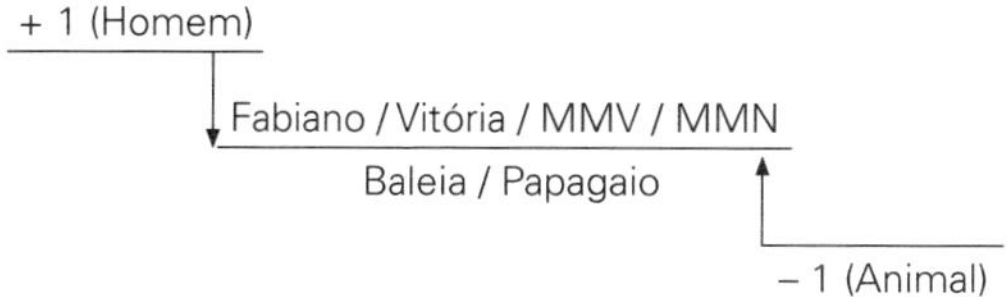

Funcionando como uma escala, esse esquema indicaria que os elementos humanos estão no grau mais baixo do nível Homem, enquanto os infra-humanos estão acima do nível Animal. Todo o discurso imediato do livro, destacado pelas críticas sociológicas e estilísticas, insistiria nesse aspecto que aproxima o humano dos animais e vice-versa, dentro de um processo de zoomorfização do humano e antropomorfização dos animais. Essa operação, no entanto, não se esgota com uma amostra de análise estilística dos elementos metafóricos (fusão do homem e do animal), mas esconde um processo metonímico de composição do livro, que nos levará à confecção de um modelo de permutabilidade que atravessa toda a obra.

O modelo binário inicial – Homem/Animal (zoomorfização e antropomorfização dos elementos do conjunto 1) – pode ser mais bem desenvolvido se, preservando sempre os paradigmas a que eles obedecem, traçarmos uma série de raciocínios verticais e horizontais sobre o conjunto visando a uma melhor apreensão de seu sistema de equilíbrio. Desprezemos, para facilitar a análise, os elementos redundantes MMV e MMN que nada adicionam ao subconjunto a não ser num estudo em que nos interessasse a redundância dos elementos. Aí teremos Fabiano/Vitória diante de Baleia/Papagaio, num esquema assim formulado:

O que esse esquema faz ressaltar é o aspecto essencialmente metafórico dos elementos dos subconjuntos por emio de um raciocínio verticalizante. Existe uma relação simétrica entre Fabiano/Baleia e Vitória/Papagaio insistentemente referida dentro da obra. A relação que os enfeixa pode mesmo ser compreendida por uma proporção onde:

Fabiano : Baleia : : Vitória : Papagaio

Isso pode ser conferido na prova real que é a estilística do texto em estudo. Testando o eixo metafórico com os recursos da estilística, assim se mostra o inter-relacionamento entre os elementos simétricos dos dois subconjuntos:

a) *Fabiano/Baleia* – No capítulo segundo, intitulado "Fabiano", o autor expõe enfaticamente uma das metáforas centrais do livro no diálogo-a-um de Fabiano com a cachorra Baleia. O pensamento de Fabiano passa aí por três etapas. Primeiramente, ele se considera positivamente dizendo: "– Fabiano, você é um *homem*". Depois se estuda com menos otimismo, e considerando mais realisticamente sua situação se corrige: "– Você é um *bicho*, Fabiano". Ou seja: um indivíduo que, não sendo exatamente um homem, pelo menos sabia se safar dos problemas. No entanto, poucas frases adiante, nova alteração se dá em suas considerações. E de *homem* que se aceitara apenas como um *bicho* esperto ele se coloca como um *animal*: "o corpo do vaqueiro derreava-se, as pernas faziam dois arcos, os braços moviam-se desengonçados. Parecia um *macaco*. Entristeceu" (p.21).

Decaindo do ponto mais elevado da escala, passando a indivíduo apenas esperto e depois a um semelhante do animal, Fabiano termina por ser aproximar de Baleia, a quem, em contraposição, em seu diálogo-a-um ele considera: "– Você é *bicho*, Baleia". Nessa frase estaria integrado o sentido duplo do termo "bicho", aplicado a Baleia: animal/esperteza, positivo/negativo.

Uma análise mais interessada nesses levantamentos estilísticos poderia perfilar dentro do livro todos os processos sistemáticos de zoomorfização dos animais, destacando, principalmente, os verbos e adjetivos conferidos a um e outro elemento numa mesma simbiose metafórica.

b) *Vitória/Papagaio* – É no capítulo intitulado "Sinhá Vitória" que o autor mais enfatiza a identidade entre os dois elementos. Vitória se entrega a contínuas elucubrações a propósito de uma frase de Fabiano que a comparava com o papagaio por causa de seus pés, de seu modo de andar e do sapato de verniz que ela se esforça por usar para ir à festa na cidade. ("Ressentido, Fabiano condenara os sapatos de verniz que ela usava nas festas, caros e inúteis. Calçada naquilo, trôpega, mexia-se como um *papagaio*, era ridícula" – p.47.)

A partir daí a imagem dos pés de Vitória vai se fundindo à imagem do papagaio, até que estilisticamente a superposição se destaca em frases como essas: "Olhou os pés novamente. Pobre do louro" (p.50). Aí o adjetivo "pobre" já não se refere exclusivamente ao papagaio que foi morto para matar a fome da família, mas descreve a própria sinhá Vitória, tão "infeliz" como aquele "pobre louro". No resto do capítulo, o autor usa de um processo de recorrência da imagem da ave, agora ampliando-lhe a área semântica, referindo-se à galinha, especialmente a "galinha pedrês" devorada pela raposa.

O estudo estilístico desse sistema de relações metafóricas, contudo, não se exaure aí. Feitas as aproximações dos elementos um a um (isto é, um humano e um infra-humano), façamos as oposições aos pares, dois a dois, destacando aproximações e diferenças essencialmente expressas naquela proporção que nos dava: Fabiano está para Baleia assim como Vitória está para o papagaio.

Fabiano e Baleia se opõem dentro da categoria masculino/feminino, e guardadas as diferenças naturais de um e outro na história, eles se aproximam por serem elementos dinâmicos dentro do espaço descrito. Fabiano e Baleia se movimentam no espaço exterior: Baleia por meio da caça aos preás e Fabiano ao trabalho de campo e domínio dos animais.

Por sua vez, sinhá Vitória e o papagaio, que talvez possam ser aproximados também genericamente (masculino/feminino), se aproximam evidentemente por terem uma "ponta de língua" a mais que Fabiano e Baleia, que apenas "rosnam" e "grunhem". Acresce que Vitória e o papagaio são os elementos estáticos da história. Estão sempre presos ao espaço da casa. Finalmente, esse jogo de oposições se completa diante da morte e da vida narradas no livro. Assim, a cardinalidade dessa relação pode ser conferida no fato de Fabiano ser aquele que matará Baleia a tiros de espingarda, assim como Vitória é a que liquida o papagaio para alimentar a família, confirmando sempre a proporção inicial – Fabiano : Baleia : : Vitória : Papagaio, onde sobreleva uma relação simétrica e binária.

Nível de aspirações e nível de degradação

Esse modelo binário pode ser ainda mais bem desenvolvido se melhor caracterizarmos os paradigmas iniciais e convertermos os polos Homem/Animal que nos serviram inicialmente em dois outros referentes a que chamaremos de *nível de aspirações* e *nível de degradação* dos personagens.

Ora, da mesma maneira que Baleia e o Papagaio são os elementos que servem como ponto de referência de Fabiano e Vitória no nível da degradação, no plano superior encontraremos dois outros elementos sintetizadores das aspirações dos personagens. Trata-se, no caso de Fabiano, da linguagem de seu Tomás da bolandeira, que sempre o encantou e que tipifica para ele o nível desejável de melhoria que o homem pode atingir. Recorrentemente o autor volta a esse tópico:

> Lembrou-se de seu Tomás da bolandeira (...). Em horas de maluqueira Fabiano desejava imitá-lo: dizia palavras difíceis, truncando tudo, e convencia-se de que melhorava. Tolice. Via-se perfeitamente que um sujeito como ele não tinha nascido para falar certo (p.25).

Por sua vez, sinhá Vitória sonha o tempo todo em possuir uma cama igual a de seu Tomás:

> Era melhor esquecer o nó e pensar numa cama igual a de seu Tomás da bolandeira. Seu Tomás tinha uma cama de verdade, feita pelo carpinteiro, um estrado de sucupira alisado a enxó, com as juntas abertas a formão, tudo embutido direito, e um couro cru em cima, bem esticado. Ali podia um cristão estirar os ossos (p.52).

Para um, portanto, a *linguagem* era o traço de superioridade em relação às demais pessoas da comunidade; para o outro, a passagem da cama de varas para a cama de sucupira e couro é o símbolo de um *status* econômico que significava segurança. Esquematicamente assim poderíamos representar este jogo de relações:

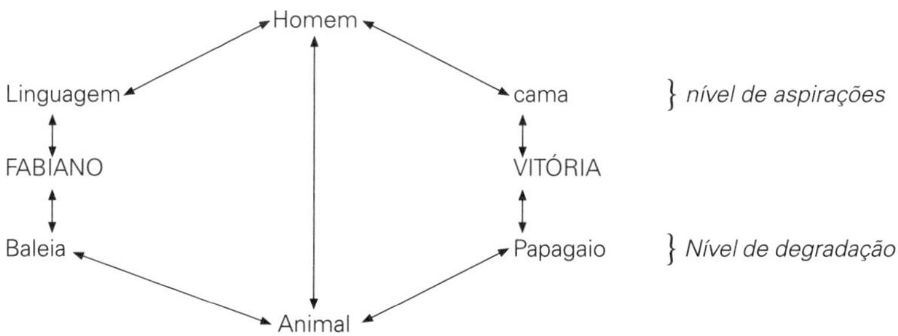

Modelo de permutabilidade

Estivemos até agora desenvolvendo o sistema binário de oposições, ora enfatizando Fabiano/Vitória, ora destacando os paradigmas Homem/Animal e suas variações. Contudo, é possível desentranhar um outro modelo – o de permutabilidade – sugerido pela maneira como se arranjam os elementos de cada subconjunto, especialmente aquele das figuras humanas. Estaremos assim iniciando o estudo do aspecto metonímico desses elementos, vistos agora não mais verticalmente, mas sobre o eixo das contiguidades horizontais.

Diferentemente do modelo binário, que procurava compreender os elementos por meio de um jogo de oposições metafóricas (Fabiano/Baleia e Vitória/Papagaio), no eixo metonímico procura-se demonstrar que os elementos se identificam de tal maneira que entre eles se estabelece um jogo perfeito de permutação, uma vez que possuem mais traços que os aproximam do que características que os oponham.

Fabiano/Vitória/MMV/MMN se apresentam identificados por uma horizontalidade resultante do achatamento de suas figuras dentro da própria história. Por sinal, essas imagens planas, recortadas do ambiente, mais se aproximam de simples figurantes do que de personagens dentro de um conceito mais etimológico do termo. A rigor, falta-lhes a dimensão da *persona*. Carecem de ambiguidade, não portam nenhuma máscara através da qual ressoem sua *anima*. A bem dizer, não possuem fala e/ou linguagem, e mais se comunicam por gestos, ruídos e palavras soltas, sem atingir a fluidez de um discurso que indique o fluxo da subjetividade. É bem verdade que sinhá Vitória é apresentada como tendo "uma ponta de língua" a mais que Fabiano, mas isso não chega a constituir um traço distintivo que lhe dê uma supremacia dentro do conjunto/família, onde todos os elementos são aplainados pela linguagem quase nula e pela impossibilidade de articular símbolos que ultrapassem um sistema primitivo de representações.

Esses personagens (ou figurantes) identificam-se dentro de um sistema de redundância. Não somente Fabiano é semelhante a Vitória, conforme demonstrações nos esquemas anteriores por meio dos níveis de degradação e aspirações, mas seus descendentes, os dois meninos, além de serem redundâncias dos próprios pais, parecem simétricos um ao outro. Identificam-se mais quantitativa do que qualitativamente. Sequer têm um nome próprio, ao contrário da cachorra Baleia. Como seus pais, seus níveis de aspirações e degradação giram sempre em torno dos mesmos objetos durante toda a história. Na verdade, o MMN repete o MMV, assemelhando-se ambos a Vitória e Fabiano. Assim, todos eles poderiam ser representados simbolicamente por A/B/C/D, considerando-se que A é semelhante a B, que é semelhante a C, que é semelhante a D.

Desse modo, observa-se que as escassas propriedades de um elemento se repetem nos subsequentes. Aliás, Fabiano já caracteriza seus acompanhantes a partir de seu próprio nome, uma vez que etimologicamente seu nome significa: "Indivíduo inofensivo; pobre diabo",[2] ao mesmo tempo que se apresenta como um passivo e "contemporizador", conforme a etimologia de seu nome,[3] incapaz de mudar o rumo dos acontecimentos, de afirmar-se como sujeito entre objetos.

---

2 Ferreira, et al. *Pequeno dicionário brasileiro da língua portuguesa*, 1957.

3 "*Fabiano*, s., De Quintus Fabius Maximus, chamado Cunctador (o Contemporizador) pelo fato de evitar combater diretamente Aníbal, na Segunda Guerra Púnica, 317 a.C.: daí o nome da English *Fabian* Society, fundada em 1884, de Socialistas, contrária à revolução pela violência." Machado, *Dicionário etimológico da língua portuguesa*, 1956.

O aspecto permutacional dos elementos A/B/C/D revela o lado metonímico da composição desses figurantes, que pode ser mais claramente fixado se fizermos um estudo da coordenada tempo dentro dessa obra. Semelhantes uns aos outros no tempo presente, mostram-se como redundâncias de personagens passados e sem muita possibilidade de variação futura. O texto da história enfatiza aqui e ali não só o fato de os meninos serem repetições dos pais, como o fato de os pais serem repetições monótonas de outros antepassados sobre a mesma pauta de miséria. Há mesmo uma sensação de *eterno retorno* fornecida pelo ciclo vicioso onde se inscrevem as vidas dos figurantes. Dois textos, entre outros, comprovam esse movimento circular. O primeiro ilustra o aspecto repetitivo da imagem de Fabiano em relação aos antepassados:

> A cabeça inclinada, o espinhaço curvo, agitava os braços para a direita e para a esquerda. Esses movimentos eram inúteis, mas o vaqueiro e o pai do vaqueiro, avô e outros antepassados haviam-se acostumado a percorrer veredas, afastando o mato com as mãos. E os filhos já começavam a reproduzir o gesto hereditário (p.19).

O texto seguinte exemplifica a redundância em direção ao futuro: "os meninos eram uns brutos, como o pai. Quando crescessem, guardariam as reses de um patrão invisível, seriam pisados, maltratados, machucados por um soldado amarelo" (p.42). Sem nenhuma variação significativa no passado e sem possibilidade de alteração num futuro, os personagens circulam num universo fechado onde os extremos se igualam. Deve ser dessa ausência de diferenciação qualitativa sobre a coordenada temporal que advém a falta de uma consciência do que seja o próprio tempo. Semelhantes aos seus antepassados e num universo de alternativas sem qualquer variância, o aspecto permutacional dos figurantes bem se exemplifica na dúvida de Fabiano, já no último capítulo: "falou no passado, confundiu-o com o futuro".

Para melhor percebermos a persistência dos modelos binários e permutacionais possíveis de serem articulados na análise estrutural de *Vidas secas*, desloquemos o foco de observação dos personagens para o ambiente que os cerca, tentando compreender a interação que se estabelece entre os elementos humanos e não humanos apresentados na história.

Chamaremos de elementos humanos os quatro figurantes Fabiano/Vitória/MMV/MMN, já simbolizados por A/B/C/D, e de elementos não humanos os animais, vegetais, objetos e paisagem referenciados aos personagens e aqui simbolizados respectivamente por a/b/c/d. Compreendidos esses elementos como dois subconjuntos, assim os teríamos esquematizados:

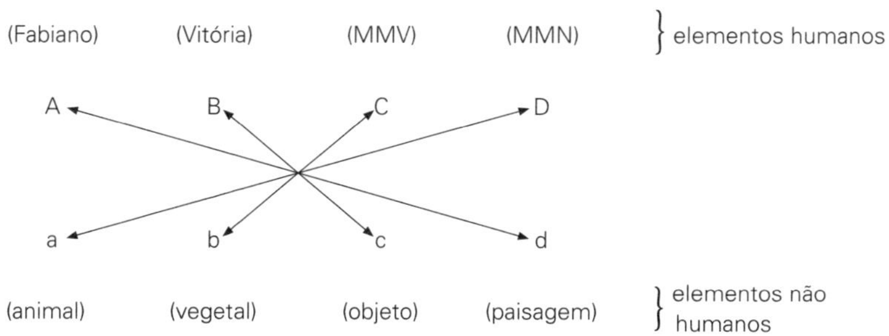

Esse esquema esconde, sob variações, os raciocínios horizontalizantes e verticalizantes anteriores, aqui nomeados eixos metafórico e metonímico da relação dos personagens. Existe uma permutabilidade entre os elementos A/B/C/D do subconjunto dos elementos humanos, pois, em vez de terem traços que os diferenciem, possuem muito mais semelhanças que possibilitam a troca de um pelo outro. Os elementos do conjunto não humano, por sua vez, postam-se metaforicamente em relação aos anteriores. Aqui teríamos ampliado o eixo metafórico, que anteriormente retinha somente as imagens dos animais. Na verdade, as metáforas são mais abrangentes e compreendem todo o meio ambiente onde circulam os figurantes. Mesmo aparecendo em menor escala, o vegetal, o objeto e a paisagem referenciam e definem metaforicamente os personagens. Isso equivale a dizer que não somente A é semelhante a B, que é semelhante a C, que é semelhante a D, mas que qualquer desses elementos, A, por exemplo, pode ser aproximado de qualquer dos elementos do outro subconjunto, seja a, b, c, d.

Em termos mais ilustrativos, isso equivale a dizer que Fabiano (A) tanto é comparado ao animal (a), como ao vegetal (b), como ao objeto (c) e à paisagem (d). E assim sucessivamente com Vitória (B), o MMV (C) e o MMN (D).

Sem pretender uma análise exaustiva (que caberia muito mais à estilística), mas limitando-nos somente aos exemplos necessários, vejamos cada um desses itens sumariamente.

A comparação *homem/animal* (já estudada anteriormente) é a mais comum no livro e pode ser comprovada pelo uso de verbos, adjetivos e até pelo artifício que o autor usa de conferir ações, pensamentos e características do homem ao animal e vice-versa. Essa comparação estabelece-se em todos os personagens, incluindo o MMN e seu relacionamento com Baleia, as cabras, o bode velho e os periquitos e o MMV sempre reproduzindo animais em forma de barro, figurando o único universo que conhecia.

O *homem* e o *vegetal* estão metaforicamente fundidos, por exemplo, no episódio em que Fabiano se considera "plantado em terra alheia" (p.21), comparando-se com "as catingueiras e as baraúnas" (p.21), até mesmo na figura do patrão seco, "espinhoso como pé de mandacaru" (p.27).

Objeto entre objetos é a bolandeira de seu Tomás, que melhor define Fabiano: "para bem dizer, não se diferençava muito da bolandeira de seu Tomás (...) E ele, Fabiano, era como a bolandeira. Não sabia por que, mas era" (p.13). Finalmente, a aproximação *homem/paisagem* surge sistematicamente quando o autor iguala o personagem à paisagem seca, dando-lhes as mesmas cores primárias com que descreve o ambiente. Assim o vermelho, o amarelo, o azul do sertão árido refletem-se no soldado amarelo que prende Fabiano, muita vez nomeado puramente de "o amarelo"; na "barriguinha vermelha de Baleia"; no seu Tomás que "passava, amarelo, sisudo", e na saia de "ramagens vermelhas" de sinhá Vitória. Sobretudo, a fusão homem/paisagem transparece na fisionomia de Fabiano, pintado com aquelas três cores: "uma labareda tremeu, elevou-se, tingiu-lhe o *rosto queimado, a barba ruiva, os olhos azuis*" (p.14).

Estaria aí esgotado o sistema de trocas de características dos elementos de um subconjunto por outro? E isso se demonstra tomando-se agora direção inversa, e observando-se que não somente elementos humanos são comparados aos não humanos, mas estes são comparados àqueles. O animal, o vegetal, o objeto e a paisagem, por sua vez, são humanizados demonstrando a reversibilidade do sistema permutacional e metafórico inscrito no livro. Com efeito, na narrativa encontram-se trechos em que se diz: "aí fervilhava uma *população de pedras vivas e plantas que procediam como gente*" (p.70); e o autor ainda se refere à enchente que ia "lambendo ribanceiras", ao "*despotismo* da água" e ao "trovão que *roncara perto*".

Para efeito de raciocínio, não importa em nossa análise que os exemplos dados não se refiram especificamente a Fabiano/Vitória/MMV/MMN, aqui representados por A/B/C/D, nem altera em nada o raciocínio se, em vez de quatro elementos, tomarmos seis ou sete e se ampliarmos as minúsculas, de quatro elementos para seis ou sete. O que importa ressaltar é que todos os personagens guardam similaridades entre si, todos têm um mínimo múltiplo comum em toda a narrativa e se deixam definir pelas mesmas *variáveis*, de tal modo que se estabelecem como elementos protótipos, e o que serve para configurar A, automaticamente serve para compreender D ou até E e F, se tão longe quiséssemos levar a análise.

Finalizando esta parte de estudo dos personagens, agora metaforicamente paralelizados com o meio ambiente, poderemos reduzir as constantes metafóricas e metonímicas dos elementos a termos ainda mais restritos. Isto é, para dizer que: já que A/B/C/D são semelhantes e podem ser permutados em virtude da identidade de suas características, eles podem ser representados como subconjunto por um símbolo, que seria X, ao passo que os elementos do outro subgrupo podem ser simbolizados por Y. Daí se concluem duas afirmações:

a) que os elementos de X são passíveis de serem permutados entre si, por causa da horizontalidade metonímica por que se pautam;

b) que qualquer dos elementos A/B/C/D podem ser unidos metaforicamente a a/b/c/d, porque eles são definidos e definem o próprio meio ambiente.

E é aí, justamente, que se dá o encontro do plano metafórico e do metonímico da permutação e da comparação, pois A está em relação metafórica de similaridade com a, b, c, d, depois de já ter sido permutado por B/C/D. Ora, se A é permutável por B/C/D e A é similar a a/b/c/d, equilibra-se a equação metonimicamente entre os próprios elementos humanos, e metaforicamente em relação aos elementos da natureza, o que nos daria de volta o modelo binário original, onde, agora, X seria semelhante de Y.

NÍVEL DA NARRAÇÃO

Localização dos motivos

Como já foi afirmado, a operacionalidade dos modelos se testa em diferentes níveis. Submetidos a vários enfoques no nível dos personagens, é necessário manipulá-los também no nível da narração.

A crítica de *Vidas secas* tem visto na conjuntura do texto três aspectos que nos parecem importantes e que carecem de ser inter-relacionados, sem o que ficarão sempre na conjuntura sem atingir a *estrutura* da obra. O primeiro deles é de que essa novela pode ser definida como uma "novela desmontável" – segundo observação de Rubem Braga, bastante repetida por todos os críticos. Desenvolvendo esse tópico, Antonio Candido diz que "a sua estrutura de pequenos quadros justapostos lembra certos trípticos medievais, em que a vida de um bem-aventurado ou dos fastos de herói se organizam em unidade bastante livre".[4] A seguir chama *Vidas secas* de *tríptico* ou *rosácea*, uma vez que o fim do livro, mais que indicar um fim, sugere um começo como foi o próprio começo da história, calcada na fórmula do *eterno retorno*.

Além disso, tem a crítica também assinalado que a história de *Vidas secas* é a *a-histórica*, definindo-se mais por um

4 Candido, *Ficção e confissão*, p.40 (ensaio que abre a 6ª edição de *Caetés*).

tipo de acronia, uma vez que não se situa em nenhum tempo específico. Finalmente, a terceira observação da crítica tem sido a de que, nessa composição, a história propriamente dita é secundária: falta aí a trama tradicional com todos os mecanismos de clímax e anticlímax, já indicada na própria ausência de *personas* que atuem como sujeitos criadores de uma atmosfera mais dramaticamente definida.

Caberia então perguntar: Não seria uma a continuação e explicação da outra? Não são três aspectos de uma mesma problemática? Não seriam a fonte para uma recolocação dos problemas não apenas conjunturais, mas estruturais da obra?

Estamos, sem dúvida, diante de uma obra singular onde os personagens não passam de figurantes, onde a história é secundária e onde o próprio arranjo dos capítulos do livro obedece a um critério aleatório. O que teria isso a ver com os modelos de permutabilidade anteriormente acionados quando tratamos especificamente dos personagens? Parece que a relação é óbvia. Vejamos, no entanto, para melhor encaminhamento do raciocínio, um documento do próprio autor de *Vidas secas*, e que parece ser um argumento a mais em torno dos modelos binários e de permutabilidade que desenvolvemos nesta análise.

Trata-se de um depoimento, praticamente ignorado pela crítica, que, não obstante ser um dado contextual, pode nos levar melhor à análise do texto em questão. Referimo-nos a uma carta de Graciliano para José Condé, quando este possuía na revista *O Cruzeiro* a seção "Arquivos implacáveis!":

> Terrível Condé:
>
> Atendo à sua indiscrição. No começo de 1937 utilizei num conto a lembrança de um cachorro sacrificado na Maniçoba, interior de Pernambuco, há muitos anos. Transformei o velho Pedro Ferro, meu avô, no vaqueiro

Fabiano; minha avó tomou a figura de sinhá Vitória, meus tios pequenos, machos e fêmeas, reduziram-se a dois meninos.

Publicada a história, não comprei o jornal e fiquei dois dias em casa, esperando que os meus amigos esquecessem "Baleia". O conto me parecia infame e surpreendeu-me falarem nele. A princípio julguei que as referências fossem esculhambação, mas acabei aceitando como razoáveis o bicho, o matuto, a mulher, os garotos. Habituei-me tanto a eles que resolvi aproveitá-los de novo. Escrevi "Sinhá Vitória". Depois apareceu "Cadeia". Aí me veio a ideia de juntar as cinco personagens numa novela miúda – um casal, duas crianças e uma cachorra, todos brutos.

Otávio de Faria me dissera, em artigo enorme, que o sertão, esgotado, já não dava romance. E eu havia pensado – Santo Deus! Como se pode estabelecer limitação para essas coisas.

Fiz o livrinho, sem paisagens, sem diálogos. E sem amor. Nisso, pelo menos ele deve ter alguma originalidade. Ausência de tabaréus bem falantes, queimadas, cheias, poentes vermelhos, namoros de caboclos. A minha gente, quase muda, vive numa casa velha da fazenda; as personagens adultas, preocupadas com o estômago, não têm tempo de abraçar-se. Até a cachorra é uma criatura decente, porque na vizinhança não existem galãs caninos.

A narrativa foi composta sem ordem. Comecei pelo nono capítulo. Depois chegaram o quarto, o terceiro etc. Aqui ficam as datas em que foram arrumados: Mudança – 16 de julho de 1937; Fabiano – 22 de agosto;

Cadeia – 21 de junho; Sinhá Vitória – 18 de junho; O Menino Mais Novo – 26 de junho; O Menino Mais Velho – 8 de junho; Inverno – 14 de julho; Festa – 22 de julho; Baleia – 4 de maio; Contas – 29 de julho; O Soldado Amarelo – 6 de setembro; O Mundo Coberto de Penas – 27 de agosto; Fuga – 6 de outubro.

Dou essas minúcias porque me dirijo a um homem curioso, que guarda convites para enterros e cartas de cobrança.

Adeus Condé. Um abraço
Graciliano Ramos, Rio – junho 1944

O depoimento de Graciliano ilustra as observações críticas que veem nessa "novela miúda" os personagens "brutos" ou as antipersonas que compõem uma história construída acronicamente e que pode ser montada e desmontada em vários sentidos, por causa de seu caráter permutacional interno.

"Livrinho" como o chama seu autor, "sem paisagem, sem amor, sem diálogos" e com personagens diluídos como coisas no ambiente, *Vidas secas* tem sua força e originalidade num outro componente que nossa análise pode desentranhar: na utilização de uma série de *motivos recorrentes*, que dada a sua redundância e a maneira como são distribuídos chegam a constituir um verdadeiro substituto da ação e da trama do livro. Tais motivos escondem o significado que o discurso não oferece abertamente. Se apresentam como desdobramento de um texto onde os mesmos desenhos se repetem isometricamente com as mesmas cores sobre o tecido narrativo. A invariância desses motivos é, em parte, responsável pelo caráter acrônico do texto portador de uma *dramaticidade fria*. Aqui, os sujeitos articulam-se mais como objetos, e o que seria o fio narrativo é antes um bordado que pesponta a importância dos motivos recorrentes – pontos estáticos entre os figurantes semiparalisados.

Significativamente, a *recorrência* é um processo usual na estilística de Graciliano Ramos e assume formas específicas conforme a obra em análise. No plano da frase e da palavra está no processo neurótico de associação de ideias de Luís da Silva (*Angústia*); no plano dos personagens se afirma pela utilização de um ou mais deles, repetidamente numa e noutra obra (*Infância/Angústia*), sendo que até mesmo alguns episódios são contados e recontados com pequenas variâncias numa obra e noutra (*Infância/Vidas secas*). Esse processo de redundância ultrapassa a simples oposição memorialismo/romance, para se inscrever nos mais variados processos estilísticos tanto nos textos de "ficção" quanto naqueles de "confissão".[5]

Em *Vidas secas* selecionamos 15 motivos recorrentes como os mais significativos e frequentes. De maneira geral, atravessam toda a obra e surgem ora isolados, ora fundidos uns nos outros. São eles:

1. a paisagem seca
2. os urubus procurando mortos
3. a zoomorfização e antropomorfização das criaturas
4. pessoas figuradas como coisas
5. o problema da linguagem e expressão dos figurantes
6. o silêncio na natureza e nos personagens
7. o papagaio
8. os pensamentos fragmentados dos personagens
9. os preás

5 O título dado por Antonio Candido sintetiza bem as características centrais da obra de Graciliano Ramos, que de resto são uma problemática da obra de todo grande autor.

10. Seu Tomás da bolandeira
11. o vestido de ramagens vermelhas de Vitória
12. o patrão/proprietário opressor
13. a cama de varas de sinhá Vitória
14. as cobras mortas no terreiro
15. o soldado amarelo

O número de motivos, como já frisamos, é variável de acordo com a ocular e interesse do crítico. Poderíamos adicionar a essa lista alguns outros a que chamaríamos *motivos-personagens*. Então teríamos:

16. Fabiano
17. Vitória
18. o menino mais velho
19. o menino mais novo
20. Baleia

Sem dúvida, eles poderiam pertencem à lista anterior, pois têm unidade interna como motivos e em seu relacionamento com os demais. O próprio autor dá a cada um deles todo um capítulo, o que significaria: a mesma história recontada de outra perspectiva, ainda que não de todo diferente. Apenas procuramos isolar esses *motivos-personagens*, porque sendo motivos, são também personagens, e é na mente figurada deles que os demais motivos vão se aglutinando e se permutando na montagem da história.

Para termos uma ideia da frequência desses motivos no tecido narrativo, vejamos o gráfico quantitativo da página seguinte, onde anotamos na vertical o número dos capítulos e na horizontal, o número e nome dos motivos.

Nas colunas registramos quantas vezes o motivo aparece em cada capítulo, mesmo conscientes da dificuldade de se delimitar, às vezes, quando um motivo começa a ser descrito, quando é interrompido e quando recomeça.[6]

Análise dos motivos

No quadro levantado nos interessa destacar que:

1. os motivos são em número limitado e podem ser determinados de acordo com a acuidade do crítico, repetindo-se alternadamente durante o livro;
2. alguns motivos são mais frequentes que outros: por exemplo, o "zoo e antropoformismo" aparecem em todos os capítulos, enquanto a "linguagem" só deixa de aparecer no nono;
3. o primeiro capítulo é aquele em que há o maior acúmulo de motivos, cerca de onze, o que significa quase três quartos dos motivos já presentes no texto introdutório do livro, mostrando o alto índice informacional desse capítulo primeiro. Desses onze motivos, dentro do próprio primeiro capítulo, alguns vêm já repetidos, como é o caso da "paisagem seca", dos "urubus", da "linguagem", o que, de resto, reafirma a tendência para a redundância na obra de Graciliano Ramos;

---

6 Na verdade, torna-se extremamente complexo computar quantas vezes os motivos recorrentes aparecem no texto. Optamos por assinalar certas unidades sintagmáticas continuadas. Toda vez que a descrição do motivo era interrompida por qualquer razão, parei a contagem para recomeçar somente quando surge em outro período. Isso, no entanto, é quase que secundário. Interessa muito mais saber se os motivos estão presentes em todos os capítulos, já que os capítulos são as unidades que tomamos para a contagem. Se eles aí aparecem três ou quatro vezes e se a contagem não é infalível é fato secundário. Poderia substituir o número de vezes registrado nas colunas apenas por um sinal que indicasse a presença do motivo no capítulo e já teria reunido os elementos para demonstrar nosso raciocínio. De resto, como contar o aparecimento dos tais motivos recorrentes em capítulos como "O soldado amarelo" e "Baleia", onde todo o texto é descritivo do próprio motivo?

	Cap. 1	Cap. 2	Cap. 3	Cap. 4	Cap. 5	Cap. 6	Cap. 7	Cap. 8	Cap. 9	Cap. 10	Cap. 11	Cap. 12	Cap. 13
Soldado amarelo M15			1				1	3			1	2	
cobras mortas M14		1			1				1				
cama de S. V. M13		1		4			1	3					
patrão M12		2							1			2	
vestido de S. V. M11	1		1					1					
seu Tomás M10	2	5	3	6			1	1					1
preás M9	4		1				1		3			1	
fragmentação M8	1		1	1			1						
papagaio M7	1		1	6		3							
silêncio M6	1	1											
linguagem M5	3	2	4	1	1	3	2	3		2	1	3	6
gente-coisa M4	2	1											
zoo e antropomorfismo M3	4	4	5	1	3	3	2	3	1	2	4	1	3
urubus M2	3				2						1	2	2
paisagem seca M1	3	1					1					1	2

4. os motivos surgem mesclados, às vezes, dentro de um mesmo núcleo, de tal modo que o motivo "zoomórfico" pode fundir-se ao motivo "urubus": então teremos Fabiano comparado aos urubus; "Seu Tomás da bolandeira" é, por sua vez, referenciado constantemente ao problema da "linguagem", à "cama de Vitória" e à própria "paisagem amarela". De igual modo, o motivo do "soldado amarelo" pode associar-se ao do "patrão invisível", como se observa no fim do capítulo terceiro. A esse processo chamaremos *associação dos motivos.*

Feitas estas observações, cumpre necessariamente assinalar que a rotação dos 15 motivos recorrentes esconde um relacionamento com os modelos binário e permutacional, dando continuação à mesma estrutura interna do livro.

Sendo esse livro acrônico e de *dramaticidade fria*, a articulação dos motivos tem uma função inusitada na composição da obra. É do estudo de sua articulação que poderemos dilatar e complementar, no plano da narrativa, a análise feita no nível dos personagens.

Com efeito, não é acidental que o motivo 3 (M3) e o motivo 5 (M5), respectivamente a "zoo e antropomorfização" e a "linguagem" sejam os mais frequentes em toda a obra. Na verdade, eles são apenas ilustrações daquele binômio inicial Homem/Animal sintetizador do modelo dual da obra.

Esse modelo binário é facilmente extraído ao se verificar o processo de associação acumulativa dos motivos. Inter-relacionados e muita vez funcionando no mesmo número, eles acabam se dividindo em motivos primários e secundários, girando os segundos em torno dos primeiros. Aqueles dois motivos, portanto, tornam-se o centro de gravidade do sistema de motivos não apenas em virtude sua elevada frequência no texto, mas por causa de sua natureza sintetizadora dos demais.

Seria ocioso demonstrar que há uma relação entre o modelo binário inicial Homem/Animal e M3 e M5. Sem dúvida, a "linguagem" está para o eixo Homem assim como o "zoo e antropomorfismo" estão para o eixo Animal. Pela narrativa se exemplifica que o homem aí está convertido em paisagem (M1), em coisa (M4), em animal (M3). Aí está o homem silencioso (M6), tão pobre de linguagem (M5) como um papagaio (M7), com ideias fragmentadas (M8) sobre a realidade que o conforma; aí está o homem oprimido pelo patrão invisível (M12), machucado pelo soldado amarelo (M15), porque como um papagaio inútil (M7) e uma cachorra que sabe apenas rosnar, ele não consegue se livrar das situações por meio de um discurso lógico e convincentemente estruturado. Sob as mais variadas formas prevalece o dualismo do modelo originário. Os mesmos paradigmas, Homem/Animal se opondo tática e estrategicamente, e polarizando a rotação dos 15 motivos recorrentes.

Existe, também, um aspecto permutacional que deve ser delineado pela análise. Isso melhor se depreende se contrapusermos aqueles 15 motivos recorrentes àqueles 5 motivos-personagens. Significativamente, os motivos não se relacionam exclusivamente com um ou outro personagem. Ou melhor, motivos e personagens não se caracterizam por uma relação recíproca que exclua outras combinações. Muito ao contrário, um motivo pode estar ligado tanto ao personagem A, quanto aos personagens B, C ou D. Há um amplo movimento permutacional entre personagens e motivos. De tal modo que se pode dizer: assim como os personagens podem ser permutados espacial e temporalmente, entre si, eles podem ser permutados em relação aos motivos, e vice-versa.

Exemplifica-se isso com todos os personagens. Fabiano pode estar relacionado à "paisagem seca" (M1), aos "urubus" (M2), à "linguagem" (M5) e aos demais. De igual modo, o M5 (linguagem) pode estar relacionado tanto a Fabiano (A), quanto a Vitória (B) ou a qualquer dos meninos. Poder-se-ia até fazer um quadro para uma análise exaustiva do caráter permutacional dos motivos recorrentes diante dos figurantes. Teríamos assim o M10 (seu Tomás), relacionado tanto com Fabiano (A); quanto Vitória (B) e o MMV (C); o M7 (papagaio) relacionado com A (Fabiano), B (Vitória) e C (MMN), e assim por diante, sempre mostrando que a ordem dos motivos em relação aos personagens não altera a estrutura da obra.

Confirma-se, por meio desses movimentos combinatórios não só a importância dos motivos recorrentes que, estruturalmente, funcionam como substitutos da ação dramática, mas o fato de que dada a sua descaracterização, os personagens, diante dos motivos, se comportam efetivamente como figurantes.

A rigor, em relação aos motivos, os personagens têm sempre a mesma função. E vice-versa. Daí a possível troca de A por B, C ou D diante dos 15 motivos recorrentes. Com isso se reafirmaria a falta de individualidade dos indivíduos, mostrando que eles retêm antes características universais do que particulares, o que, de resto, ressalta a existência do modelo permutacional que traz subjacentemente o modelo binário Homem/Animal.

Haveria, portanto, de acordo com nossa análise, mais do que a continuidade desses modelos testados nos níveis dos personagens e da narrativa, uma evidente complementação de sentido entre uma estrutura superficial e uma estrutura profunda da obra. Aquilo que a crítica impressionista chamaria de "novela desmontável" e que encontra suporte no próprio depoimento de Graciliano, que confessara o caráter aleatório dos capítulos do livro, é comprovado pela análise estrutural do texto, quando se lhe extraem os modelos binários e permutacionais que atravessam os vários níveis de composição da obra, mostrando que a um discurso superficial corresponde um sentido formal interno que reuniria num só composto estrutural o que vulgarmente sempre se chamou de forma e conteúdo.

NÍVEL DA LÍNGUA(GEM)

Subjetividade e intersubjetividade

O esquema inicial que tinha como polos o Homem e o Animal pode agora ser retomado para introduzir o estudo da linguagem. A análise do conjunto 1, onde se comparavam Fabiano/Baleia e Vitória/Papagaio, evidencia que o zoo e o antropomorfismo se possibilitavam dentro da história pela ausência da linguagem/consciência definidora do homem em oposição ao animal.

Era justamente a incapacidade de Fabiano e Vitória de se articularem como sujeitos que os reduzia a meros objetos, horizontalizando-os com a própria natureza. A impotência existencial dos figurantes corresponde a uma importância verbal diante da realidade. Comunicando-se por meio de gestos, ruídos guturais animalescos, incapacitados de organizar o mundo num sistema de representações e ideias, eles se postam como coisas que podem ser permutadas tanto no tempo como no espaço. Portadores de uma subjetividade carente e quase nula, obviamente, os figurantes dessa história acrônica fracassariam no desenvolvimento da *intersubjetividade*, como tentaremos demonstrar retomando o raciocínio que se baseia sobre as simetrias e dissemelhanças entre o conjunto 1 e o conjunto 2.

Os modelos binário e permutacional estão ligados à problemática da subjetividade e da intersubjetividade. Nesta parte do estudo, contudo, em vez de nos atermos somente aos elementos do conjunto 1, estabeleceremos um confronto deste com o conjunto 2, para demonstrar que a permutabilidade interna dos elementos polarizados em torno do binômio Homem/Animal tem no nível da linguagem uma característica inversamente simétrica.

Isso, em outros termos, quer dizer: enquanto dentro do conjunto 1 há um movimento de solidariedade de todos os seus elementos, fazendo com que eles se identifiquem no tempo e no espaço, em relação ao conjunto 2 tal solidariedade é quebrada. A coesão que se nota internamente dentro do conjunto 1 não se repete na relação dos dois conjuntos. Não há sequer trânsito entre os elementos de um conjunto e outro. Há um bloqueio, um sistema de subordinação, nunca de coordenação. O segundo sobrepesa ao primeiro. Não há comércio entre eles. O que há é fraude e opressão. Fabiano – protótipo dos elementos de seu conjunto – não dialoga com os componentes do outro grupo. É repelido, senão agredido. Suas tentativas de comunicação são um fracasso. Exemplifica-se isso fartamente: sua cachaça e seu querosene estão aguadas, porque entre ele, comprador, e o vendedor há a fraude. O fiscal do governo descobre o vaqueiro numa das ruas da cidade quando este tentava vender carne seca, e impede-lhe o negócio com uma taxa pesada. Resta-lhe sempre a cadeia, o isolamento dentro da festa, pois que o universo e as palavras, e/ou o universo das palavras está sempre passando além dele e de sua família.

Enquanto restrito ao seu conjunto, os poucos ruídos guturais que sabe manejar bastam a Fabiano e aos seus, mas para o comércio com o conjunto 2, a moeda é um pouco mais complexa. Aqui a linguagem é instrumento imprescindível, e é aí que Fabiano e os seus falham, o que, de resto, reforça sempre o seu retorno ao conjunto 1, onde a comunicação se dá no nível primário.

Com efeito, existe uma relação dialética entre subjetividade e intersubjetividade. Nenhuma delas pode se desenvolver isoladamente. Uma e outra se possibilitam e se fazem existir justamente por um movimento de interação. E a subjetividade da qual tratamos aqui, tal como discorreu E. Benveniste em sua obra *Problemas de linguística geral*:

é a capacidade do locutor para se propor como "sujeito". Define-se não pelo sentimento que cada um experimenta de ser ele mesmo (esse sentimento, na medida em que podemos considerá-lo, não é mais que um reflexo) mas como a unidade psíquica que transcende a totalidade das experiências vividas que reúne, e que assegura a permanência da consciência. Ora, essa "subjetividade", quer a apresentemos em fenomenologia ou em psicologia, como quisermos, não é mais que a emergência no ser de uma propriedade fundamental da linguagem. É "ego" que *diz ego*. Encontramos aí o fundamento da "subjetividade" que se determina pelo *status* linguístico da "pessoa".[7]

Uma vez, portanto, que os elementos A/B/C/D não se postam como *personas* (motivo por que podem ser permutados espacial e temporalmente dentro da acronia da história) e se acham incapacitados de desenvolverem sua subjetividade, encontram-se também alijados do comércio da intersubjetividade. Assim, o particular e o universal se explicam e se complementam. E mais ainda: a solidariedade entre o Homem e o Animal dentro do conjunto 1 se explica pela não solidariedade dos elementos de um conjunto em relação ao outro. Assim como a falta de linguagem torna inviável tal contato, também o fracasso de todos os contatos torna inviável o desenvolvimento da linguagem por meio do diálogo.

Mas como desenvolver um diálogo entre o *eu* e o *tu*, se o que caracteriza A/B/C/D é impessoalidade e/ou *impersonalidade* já referenciada pela própria maneira como o autor compôs a obra: na terceira pessoa do singular, ou como ele próprio o diz:

---

7 Benveniste, *Problemas de linguística geral I*, p.286.

"sem diálogos" e "ausência de tabaréus bem falantes"? O que há nesse livro é o diálogo-a-um e/ou o monólogo-a-dois. E esses figurantes não sobem nunca à *persona* porque o *eu* em vez de *tu* encontra uma figura opaca e uma resposta muda. Não há progresso no plano individual nem no plano social, porque não há reflexo do sujeito. E na carência do espelho que reflita a imagem emitida, o figurante vai encontrar seus semelhantes nos parceiros vegetais e animais que compõem a natureza.

Mas de que maneira específica se pode demonstrar dentro do texto a relação entre a estrutura aleatória do livro já revelada na análise anterior e o problema expressional dos personagens? De que maneira o modo precário de os figurantes encadearem seus pensamentos pode servir para ilustrar a permanência dos modelos aqui desenvolvidos?

Na verdade, existe uma homologia entre o modo como se montam os capítulos, o rodízio aleatório dos motivos recorrentes e a própria maneira de os figurantes encaminharem seus pensamentos ou suas percepções. A bem dizer, o pensamento dos personagens é "desmontável" como a própria estrutura superficial da obra. Eles operam por meio de um processo típico de colagem. Para eles, o mundo também está desmontado, as partes se aglutinam sem um sentido de prioridade. Subordinadas e subordinantes estão numa mesma horizontal chã.

Sinhá Vitória, por exemplo, "pensava em acontecimentos antigos que não se relacionavam: festas de casamento, vaquejadas, novenas, tudo numa confusão" (p.9). Jogado na cela, tentando arrumar os pensamentos, Fabiano não consegue ordená-los com continuidade. Suas ideias são frases desmontadas, desarticuladas, em constante permutação, faltando-lhes uma coerência mínima de causalidade. Daí aquelas construções quebradiças: "Comprei os mantimentos. Botei o gibão e os alforjes na bodega de seu Inácio. Encontrei um soldado amarelo" (p.33).

Faltam nessas construções os elementos conjuntivos e a própria ideia de causa e efeito. As frases, como suas ideias, são lacunas. Brancas. Espaços.

Figurante de uma história acrônica, enredado em motivos recorrentes que pontilham a *dramaticidade fria* do texto, objeto carreado entre objetos, sem a "linguagem/consciência" articuladora do tempo e espaço, Fabiano é bem o que se poderia chamar de *personagem lexema*. Não se flexiona. Não há qualquer *derivação* em seu estado primitivo nem *composição* com o mundo exterior. Tanto no plano ontogenético quanto filogenético ele se acha miseravelmente situado. Não evolui. Não soma. Não articula. Não há intersubjetividade senão um bloqueio entre os dois conjuntos. Metaforicamente se poderia dizer que ele é um *morfema zero*, pois se caracteriza pela ausência de segmento fônico. De resto, esse sentido está na própria etimologia de seu nome: "reles", "pobre diabo".

Aqui se desdobra, então, a dialética essencial dessa obra: ela é a obra de linguagem sobre a não linguagem, onde o autor é o inverso simétrico de seus personagens. Sendo uma obra sobre a miséria da não linguagem, *Vidas secas* edifica-se como obra de linguagem totalizante que abrange dialeticamente seus contrários. Com efeito, só a linguagem conscientemente articulada pode refletir a imagem da não linguagem, e nesse caso o fracasso do personagem é inversamente proporcional ao êxito de seu autor.

Integram-se, enfim, o discurso superficial e o discurso profundo da obra. O plano formal desenvolvido pelos eixos metafórico e metonímico explica e sustenta o plano conteudístico. A fusão do Homem e do Animal no nível metafórico, e a permutação de um figurante por outro metonimicamente só se possibilita totalmente numa história onde o sujeito acha-se o mais próximo possível de zero na escala de valores que tomamos. Sob este ponto de vista, tanto a obra quanto a sua análise aqui se apresentam como uma denúncia. Mas nunca no plano do puramente sociológico e político, que esses tópicos são fáceis de serem desenvolvidos paralelamente à obra dependendo da maior ou menor inclinação ideológica do analista.

Os modelos binário e permutacional funcionaram para extrair algo um pouco mais complexo do que aquilo que se oferece na superfície do discurso. Era preciso ir um pouco mais além das áreas onde transcorrem a Psicologia e a Sociologia e onde se enreda a estilística para surpreender a solidariedade interna dos elementos de *Vidas secas* e/ou o seu feixe de relações. De resto, acompanhar o que o autor diz aparentemente, sobre ser o trivial, é cômodo, mas comprovar a lógica de seu raciocínio no cerne do próprio texto é o desafio constante da análise estrutural, para quem "o primeiro discurso que uma obra faz, o faz através da forma como é feita".[8]

8 Eco, *Obra aberta*, 2005.

8
Laços de família e Legião estrangeira*

> Então escrever é o modo de quem tem a palavra como isca: a palavra pescando o que não é palavra. Quando essa palavra morde a isca, alguma coisa se escreveu. Uma vez que se pescou a entrelinha, podia-se com alívio jogar a palavra fora. Mas aí cessa a analogia: a não palavra, ao morder a isca, incorporou-a. O que salva então é ler "distraidamente".
>
> Clarice Lispector

INTRODUÇÃO

Leituras já existentes de Clarice

Considerando leitura não como simples correr de olhos por cima de letras, mas como sinônimo de crítica, abordagem e interpretação, assinalemos algumas leituras da obra de Clarice realizadas pela crítica, como maneira de introduzir a análise dos contos reunidos em *Laços de família* (1961) e *Legião estrangeira* (1964).

---

* O ensaio "A paixão Segundo G.H.: o ritual epifânico do texto", que publiquei posteriormente, amplia a compreensão de minha análise de Clarice (in *Que fazer de Ezra Pound*. Rio de Janeiro: Imago, 2003).

O primeiro artigo relevante é de Antonio Candido em 1943.[1] Seu estudo é um ato de compreensão da jovem narradora, mostrando o espanto diante da novidade de seu estilo. Evitando a crítica de influências, coloca-a na linhagem de Mário e Oswald de Andrade, no sentido de que seu compromisso é com a linguagem e não com a realidade empírica. Preocupa-se mais em marcar as diferenças de sua linguagem do que em estabelecer crítica a sua *perfomance* criadora.

O segundo crítico foi Álvaro Lins. Seus artigos publicados logo após a publicação de *Perto do coração selvagem* (1944) e *O lustre* (1946) são exemplos do tipo de crítica praticada na década de 1940. Capaz de sentir o inusitado de certos textos (Guimarães Rosa, Clarice Lispector, João Cabral) reagia com os instrumentos convencionais e impressionistas de aferição crítica. Começa atuando por contiguidade, colocando Clarice ao lado de Joyce e Virginia Woolf, tentando assim qualificar a estranheza de seu texto. Girando em torno da obra sem descer à análise da composição usa categorias como "romance feminino", "romance lírico", exigindo da história uma "imagem da vida" dentro de um dissimulado critério de verossimilhança entre a "realidade" e o texto. Ressalta as virtualidades estilísticas da autora, sua "exuberância verbal", a "inflação de adjetivos na frente e nas costas dos substantivos", "a audaciosa combinação de vocábulos", o "jogo imprevisto entre certas palavras", mas insiste que o romance parece inacabado ou mutilado. Diz o que outros também anotariam: "Faltam-lhe, como romance, tanto criação de um ambiente mais definido e estruturado quanto a existência de personagens como seres vivos. Em *Perto do coração selvagem*, só um personagem, Joana, tem uma existência real".[2]

1 Candido, *Vários escritos*, 1970.

2 Lins, *Os mortos de sobrecasaca*, p.191.

Com instrumentos mais precisos, a crítica de 20 anos depois retomaria os textos de Clarice. Roberto Schwarz começa por valorizar na autora a presença do "momento" em detrimento do "histórico", mostrando que aí o tempo inexiste como possibilidade de evolução. Reconhecendo os efeitos sacados pela autora, seu "anseio de escrever um livro *estrelado*", percebe claramente nos textos de Clarice aquilo que hoje se poderia chamar de narrativa de estrutura complexa. Seguindo uma linha de interpretação que não ignora as vinculações (conscientes ou não) da produção romanesca de Clarice com uma "psicologia associacionista", destacando a função dos monólogos interiores e a visão "behaviorista" que as outras personagens têm de Joana, ele conclui sua análise introduzindo uma crítica já presente em Álvaro Lins: "nalguns pontos, a visão interior usada para mostrar Joana é usada também para mostrar outras personagens, que se tornam então irremediavelmente semelhantes à figura principal".[3]

Identificando Clarice como autora de "romance introspectivo", Costa Lima realiza a análise de *Perto do coração selvagem, O lustre, A cidade sitiada, A maçã no escuro* e *Laços de família*. Reconta a matéria desses livros e faz uma leitura que procura a interioridade de cada texto. No interior de cada obra disputa com a autora os critérios de verossimilhança que ela usa para estruturar a narração e os personagens. É uma análise interessada em ser uma crítica, uma vez que discute a pertinência ou não de sua composição. Essa crítica professa um conceito de realidade bem diverso do da autora. O crítico se dá o direito de discutir juízos teóricos e visão ideológica da realidade com a autora:

> A falha do romance de Clarice Lispector resulta de que ela não consegue assentar a sua palavra magnificamen-

---

3 Schwarz, *A sereia e o desconfiado*, 1965 p.41.

> te bem traçada nesta raiz do concreto, e em seu lugar desenvolve a percepção imediata em divagações intelectualizantes, que não conseguem romper os limites da subjetividade, nem tampouco se elevar à situação filosófica.[4]

Finalmente partindo de modelos extraídos da série filosófica, a análise de Benedito Nunes assinala

> o desenvolvimento de certos temas importantes da ficção de Clarice Lispector (que) insere-se no contexto da filosofia da existência, formado por aquelas doutrinas que, muito embora diferindo nas suas conclusões, partem da mesma intuição kierkegaardiana do caráter pré-reflexivo, individual e dramático da "existência humana", tratando de problemas como "*a angústia, o nada, o fracasso, a linguagem, a comunicação das consciências*, alguns dos quais a filosofia tradicional ignorou ou deixou em segundo plano.[5]

Nossa leitura prende-se, de certa forma, ao que se chama de crítica universitária e pretende ser um exercício de análise estrutural. Nos afastaremos da "leitura culta" e de "bom gosto" de Álvaro Lins em seu neo-humanismo; não tomaremos o rumo da crítica do desempenho e da competência da autora como Costa Lima e, em certo sentido, Roberto Schwarz; não nos aplicaremos numa leitura segundo modelos filosóficos de interpretação como Benedito Nunes.

---

4 Lima, Clarice Lispector. In: *A literatura no Brasil*, v.V, p.461.

5 Nunes, *O dorso do tigre*, p.93.

PROPOSIÇÃO

Partindo de um fato contingente,[6] escolhemos para a análise os contos de *Laços de família* e *Legião estrangeira*. O ideal seria a análise de todos os textos de Clarice, incluindo romances e crônicas, para se desentranhar com mais segurança os modelos de interpretação. Ao estudo dos contos, no entanto, pode resultar no conhecimento das variantes, que talvez nos levem à compreensão de como Clarice articula suas outras histórias. Acresce que trabalhar com esses contos ajuda-nos a desenvolver um tipo de análise já praticada com *Vidas secas*, de Graciliano Ramos, enquanto texto híbrido de contos-romance.

Basicamente esta leitura de Clarice desenvolverá os seguintes pontos:

a) Demonstrar que num nível sintagmático as histórias de Clarice se constroem dentro de uma linha geral que as aproximam das narrativas de estrutura simples. Destaque-se o convencional do foco narrativo, dos cortes espaço-temporais e a permanência de 3 ou 4 funções em praticamente todas as 26 histórias, exceção, talvez, para "O ovo e a galinha" e "A quinta história".

b) Uma leitura paradigmática, que procure os referentes internos dessa narração, mostrará que ela se afasta do mito e da ideologia, e desenvolve uma série de motivos recorrentes, que podem ser quantificados. Esses motivos informam a organização sistêmica da obra e devem ser analisados tanto em sua especificidade como nas relações que estabelecem entre si.

c) Os personagens dos contos podem ser reagenciados em conjuntos e depois perfilados na busca de elementos

---

6 Este estudo foi preparado para o "Seminário Nacional de Literatura", Curitiba, dezembro de 1972, onde diversos conferencistas apresentaram trabalhos sobre o conto no Brasil.

invariantes que sustentam todas as histórias. Assim, se observa que apresentam um relacionamento dialético sempre entre dois elementos A e B ou Eu e o Outro, que localizados paradigmaticamente descrevem um sistema de transformações que inclui a passagem pelas funções comuns à grande maioria dos contos.

d) As análises paradigmática e sintagmática, e a localização dos elementos A e B ou Eu e o Outro, em confronto, levam-nos a perceber que a narração em Clarice converge para a tematização da linguagem como um fenômeno de epifania. O estudo do texto e do contexto (depoimentos da autora) confirma em Clarice a linguagem como concreção da epifania.

DESENVOLVIMENTO

Narração

O texto de Clarice e a série social – Consideremos inicialmente como o texto de Clarice se sistematiza em relação à série social. É óbvio, mesmo numa primeira leitura, que seu universo simbólico só acidentalmente está voltado para a "realidade" tal como ela é codificada e definida pela comunidade. Seu texto desinteressa-se dos referentes externos. A geografia e a história, se referidas, o são acidentalmente. Sua literatura não é *realista*, mas *simbólica*, na medida em que o texto é instaurador de seus próprios referentes e não se interessa em refletir o mundo exterior de um trabalho mimético.

Nesse sentido, seus contos são opacos. Não transparecem a realidade real; trabalham sobre uma realidade simbólica. Seus referentes são específicos. Ao texto especular, realista e simples, Clarice prefere o texto expressionista, simbólico e complexo. O fato de seus contos serem localizados especialmente nos mais diversos bairros cariocas e de ela mencionar certos locais públicos não a transformam em autora interessada na produção mimética. A localização espaço-temporal aí é totalmente aspectual sem jamais subir à estrutura dos contos.

Fugindo (ou incapaz) de associar-se aos códigos já estabelecidos, a narradora já assinalara: "escrever é tantas vezes lembrar-se do que nunca existiu".[7] E instada a manifestar-se sobre a chamada literatura realista e de participação diz não saber como se aproximar de um modo "literário" da "coisa social".

> Desde que me conheço, o fato social teve em mim importância maior do que qualquer outro: em Recife, os mocambos foram a primeira verdade para mim. Muito antes de sentir "arte", senti a beleza profunda da luta. Mas é que tenho um modo simplório de me aproximar do fato social: eu queria era "fazer" alguma coisa, como se escrever não fosse fazer. O que não consigo é usar escrever para isso, por mais que a incapacidade me doa e me humilhe.[8]

A seguir, neste trecho, define sua escritura como um gesto de "procura" – tema que desenvolveremos mais adiante.

O texto de Clarice e a série literária – Uma vez considerada sua assimetria em relação à série social, resta ver seu relacionamento dentro da série literária. Os críticos e historiadores são unânimes em marcar a singularidade do estilo de Clarice, mesmo que tentem relacioná-la com outros ficcionistas chamados de "intimistas" ou "psicológicos" surgidos em nossa literatura na década de 1940. A "*performance*" de Clarice, para usar termo de Anto-

7 Lispector, *A legião estrangeira*, 1964 p.143.
8 Id., ibid., p.149.

nio Candido, é insólita, e ela é tão "diferente" como suas personagens. Daí que, estilisticamente, sua obra possa ser concebida como um "estranhamento" dentro do quadro de nossa ficção.

No entanto, é curioso assinalar que ela não se identifica na práxis com as correntes de vanguarda dentro da literatura. Não sendo nem vanguardista nem vanguardeira dentro do consenso ideológico-literário, ela não se exaspera ludicamente articulando soluções ansiosamente novas para um texto concebido como invenção contínua. A explicação que se tem tentado dar a sua obra por meio de um processo de contiguidade, isto é, aproximando-a de Joyce, Faulkner e Virginia Woolf, não parece levar a uma maior compreensão de seu texto. Evidentemente que Joyce também tematiza (principalmente em *Um retrato do artista quando jovem*) a problemática da epifania.[9] Joyce recebe o termo de Tomás de Aquino, significando epifania a associação de três estados: *integritas, consonantia* e *claritas*. Irene Hendry lembra que o estado de epifania identifica-se liricamente, havendo uma fusão do Eu e do Mundo. Diz ainda que a epifania não é peculiar só a Joyce, que virtualmente todo escritor experimenta a revelação, mas a obra de Joyce caracteriza-se por ser "a tissue of epiphanies, great and small" [um tecido de epifanias, grandes e pequenas]. Quem no Brasil poderia melhor ser aproximado dela é Guimarães Rosa, também receptáculo de epifanias, como confessa nos quatro prefácios de *Tutameia*.[10] No entanto, diferindo

---

9 Ver, além desse romance de Joyce, os seguintes: Hendry, Joyce's epiphanies [Epifanias de Joyce]. In: Jolas et al, *James Joyce two decades of criticism* [James Joyce, duas décadas de crítica], 1963. Ver também: Mason & Ellman, *James Joyce the critical writings* [Os textos críticos de James Joyce], 1959.

10 Esse tema pode ser desenvolvido em Guimarães Rosa principalmente em torno dos prefácios de *Tutameia* e de sua entrevista "Literatura deve ser vida", concedida a Günter Lorenz e publicada no catálogo *Exposição do novo livro alemão*, de 1971.

de Clarice, apesar do amplo espaço que cede ao tema do mistério e do inexplicável, executa um trabalho *de* linguagem *na* linguagem, levando a pesquisa vocabular e estilística a extremos pouco vistos dentro e fora de nossa literatura, enquanto Clarice, como veremos mais adiante, insiste na "naturalidade" de sua escritura.

Da mesma maneira que não basta uma leitura de Clarice que procure nela os sinais do "romance intimista" ou que queira aproximá-la das obras de vanguarda, também uma leitura interessada em fazer conferir seus textos com os princípios de uma crítica ideológica, *sub specie* filosófica, corre o perigo de reduzi-la a meia dúzia de preceitos, convertendo sua obra numa narrativa simples. Evidentemente sua obra não é uma metáfora existencialista, conquanto seja uma metáfora existencial. Conferir seus ingredientes com o receituário da série social ou da série filosófica é dar relevância aos modelos conscientes em detrimento dos modelos inconscientes de composição que, parece, são os vigentes em sua obra.

Para um maior reforço do que estamos dizendo e esclarecimentos de seu processo criador é necessário voltar sempre aos textos onde ela explicita pelo depoimento o que implicitamente já disse nas histórias. Referimo-nos principalmente aos textos reunidos em "Fundo de gaveta", parte final de *Legião estrangeira*. Aí se confirma sua fidelidade a uma voz inconsciente e aí está professada sua arte de escrever vinculada a certos processos mágicos de apreensão do mundo. O que se diz repetidamente e de maneiras várias é que escrever é uma "submissão ao processo". Exemplificando:

> o processo de escrever é todo feito de erros – a maioria essenciais – de coragem e preguiça, desespero e esperança, de *vegetativa atenção*, de *sentimento constante*

(*não pensamento*) que não conduz a nada, não conduz a nada, e de repente aquilo que se pensou que era "nada" era o próprio assustador contato com a *tessitura de viver* e esse *instante de reconhecimento*, esse *mergulhar anônimo na tessitura anônima*, esse *instante de reconhecimento* (igual a uma *revelação*) precisa ser *recebido* com a maior *inocência*, com a *inocência* de que se é feito. O processo de escrever é difícil? mas é como chamar de difícil o modo extremamente caprichoso e *natural como uma flor é feita* (p.178).

A epifania – Transcrevendo esse depoimento da autora e nos referindo aos modelos inconscientes de elaboração da narrativa estamos já tratando do ponto central deste trabalho que é: a escritura como epifania. E para uma maior clareza do termo vamos a sua definição.

Epifania (*epiphaneia*) pode ser compreendida num sentido místico-religioso e num sentido literário.[11] No sentido

---

11 E-piph-a-ny [E-pi-fa-ni-a] (1) a. Cristian festival observed on January 6 commemorating the manifestation of Christ to the gentiles in persons of the Magi. [Festa cristã que ocorre em 6 de janeiro para comemorar a manifestação de Cristo aos gentios representados pelos Reis Magos.] 2). (1.c.) an appearence or manifestation, esp. of a deity. [uma aparição ou manifestação, especialmente de uma deidade.] 3 (1.c.) Literature. a: a sudden, intuitive perception of or insight into the reality or essential meaning of something, usually initiated by some simple, homely or commonplace occurence or experience. [Literatura. Uma percepção repentina, intuitiva, ou *insight* da realidade ou significado essencial de alguma coisa geralmente iniciada por alguma experiência ou ocorrência simples, doméstica, comum.] 3. a literary work or section of a work presenting usually, symbolically, such a moment of revelation and insight. [uma obra literária ou parte de uma obra que apresenta geralmente, de forma simbólica, um tal momento de revelação e insight.] *The Random House Dictionary S. V.*

místico-religioso, epifania é o aparecimento de uma divindade e uma manifestação espiritual – e é nesse sentido que a palavra surge, descrevendo a aparição de Cristo aos gentios. Aplicado à literatura, o termo significa o relato de uma experiência que a princípio se mostra simples e rotineira, mas que acaba por mostrar toda a força de uma inusitada revelação. É a percepção de uma realidade atordoante quando os objetos mais simples, os gestos mais banais e as situações mais cotidianas comportam iluminação súbita na consciência dos figurantes, e a grandiosidade do êxtase pouco tem a ver com o elemento prosaico em que se inscreve o personagem.

Ainda mais especificamente em literatura, epifania é uma obra ou parte de uma obra onde se narra o episódio da revelação. É nessa acepção que empregamos o termo epifania ao poema de Carlos Drummond de Andrade – "A máquina do mundo"[12] – que não é só um poema, mas uma parte de um livro, composto de dois poemas ("A máquina do mundo" e "Relógio do Rosário"), que relatam uma experiência aparentemente rotineira, que é o poeta andando por uma estrada de Minas num crepúsculo até que se lhe depara a estranha máquina ofertando-lhe todo o conhecimento da verdade e a solução dos enigmas.

Em Clarice o sentido de epifania se perfaz em todos os níveis: a revelação é o que autenticamente se narra em seus contos e romances. Revelação a partir de experiências rotineiras: uma visita ao zoológico, a visão de um cego na rua, a relação de dois namorados ou a visão de uma barata dentro da casa. Nos romances, isso se conta com mais força e largueza, como a longa trajetória de Martin em *A maçã no escuro*, em seu processo de "descortinar" o mundo em patamares e ir adquirindo a linguagem por meio dos sentidos, do pensamento, das palavras orais e

---

12 Sant'Anna, *Drummond:* o *gauche* no tempo, 1972.

escritas. A linguagem, inclusive, como uma luta contra a razão, linguagem antilógica, longe dos logos de Aristóteles e perto dos logos de Heráclito.

Seria matéria para trabalho mais amplo e detalhado levantar a problemática da epifania na prática e na teoria do romance em Clarice. Como síntese, no entanto, não podemos deixar de referir ao texto "A explicação inútil", que se refere à técnica que usou na composição de seus contos em *Laços de família*. Contando a gênesis de um por um, notamos as palavras-chave de todo o depoimento, expressões como: "transe", "impressão", "descobri", "novelo", "falta de dificuldade", "hipnotizadas", "nascia já feita", "o conto ali me foi dado", além de observações como "e houve tudo o mais que não sei", "ainda não entendo, o professor de matemática".

Considerada a narrativa de Clarice uma epifania, localiza-se melhor a problemática da escrita enquanto um *rito* que se cumpre como forma de "submissão ao processo". Na parte final deste trabalho retomaremos as relações da escrita epifânica e do rito. Por ora, basta assinalar que, enquanto rito, essa narrativa epifânica se repete a si mesma, repetindo seus mesmos lugares, com a quase rigidez do rito sempre velho e novo, como a girar uma série de símbolos em torno de um mesmo eixo, enfatizando sua insuperável circularidade.

Leitura sintagmática e paradigmática – Procederemos a dois tipos de leitura desses contos. Num sentido horizontal e sintagmático tentaremos ler quais as *funções* principais que se estabelecem nesses 26 contos de LF e LE. Num sentido vertical e paradigmático tentaremos isolar uma série de motivos que mostram uma articulação velada das histórias. O sentido da análise decorrerá da inter-relação crítica desses dois níveis de leitura.

a) *Leitura sintagmática.* Essa leitura opera no âmbito das identidades e semelhanças segundo a linearidade da composição dos contos de Clarice. Com exceção de três deles aos quais nos referiremos adiante, os 23 outros preservam as seguintes identidades:

- *Narrador na 1ª e 3ª pessoas do singular*. O foco narrativo não traz nenhuma inovação ou ruptura violenta em relação aos métodos tradicionais de narrar. Em LF, exceção apenas de "O jantar", todos os demais contos são narrados na 3ª pessoa do singular. No entanto, mesmo esse conto, por se tratar de anotações de uma personagem-narrador, assume tom idêntico da narração na 3ª pessoa do singular desde que o personagem-narrador elege "o outro" como objeto de sua narração. Já em LE, 7 dos 13 contos vêm na 1ª pessoa do singular. Acresce a essa técnica convencional o uso do estilo indireto livre e ligeiros diálogos dentro de um clima de naturalidade.
- *Ausência de cortes espaço-temporais* violentos que tornem a narrativa um jogo audacioso à cata de efeitos expressivos. Os contos transcorrem por lugares conhecidos, privilegiando os mais diversos bairros cariocas numa marcação cronológica de dias e noites, sábados e domingos, ida e vindas dos personagens sem maiores sobressaltos.
- *Permanência de três ou quatro funções básicas em todos os contos*, revelando uma armadura parecida àquelas etapas dispostas por J. Greimas para o mito: a "prova qualificante" – onde aparecem os índices do conflito e a preparação dos figurantes para desempenho; a "prova principal" – em que o personagem é testado no clímax da história; e a "prova glorificante" – que aporta o desfecho com a solução da história.

Essas anotações seguem uma óptica crítica que busca situar as semelhanças entre os diversos contos. Elas realmente existem quando se isolam narrativas tecnicamente mais insólitas como "O ovo e a galinha" e "A quinta história". As demais seguem as observações anteriores.[13] Daí se poder chegar à seguinte formalização das unidades sintagmáticas por meio de um quadro das funções básicas:

1. Colocação do personagem numa determinada situação.
2. Preparação de um evento ou incidente discretamente pressentido.
3. Ocorrência do incidente ou evento.
4. Desfecho em que se mostra ou se considera a situação do personagem após o evento ou incidente.

Tome-se um exemplo aleatoriamente – o conto "*Amor*" (LF-2).

1. *Colocação do personagem em determinada situação:* Ana sobe no bonde com um volume de compras, e enquanto o bonde corre, ela devaneia sobre sua vida.

2. *Preparação de um evento ou incidente discretamente pressentido:* ela vê um cego no ponto de bonde e se põe, absorta, a contemplá-lo, até que o bonde parte subitamente, assustando-a e derramando suas compras. A narradora indicia: "o mal estava feito"; a personagem percebe um certo desequilíbrio entre ela e o mundo, vê coisas que não via antes, e a palavra "crise" explica o novo estado da criatura.

3. *Ocorrência do incidente ou evento:* atordoada com a imagem do cego, ela entra no Jardim Botânico onde, em contato com animais e coisas, descobre um mundo antes imperceptível. Ocorre-lhe a "náusea". Repensa, enquanto vê o mundo, a cegueira do cego. Dá-se a epifania, e sua consciência se abre para outra realidade.

---

13 Dizemos três ou quatro funções porque às vezes a "prova qualificante" é expressa juntamente na formalização do "contrato" ou daquilo que chamamos: colocação do personagem numa determinada situação. Quer dizer: às vezes os itens 1 e 2 de nosso esquema vêm fundidos.

4. *Desfecho em que se mostra ou se considera a situação do personagem após o evento ou incidente:* terminada a experiência iniciada por meio de um gesto rotineiro, retorna a casa e a visão do cego e do jardim vai se diluindo: "acabara-se a *vertigem* da bondade. E, se atravessara o *amor* e o seu *inferno*, penteava-se agora diante do espelho, por um instante *sem nenhum mundo* no coração. Antes de *se deitar*, como se *apagasse uma vela*, soprou a pequena *flama do dia*".

Como dissemos, essas funções permanecem praticamente em todos os contos. Insistir em sua aplicação como esquema da análise nos levaria ao exercício das identidades, fazendo-nos esquecer as possíveis diferenças existentes entre os contos. Mas as exceções não podem ser esquecidas, não só porque valorizam a regra, mas porque dão um sentido maior ao conjunto da produção da contista. É nesse sentido que merecem citação à parte: "O ovo e a galinha", "A quinta história" e "A repartição dos pães". A rigor, "O ovo e a galinha" e "A repartição dos pães" situam-se numa fronteira intermediária entre o que se convencionou chamar conto e crônica, e "A quinta história" é um evidente trabalho sobre as variantes de uma mesma história. Esses textos não querem ser contos ou não se esforçam para tal. Mostram a criatividade solta e descompromissada da autora. Em "O ovo e a galinha", por exemplo, aquilo que Greimas chamara de "actantes" atinge o máximo da abstração, pois o que há é uma enovelada peroração sobre a função que une dois elementos (A e B) sob o nome de ovo/galinha. Esses textos, dada a sua singularidade, mereceriam análise à parte.[14]

---

14 Seria interessante em trabalho de outra natureza publicar alguns estudos de alunos-professores do mestrado da Literatura Brasileira da PUC, Rio de Janeiro. No segundo semestre de 1972, vários trabalhos fo-

b) *Leitura paradigmática.* Trata-se de ler num sentido verticalizante uma série de elementos simbólicos que a autora inscreve recorrentemente em suas histórias e que poderiam ser considerados em duas perspectivas: na primeira, marcando-se a semelhança e a diferença de seu emprego em relação a outros escritores, e na segunda, mostrando como eles se articulam sistemicamente e ganham seu sentido no modo como se arranjam no interior de sua narrativa.

Efetivamente, o levantamento dos motivos recorrentes selecionando os dez mais usados são, em nosso entender, os mais significativos para o estudo da narrativa de Clarice como linguagem e epifania. É uma técnica de análise que utilizamos também em *Vidas secas*, de Graciliano Ramos. No entanto, a diferença entre os dois prosadores é que Graciliano trabalha muito mais no nível do consciente, ao passo que Clarice desenvolve uma escritura centrada no inconsciente. Isso acarreta uma maior ordenação dos motivos por parte de Graciliano. Mesmo assim, esses motivos fluem e refluem recorrentemente, fornecendo material para uma análise da camada simbólica dessa narrativa.

Os dez motivos recorrentes mais usados e significativos para a compreensão dos problemas da escritura enquanto epifania em Clarice são:

1. espelho
2. olhos
3. bichos
4. linguagem
5. família
6. objeto
7. jogo/rito
8. pai
9. eu x outro
10. epifania

---

ram feitos sobre os contos de Clarice, destacando-se o da professora Marília Rothier Cardoso – "Contribuições para uma análise da narrativa de estrutura complexa", onde analisa "A quinta história" e "Evolução de uma miopia".

Os outros motivos certamente existem e podem (e devem) ser localizados por outros analistas. Por exemplo: *o silêncio e a fala, o mistério e o inexplicável, o menino sábio* (este um motivo já apontado por Curtius), *a maçã, a montanha, amor e ódio, perda e ganho.* Alguns desses serão referidos no correr desta análise, outros, conquanto localizáveis, perdem-se por causa do caráter assistemático como surgem.

Num quadro da frequência dos motivos, assinalando a presença deles em cada um dos 26 contos de LF e LE, teríamos:

	1. espelho	2. olhos	3. animal	4. linguagem	5. família	6. eu x outro	7. objeto	8. epifania	10. pai	9. jogo/rito
LAÇOS DE FAMÍLIA										
1	X	X	X		X	X	X			
2	X	X	X		X	X	X	X	X	X
3			X		X	X	X			
4	X	X	X		X	X	X			
5			X		X	X	X			
6	X		X		X	X	X			
7	X	X	X							
8	X	X	X		X	X	X	X	X	X
9		X			X	X	X	X		
10	X				X	X	X			X
11			X					X		X
12		X	X			X	X		X	
13		X	X			X	X	X	X	X
T	7	8	11		9	11	11	6	6	6

	1. espelho	2. olhos	3. animal	4. linguagem	5. família	6. eu x outro	7. objeto	8. epifania	10. pai	9. jogo/rito
LEGIÃO ESTRANGEIRA										
1	X	X	X	X		X		X	X	X
2			X			X		X	X	X
3		X	X	X		X	X	X	X	X
4			X		X	X				
5		X	X			X		X		X
6			X			X				
7			X		X	X				
8			X			X	X			
9					X	X	X	X	X	
10			X	X		X				
11						X				
12				X	X	X				X
13			X		X	X		X		
T	1	3	10	4	5	13	3	6	4	5
TG	8	11	21	4	14	24	14	12	10	11

Um estudo detalhado desses motivos deve ultrapassar essa quantificação exposta no quadro. Aí se fixa a presença ou não do motivo, mas não há como indicar a força com que é empregado em cada conto. Essa anotação quantitativa é apenas introdutória à interpretação qualitativa dos contos. Por aí se percebe a rede dos motivos e sua frequência, mas o sentido e a força devem ser estabelecidos numa análise alongada.

Como introdução apenas a esse tipo de análise daremos algumas características mínimas de cada motivo. Cada um mereceria desdobramento pormenorizado. Dada a natureza deste trabalho, no entanto, nos limitamos a essas indicações introdutórias.

1. *Espelho*. Não é usado simbolizando a passagem do tempo nem marcando simplesmente os reflexos narcisistas da personalidade como poderia indicar uma estilística inspirada em Bachelard. Apesar de certa frequência, principalmente em LF, o espelho é um objeto que ganha mais sentido quando correlacionado com outros tópicos por meio de um sistema da contiguidade: os olhos, os animais, eu x outro.

2. *Olhos*. Motivo articulador de pelo menos 11 dos 26 contos, abre-se por um campo semântico definido recorrentemente por termos como: cegueira, óculos, estrabismo, miopia. É um cego que desencadeia a epifania em Ana (LF-2). O cego/cegueira volta nos contos LE-1, LE-3, LE-9 como personagem e metáfora. O conto "O búfalo" (LF-13) é todo montado no relacionamento da mulher com os animais através dos olhos. Os olhos aí vazam amor e ódio. Em "Evolução de uma miopia" (LE-9) o motivo se distende para ilustrar o conflito entre o racional/irracional ou a inteligência apenas exercida através de lentes. O personagem cresce para assumir sua cegueira, para a partir daí ver alguma coisa no mundo: "foi como se a miopia passasse e ele visse claramente o mundo".

3. *Bichos*. São a denominação genérica para toda sorte de insetos, aves e animais que infestam sua simbologia. A barata – mais amplamente usada em *Paixão segundo G. H.* –, a galinha sacrificada, o pinto assassinado, o cão imaginário, o elefante, borboleta, lagosta, escorpiões, besouros, gato, rato, cavalo, enfim toda uma fauna mágica que às vezes ocupa um grande espaço da narrativa como na descrição do zoológico em LF-13. "Parece-me que sinto os bichos uma das coisas ainda mais próxi-

mas de Deus, material que não inventou a si mesmo, coisa ainda quente do próprio nascimento". A identidade entre homem e animal, como variante do dualismo eu x outro, aparece implícita e explicitamente em praticamente todos os seus trabalhos, e até mesmo naqueles onde ela não se refere diretamente aos bichos. Pois sobre "A menor mulher do mundo" (LF-9), ela diz: "creio que também este conto vem de meu amor por bichos".

4. *Linguagem*. A linguagem é referida implícita e explicitamente. Implicitamente vai se vincular à problemática da epifania e surge como decorrência da "procura" e do "encontro" do Eu e do Mundo. Em contos como "Mensagem" (LF-3) realiza um trabalho *de* linguagem *na* linguagem isolando certas palavras com aspas e grifo. Em torno desses termos se monta a narrativa. O envolvimento do personagem com a linguagem expressa um ritual presente em seus romances. *A maçã no escuro* parece ser o melhor exemplo disto. Alguns vocábulos servem de eixo e têm um sentido específico no léxico de Clarice. Fora isto, seria de se estudar também a utilização ou aproximação de sua linguagem bíblica e cabalística e a maneira de tirar daí alguns *topos* de sua composição. Esse aspecto – a linguagem – para ser melhor tratado teria de ser vinculado aos textos-depoimentos da romancista reunidos, por exemplo, em "Fundo de gaveta".

5. *Família*. É bem apropriado o título – *Laços de Família*. Aí pelo menos 9 dos 13 contos centram-se em personagens no ambiente familiar. Mas a família em Clarice não é pretexto para análise de relações psicológicas e discussão dos costumes. Ela surpreende o trivial, o corriqueiro da situação familiar e espreita atrás do cotidiano o advento de uma epifania qualquer.

6. *Objeto*. Uma insistente dialética de sujeitos e objetos se monta em todas as suas narrativas, ora o sujeito vertido, ora o objeto convertido em sujeito. Essa identidade é parte da ocorrência epifânica quando o indivíduo se põe ao nível das coi-

sas, animais e dos outros homens. Animais e plantas se antropomorfizam num relacionamento onde os elementos perdem suas características minerais e vegetais e se convertem num outro Eu e num outro "Tu". Exemplo é "Ovo e a galinha", onde se anula a ideia de precedência de um elemento sobre o outro e se confirma a presença do "processo" que ultrapassa a todos os elementos.

Nesses tópicos se deveria estudar também um recurso formal presente em diversos contos, que é a referência a objetos recorrentemente. Em LF-1 refere-se várias vezes ao "chapéu da mulher"; em LF-2, ao saco de compras; em LF-3, ao copo de leite e ao vestido marrom; em LF-8, ao ônibus; em LF-9, ao chapéu; em LF-13, ao casaco marrom. Em LE-2 o objeto é a mesa; em LE-3, a casa; em LE-8, o chocolate. Se esses objetos são citados várias vezes dentro de cada conto, outros são citados por meio de vários contos, como é o caso dos óculos. Poder-se-ia fazer um estudo da presença e significado desses objetos, agrupando-os segundo certas características sêmicas e assinalando-se, sobretudo, o efeito formal que aí se obtém pela repetição.[15]

7. *Jogo/rito*. Esse aspecto vem ligado também a outros e vai ter seu sentido completado quando vinculado à epifania. Os limites entre o jogo e o rito são tênues. Esse jogo/rito que envolve os personagens surge como uma atividade involuntária, como realização daquilo que a ficcionista chama de "processo". O jogo aí é elemento interior ao rito. Toda a ação se manifesta como um ritual que comporta jogos curtos. No ritual, o resultado é sempre previsível, com poucas variações. O aleatório existe, mas não disturba as regras básicas da composição. Aí estão a tensão, a sensação de liberdade, a evasão da vida real, a representação – e

---

15 Indicamos aqui nesta análise alguns rumos para o estudo do tópico "repetição". Seria interessante ver: Paiva, *Contribuições para uma estilística da repetição*, 1961, e Teles, *Drummond: a estilística da repetição*, 1971.

uma série de outras características que Huizinga[16] aponta na natureza e significado do jogo.

A relação entre Sofia e o professor (LE-1) é entrevista como algo lúdico, pois ela desenvolve "o jogo de torná-lo infeliz". Em LE-9, a relação entre o menino e a prima é indiciada pelo "tabuleiro de damas" e pela "quadrilha de danças". Fora essa referência direta ao jogo, a ludicidade manifesta-se na narrativa, em geral no ritual que o Eu e o Outro estabelecem sob disfarces vários, que não escondem a bipolaridade e a transcorrência de uma partida, que passa pelos estágios que apontamos na leitura sintagmática. Esse jogo em Clarice não vem revestido de fanfarras e formas exteriores dinâmicas. Às vezes o jogo paira sobre o "nada", e é o "nada" que se atinge no paroxismo do rito. O nada como a outra face do "tudo" complementando a epifania e a visão das coisas.

8. *O Pai.* Muitas vezes referido sob o nome de Pai mesmo, outras de Mãe, "o par mais velho" ou outros, permanece essa imagem subjacente, que já invocara claramente no final de *A maçã no escuro* num insólito diálogo entre Pai/Filho, num plano totalmente simbólico. Variante dessa imagem é muita vez "o professor", presente em cinco desses contos (LF-8, 10, 12 e LE-1, 3) e marcadamente em romances como *Uma aprendizagem* e *Perto do coração selvagem*, além de *A maçã no escuro.*[17]

9. *Eu x Outro.* Em pelo menos 24 dos 26 contos tematiza-se o conflito entre duas figuras ou dois elementos, sendo que, em alguns, os termos "eu" e "outro" vêm destacados em grifo ou aspas. Exemplo disso está em LF-11 e LE-1, 3, 12, 13.

---

16 Huizinga, *Homo Ludens*, 1971. Este livro continua a ser o clássico sobre o assunto, e num trabalho mais longo sobre Clarice o livro deveria ser aproveitado com mais ênfase.

17 Em *A maçã no escuro*, o professor surge como o indivíduo que já sabe todas as respostas. Saber tudo impossibilita-o de escrever um livro, porque a escrita é uma descoberta contínua e ele, justamente porque tem as chaves nas mãos, não se interessa em (não pode) abrir as portas.

Dois contos que se opõem inversamente em sua feitura podem ser vistos mais de perto sob esse aspecto: "A mensagem" (LE-3) e "Os obedientes" (LE-12).

Em "A mensagem" (LE-3), trabalhando sobre a linguagem, a narradora contraponteia um rapaz e uma moça que se articulam por um código especial. Classificam o mundo e a si mesmos por meio de palavras comuns, a que dão um sentido especial: "coincidência", "evoluindo", "superei", "autênticos", "verdade", "normalidade", "mensagem", "poesia" etc. Numa primeira fase, rapaz e moça se consideram diferentes dos "outros". Tanto se identificam entre si que são sexualmente chamados de "híbridos". Depois que lhes ocorre a epifania – ladeados por um ônibus que avança, uma fachada de casa e um cemitério – descobrem a artificialidade de sua constituição. O resto do conto é o desmonte dos personagens, fazendo-os perceber melhor o seu próprio mundo e o mundo dos "outros", até que aproximando-se dos animais atingem o máximo de desamparo. A moça é vista sob a forma de um macaco de saias, e o rapaz desnorteado pela revelação acaba aclamando por "mamãe".

"Os obedientes" (LE-12) utiliza o mesmo esquema dual (A interagindo com B), mas segue caminho inverso. O casal antes se identificava com a "normalidade"; avessos à palavra "essencial", atingem a "idade crítica". Até então "a simetria lhes era a arte possível". O resto da narrativa mostra como "a mulher, tendo dado uma mordida numa *maçã*, sentiu quebrar-se um dente da frente". Rapidamente descreve como os dois sucumbem tragicamente ao passo do desequilíbrio descoberto.

10. *Epifania*. Como o dissemos anteriormente, esse termo tem aplicação específica dentro da Literatura. Em Clarice, a palavra epifania não aparece, mas toda a atmosfera se circunscreve por outros vocábulos e pelo ritual da própria escrita. Vocábulos surgem explicitando o campo semântico da revelação: "crise", "náusea", "inferno", "mensagem", "assassinato", "cólera",

"crime" são termos referenciadores da epifania. Se em alguns contos os personagens mal conseguem romper a pele do cotidiano e vislumbrar uma revelação qualquer, em outros o fato se dá com bastante clareza. É todo um jogo de equilíbrio e desequilíbrio entre um antes e um depois marcando a submissão a um processo que ultrapasse os actantes. Esse tópico sintetiza todos os demais.

O movimento que articula esses motivos recorrentes se torna mais claro quando passamos do nível dos personagens e descobrimos que a recorrência é um processo que a narradora usa para fixar seu universo simbólico. Na análise desse efeito e na confirmação de sua técnica, vejamos como isso se cumpre no nível seguinte.

PERSONAGENS

Conjuntos de personagens

Até agora em nossa análise percorremos as seguintes etapas: *a)* consideração das leituras mais significativas de Clarice por parte da crítica; *b)* proposição de quatro itens principais para análise; *c)* consideração da especificidade da narração de Clarice e o sentido da epifania; *d)* leitura sintagmática/horizontal das principais funções dos contos no polo das identidades; *e)* consideração das diferenças investigando na cadeia paradigmática os motivos recorrentes que se aglutinam solidariamente.

No nível dos personagens deve-se acentuar inicialmente que o personagem aqui não é "persona" no sentido tradicional. Se fosse essa a direção de nossa análise, estaríamos lidando com modelos psicológicos e psicanalíticos tentando sondar os "interiores" e a "profundidade" do pensar e sentir dos personagens dessas histórias.

Para efeito de análise, os personagens aqui estão convertidos em elementos que interagem dentro de uma estrutura configurada pela narração de Clarice. Tome-se "O ovo e a galinha" como exemplo bem acabado dessa observação. Despersonificados, esses elementos dizem mais amplamente do modo como a simbologia desenha seu *espectrum*. E a maneira mais eficiente de localizar o sentido da articulação desses tipos é agrupá-los segundo suas identidades em conjuntos que se definem a si mesmos na medida em que exigem propriedades semelhantes. Estudar, portanto, os personagens aqui não é tomar Joana, Alice e Almira, Sofia ou Catarina e conjecturar sobre suas motivações psicológicas ou os seus pensamentos em determinadas situações. Este estudo consiste em ver, além dos nomes, as similitudes dos elementos. Se estivéssemos a analisar Guimarães Rosa, certamente os nomes implicariam um sentido e diriam algo especificamente sobre a natureza dos personagens. Nele, o personagem desde o nome tem sua genealogia e estrutura determinadas. Em Clarice, o sentido onomástico, se existe,[18] não é sistemático. Por isto há que ver por detrás de todos os nomes dos personagens outros traços que os agrupem e deem sentido ao seu desempenho.

A primeira observação sobre os personagens dessas histórias é a predominância quase que absoluta de tipos femininos. Em LF, tirante "O crime do professor de matemática", que tem obviamente a figura do professor em primeiro plano e a do garoto de "Começos de uma fortuna", todos os demais giram em torno de figuras femininas. Em LE a situação pouco se altera, a única história que só tem personagens masculinos é "Uma amizade sincera" (LE-11), nas demais a mulher, quando não está so-

18 Sobre isto, além dos estudos críticos já realizados, ver suas cartas para o tradutor italiano. Aí ele explica a constituição onomástica de muitos personagens. Já em Clarice o trabalho não é sistemático. Levantando, no entanto, a eventual ênfase entre o nome e o personagem, veja o estudo de Hill, A construção do nome. In: *Cadernos da PUC*, n.6, 1971.

zinha, confronta-se com uma criança ou um homem. Com essa preponderante quantidade de elementos femininos não parece haver, se analisamos as histórias, nenhum interesse da autora em estabelecer díades entre homem/mulher, parecendo que as diferenças sexuais pouco sentido têm, uma vez que prevalece mais a alteridade sempre entre dois elementos, sejam quais forem: homem/mulher, mulher/animal, criança/criança, mulher/criança, homem/criança etc.

Melhor seria, talvez, tentar a compreensão do sistema conformador dos personagens, agrupando-os segundo outras características. Façamos outra tentativa: ver indistintamente que tipos mais se repetem nas histórias. Teríamos seis grupos de personagens:

1. professor
2. meninos-adolescentes
3. velhos
4. casais
5. dupla de amigos
6. homem/animal

Fazendo uma investida para configurar esses conjuntos, assim teríamos:

1. *Professor.* "Preciosidade" (LF-8), "Começos de uma fortuna" (LF-10) e principalmente "O crime do professor de matemática" (LF-12) tratam desse personagem, que volta em "Os desastres de Sofia" (LE-1). Essa figura oscila entre dois significados: ora é o indivíduo experimentado, hábil no jogo da vida e dos sentimentos guiando "o outro" (LE-1), ora é refúgio da racionalidade, um representante do raciocínio lógico e matemático. Seja, no entanto, diante de Sofia ou de outros alunos, seja diante do cão, o que se estabelece é um contraponto entre o Eu e o Outro, onde professor tanto pode ser o Eu quanto o Outro.

2. *Meninos-adolescentes.* São os tipos mais comuns depois das mulheres. Aí estão desafiadores, confrontando-se com

os adultos. Vejam-se Sofia diante do professor (LE-1), o menino Artur diante da família e da escola (LF-8), a moça e sua visão fantástica dos mascarados no jardim (LF-11), o confronto entre o menino e a prima (LE-9), e a tensão entre a menina Ofélia e a vizinha por causa do pintinho (LE-13).

3. *Velhos*. Significando sempre os excluídos da comunidade e surgindo manipulados pelos jovens, enfrentam os outros com seu olhar já internado lá em outra realidade. Vejam-se a velha que tem seu aniversário comemorado por todos os familiares (LF-5), o velho que é vigiado e analisado pela jovem enquanto janta (LF-7), e a velhinha que é levada de casa em casa como indesejável até morrer debaixo de uma árvore em Petrópolis (LE-7).

4. *Casais*. Construídos numa relação medial entre o Eu e o Outro, os casais se espelham em si mesmos na busca de identidade e identificação. A portuguesa em devaneios no fim de semana rodeada do marido e de um casal amigo (LF-1); o regresso de Ana à casa e ao marido depois da visão epifânica no Jardim Botânico (LF-2); o rapaz e a moça que queriam ser escritores e tanto se confundem que chegam a ser um par híbrido (LE-3); e, enfim, o casal obediente que sente a desintegração de sua vida simétrica quando perdem o ponto comum de referência (LE-12).

5. *Duplas de amigos*. Repete-se aqui o esquema do Eu e do Outro entre os casais. Vejam-se o relacionamento entre Laura e Carlota por meio das rosas (LF-4), o explorador e a menor mulher do mundo (LF-6), a filha que conduz a mãe à estação (LF-9), a relação agressiva de Altamira e Alice que acaba em crime e prisão (LE-8), e os dois amigos que se esforçam por manter uma amizade insustentável (LE-11).

6. *Homem/animal*. Um e outro se complementando e servindo de se espelhar e de se identificar, aí estão o homem e o animal se completando. Toda a família se movimenta em torno

da galinha que acaba sacrificada (LF-3); o professor de matemática enterrando a imagem de seu cão (LF-12); a mulher no zoológico procurando identidades (LF-13); a menina ruiva e o *basset* também ruivo (LE-6); a mulher e seu envolvimento mortal com as baratas (LE-10); além de muitos outros trechos e contos que se referem ora ao pinto, ora ao ovo e à própria galinha.

Esses agrupamentos são provisórios, mas já abrem espaço para uma formalização maior do raciocínio. Já nesses grupos heterogêneos sumariamente descritos, percebe-se a solidariedade entre dois elementos. Esses seis contos mostram a invariância de uma dualidade (Eu x Outro) sob disfarces vários. Procurando estabelecer um paradigma por meio de elementos aparentemente distintos, obteríamos os seguintes pares em oposição dentro da situação dos contos:

LAÇOS DE FAMÍLIA		LEGIÃO ESTRANGEIRA	
1. Rapariga x mulher de chapéu	(–)	1. Sofia x Professor	(+)
2. Ana x cego	(+)	2. Nós x mesa	(–)
3. Galinha x família	(–)	3. Rapaz x moça	(+)
4. Laura x Carlota	(+)	4. Mãe x menino	(–)
5. Velha x familiares	(+)	5. Ovo x galinha	(+)
6. Explorador x menor mulher do mundo	(+)	6. Menina x *basset*	(+)
7. Moça x velho	(+)	7. Velha x outros	(+)
8. Menina x assaltante	(+)	8. Altamira x Alice	(+)
9. Catarina x mãe	(+)	9. Menino x prima	(+)
10. Menina x outros	(–)	10. Mulher x baratas	(+)
11. Menina x mascarados	(+)	11. Amigo x amigo	(+)
12. Professor x cão	(+)	12. Marido x mulher	(+)
13. Mulher x búfalo	(+)	13. Mulher x Ofélia	(+)

Essas oposições não têm a mesma força em todos os contos. Há as oposições fortes (+) e as oposições fracas (-). As fortes seriam aquelas mantidas por todo o conto pelo confronto entre dois elementos permanentes funcionando como eixo da narrativa; as fracas seriam oposições eventuais, ou, então, em relação vaga a todo um conjunto de outros personagens.

Perfilando esses elementos aos pares, estamos dando maior rigor às anotações anteriores e marcando a rigidez da construção das histórias e as invariâncias. Essa operação verticalizante deve ser parte de outra anotação no nível da horizontalidade. Ou seja: a conversão de todos esses elementos em dois elementos simbólicos A x B ou Eu x Outro deve vir articulada com a leitura anterior já feita no plano sintagmático. Esses pares em alteridade não estão estaticamente dispostos, têm uma trajetória que coincide com as funções que estabelecemos anteriormente. São dois movimentos que se complementam. Tome-se como exemplo o próprio conto "Amor" (LF-2), já considerado anteriormente.

Num primeiro lance (colocação do personagem numa determinada situação) o Eu achava-se pervagando entre memórias e conjeturas amenas, pois o Outro, sob a forma do cego, ainda não despontou. Numa segunda etapa (preparação de um evento ou incidente discretamente pressentido), o Outro surge como potencial de ameaça, mas já "o mal estava feito", e ela não pode mais descartar-se de seu par. Sucede a terceira fase, ocorrência do incidente ou evento em que, arremessada num novo mundo de formas e forças primitivas, ela expõe-se à epifania. Ocorre-lhe a "náusea" do mundo, sente um fascínio pelo próprio nojo e pelo mundo "sujo" que acaba de vislumbrar. Graças ao cego, agora sofre o transe de ver as coisas e os seres. Na fase final (desfecho em que se mostra ou se considera a situação do personagem após o evento ou incidente) ela retorna de sua "vertigem", afastando-se do "perigo de viver".

O ponto de maior intensidade entre o Eu e o Outro situa-se no terceiro estágio, onde ocorre a epifania – certo momento necessário e insustentável de tensão. Depois do evento o personagem ou se deixa definitivamente perturbado ou regressa ao repouso inicial. Mas continuará para sempre "ferido nos olhos".

LÍNGUA(GEM)

A crítica, logo que leu o primeiro romance de Clarice Lispector (1944), foi unânime em ressaltar a novidade de seu "estilo". Daí para a frente tem se preservado esse espanto e se tem prometido um estudo dessa língua tão individualizada. Importante, além disso, é observar que o "estilo" ou modo de Clarice escrever permaneceu quase inalterado ao longo de sua trajetória. Rigorosamente, todos os efeitos frásicos que conseguiu em *Perto do coração selvagem* repetem-se insistentemente nos demais romances e nos contos. Essa escrita que se repete faz da repetição seu modo de construção. Repete-se circularmente num exercício de modelos inconscientes dos quais a autora não se desgarra, antes, cultiva insistentemente, tanto mais professa a ideia de que escrever é *procurar*: "esse modo, esse 'estilo' (!), já foi chamado de várias coisas, mas não do que realmente e apenas é: uma procura humilde. Nunca tive um só problema de expressão, meu problema é muito mais grave: é o de concepção" (p.114).

O giro desse novelo narrativo sobre seus fusos, essa procura do tecido e da teia, faria da repetição seu recurso natural: "a repetição me é agradável, e repetição acontecendo no mesmo lugar termina cavando pouco a pouco, cantilena enjoada diz alguma coisa" (p.175). E essa recorrência se dá, pelo menos, em dois níveis: no nível estilístico propriamente dito, pela utilização de anáforas, e no nível simbólico, reempregando as mesmas imagens convertidas em motivos recorrentes.

Nesses contos, tomem-se dois exemplos. Primeiramente "O ovo e a galinha". Desenrola-se aí toda uma cartilha de alterações em que as palavras se repetem exaustivamente, porque é uma sensação-ideia que ela exaustivamente "procura". "Só vê o ovo quem já o tiver visto. Ao ver o ovo é tarde demais: ovo visto, ovo perdido. Ver o ovo é a promessa de um dia chegar a ver o ovo" (p.55). E assim vai se compondo a história dentro da história, a palavra dentro da palavra exatamente como aquela caixa chinesa que contivesse outra caixa, que contivesse outra caixa etc.

Se uma história se repete na outra, se a invariância permanece, as histórias não são mais que uma só história que se procura a si mesma desesperadamente, como aquela "Quinta história" interminável. Interminável porque

> Esta história poderia chamar-se 'As estátuas'. Outro nome possível é 'O assassinato'. E também 'Como matar baratas'. Farei então pelo menos três histórias, verdadeiras porque nenhuma delas mente a outra. Embora uma única, seriam mil e uma, se mil e uma noites me dessem (p.91).

Como uma Scheherazade a fazer e refazer o novelo da narração, a retomar seus motivos recorrentemente. "A quinta história" é a narração de pelo menos seis histórias, mais, portanto, do que sugere o título. Aí estão indicadas as cinco histórias, mais a história de como as cinco se contam. É a narração se curvando sobre si mesma.

Já diante de um tema único para desenvolver, Sofia (LE-1) percebe a multiplicidade de histórias dentro da história: "Meu enleio vem de que um tapete é feito de tantos fios que não posso me resignar a seguir um fio só: meu enredamento vem de que uma história é feita de muitas histórias" (p.11).

A repetição em Clarice está presa a um processo instintivo e irracional de firmar a "procura". Por isso merece atenção a distinção que ela faz entre "expressão" e "concepção", adiantando que a expressão enquanto rebuscamento formal não lhe interessa. Interessa-lhe, isto sim, a concepção geral, a grande gênese, a pesquisa interior e surda efetivada por radares nada racionais e inteligentes. Por isso é que a constituição da frase em Clarice tem de ser estudada a partir da compreensão geral da estrutura de sua ficção. Sem essa visão de conjunto, de "concepção" como diz, há o perigo de se fixar restrito ao elemento pequeno da frase sem subir ao plano geral de elaboração da obra.

É importante para encaminhar esse aspecto reler a série de observações que faz nos contos e romances e nos seus depoimentos sobre o lugar que a inteligência ocupa na elaboração de sua obra. Não é simplesmente para escandalizar que ela diz que "escrevo pela incapacidade de entender, sem ser pelo processo de escrever (...) Minhas intuições se tornam mais claras ao esforço de transpô-las em palavras. É nesse sentido, pois, que escrever me é uma necessidade" (p.145). Ainda que soe um paradoxo, portanto, a escrita inteligente de Clarice não é, em absoluto, inteligente, é o avesso da não inteligência das coisas: "para compreender minha não inteligência fui obrigada a me tornar inteligente" (p.142).

Não estranha que a frase em Clarice, tão inteligente como soa, seja na verdade ininteligível diante das medidas convencionais da inteligência. Já em seu primeiro romance podia haver frases assim: "O pai morrera como o mar era fundo" – quebrando o convencional da lógica ao subtrair um elemento intermediário no pensamento. Daí o inusitado de sua construção. Inusitado, no entanto, apenas no sentido imagético e semântico, não na sintaxe. É esse mesmo recurso do absurdo aparente empregado reincidentemente em todos os seus romances. *A maçã no escuro* possui uma frase que fora do contexto de Clarice soaria totalmente *nonsense*: "O melhor momento de minha vida foi quando as tropas de Napoleão entraram em Paris" (p. 131). Como essa, muitas outras frases tocam o leitor por meios transversos e esguios. Qual, por exemplo, o sentido dessa expressão em "Os desastres de Sofia" (LE-1)? "... amava-o como uma criança que tenta desastradamente proteger um adulto, *com a cólera de quem ainda não foi covarde* e vê um homem forte de ombros tão curvos" (p.10). Os termos cólera/covarde e a comparação parecem em sintonia aleatória, constituindo insólita abstração.

A presença de inúmeros absurdos, paradoxos e abstrações inusitadas confirmam em Clarice a impossibilidade de se medir sua frase pela lógica comum, pela gramática do dia a dia, pela semântica da simplicidade. Por isso que, estranhamente, o sentido de suas frases não está isolado em suas frases, mas desce da "concepção" geral forjando a "expressão". Talvez isso fosse o mesmo que dizer que nela a ficção baixa do geral para o particular, e nunca do particular para o geral. É o grande plano que ainda domina. Sua leitura mais aproximada deve captar os elos que faltam no plano do enunciado. Assim como o personagem Martin e muitos outros, que chegam à epifania passando por cima de vazios, a romancista que dissera: "explicando como é que um pé segue o outro ninguém reconhece o andar" (*A maçã no escuro*, p.153), é a mesma que diz: mas já que se há de escrever, que ao menos não se esmaguem com palavras as entrelinhas, como o vazio que a razão não pode preencher e que, no entanto, deve ser captado de algum modo. A palavra cheia contra o nada. Escrever como uma maneira ruidosa de captar o silêncio:

> Então escrever é o modo de quem tem a palavra como isca: a palavra pescando o que não é palavra. Quando essa não palavra morde a isca, alguma coisa se escreveu. Uma vez que se pescou a entrelinha, podia-se com alívio jogar a palavra fora. Mas aí cessa a analogia: a não palavra, ao morder a isca, incorporou-a. O que salva então é ler "distraidamente" (*Legião estrangeira*, p.143).

O texto de Clarice repõe um problema para a crítica enquanto fazer racionalizante. Implícita e explicitamente, na ficção e nos depoimentos ela afirma a supremacia de um "processo" que nos ultrapassa a todos: "Quem sabe se o nosso objetivo estava em sermos o processo. O absurdo dessa verdade então o envolveu. E se assim for, oh! Deus – a grande resignação que se precisa ter em aceitar que nossa beleza maior nos escape, se nós formos apenas o processo" (*A maçã no escuro*, p.193). Assim posto, o personagem é transpassado por um sentido além e aquém dele, o qual nunca compreende por inteiro, apenas por reflexo platônico – como no mito das sombras da caverna. A posição do personagem é, então, essencialmente simbolista, no sentido de que ele apenas se aproxima de uma verdade, sempre ausente e inatingível. Nessa situação ele apenas "alude" à verdade: "seria essa nossa máxima concretização: tentar aludir ao que em silêncio sabemos?" (Idem, p.192).

A narrativa seria essa constante alusão, esse reflexo de uma verdade impossível de ser configurada, não obstante insistentemente projetada aos olhos ávidos de uma visão epifânica.

A epifania mostra-se, então, como o momento de exceção por meio do qual o indivíduo tem uma noção do que poderia ver e ter semelhante à posição do próprio narrador diante da coisa que narra, ou do narrador diante da linguagem. A linguagem alude, é a possibilidade do impossível, o êxito do fracasso, a tentativa de fala diante do silêncio. Quando a epifania não ocorre, o silêncio cobre o personagem, ele não atinge a linguagem. Perseguindo a linguagem, o narrador pode chegar a entender alguma coisa, compreender não inteligentemente, procurar, pescar nas entrelinhas, apanhar o elo que falta, aludir àquilo que todavia ausente, no entanto, rebrilha na letra.

Sintetizando se poderia pôr: não epifania = silêncio. A curva que a maioria dos personagens traça é essa inclusão e exclusão da epifania, a lembrança de um certo momento atingido ou por atingir. E assim a obra vai se formando de momentos epifânicos, transformando-se ela mesma na materialização da epifania – em – processo apesar dos elos vazios que (também) compõem o todo.

A crítica tem diante de si a tarefa de ler tanto a linha quanto a "entrelinha", na medida em que pretende compreender a obra sintagmática e paradigmaticamente, resultando desse eixo modelos de apreensão de sua estrutura. À simplicidade da sintaxe parece ajuntar-se a complexidade da semântica de Clarice. Sua sintaxe parece estar do lado sintagmático e da simplicidade, e nessa ficção a semântica perfila-se com o paradigmático e com a complexidade. Considere, portanto, a necessidade de se pesquisar o léxico sistêmico e fundamental de Clarice, uma vez que as palavras aqui têm um sentido específico. Assim como o rapaz e a moça de "A mensagem" constituíram uma senha especial para se comunicarem, em oposição ao código vigente, também a narradora refaz o sentido de certas palavras ordinárias da língua, já insinuando seu sentido com aspas e grifos. A "mensagem" pode ser localizada ainda que no seu sentido inverso, correndo o sentido do contrário da lógica do cotidiano, como nesses contos em que ela constrói "contrariando o sentido real da história" (p.17). Em suas considerações analíticas embrionárias, Sofia já "estava começando a tirar a moral das histórias", mas o sentido que dava era diverso do que previa o professor e o resto da classe.

Tal era a história ordinária:

> o que ele contou: um homem muito pobre sonhara que descobrira um tesouro e ficara muito rico; acordando, arrumara sua trouxa, saíra em busca do tesouro; andara o mundo inteiro e continuava sem achar o tesouro; cansado voltara para a sua pobre, pobre casinha; e como não tinha o que comer, começara a plantar no seu pobre quintal; tanto plantara tanto colhera, tanto começara a vender que terminara ficando rico (p.15).

Tal é a leitura diferente que Sofia faz da história:

Provavelmente o que o professor quisera deixar implícito na sua história triste é que o trabalho árduo era o único modo de se chegar a ter fortuna. Mas levianamente eu concluíra pela moral oposta: alguma coisa sobre o tesouro que se disfarça, que está onde menos se espera, que é só descobrir, acho que falei em sujos quintais com tesouros (p.17).

Tal é a leitura e tarefa do crítico: pode ir em busca do sentido ordinário da história, querendo tirar a mesma moral de que "o trabalho árduo era o único modo de se chegar a ter fortuna". Mas essa também pode ser uma "história triste" que convém ao pensamento racionalizante e devorador de sua própria pobreza. A descoberta de Sofia – "o tesouro que está escondido onde menos se espera" é que fascina o professor. Leitura não das linhas, mas das entrelinhas. Leitura inversa ao tema proposto. Leitura que bem pode servir de parábola ao ato de criticar e analisar. Pode se dar que o crítico ande também o mundo ficcional de Clarice e não lhe descubra o tesouro onde ele aparentemente mais se exibe. Pode a riqueza estar do lado de fora, no vazio insituável. Pode até ser atingido aleatoriamente, estar escondido onde menos se espera, por exemplo, nos sujos quintais ou na impureza dos métodos aplicados na análise.

Referências bibliográficas

ABELSON, R. P., ARONSON, E., MCGUIRE, W. J., NEWCOMB, T. M., ROSENBERG, M. J., & TANNENBAUM, P. H. (Eds.), *Theories of cognitive consistency*: a sourcebook. Chicago: Rand Mc Nally and Company, 1968.

ALENCAR, J. de. *Cinco minutos*. Rio de Janeiro: Letras e Artes, 1964.

______. *Encarnação*. São Paulo: Ática, 1998.

______. *Lucíola*. São Paulo: Ática, 1998.

______. *O Guarani*. Edição crítica por Darcy Damasceno. Rio de Janeiro: INL, 1958.

ANDRADE. C. D. de. *Claro enigma*. Rio de Janeiro: J. Olympio, 1951.

AQUINO, S. T. de. *Suma teológica*. Tradução e adaptação por R. P. Tomaz Pegues, O. P. Taubaté: Editora S. C. J, 1942.

ARISTÓTELES. *Arte retórica e arte poética*. Rio de Janeiro: Ediouro, 1998.

ASSIS, M. de. *Esaú e Jacó*. São Paulo: Globo, 1992.

______. *Memórias póstumas de Brás Cubas*. São Paulo: Ática, 1997.

AZEVEDO, A. *O cortiço*. Rio de Janeiro: Martins, 1968.

BADIOU, A. A autonomia do processo estético. In: COELHO, E. P. (Org.). *Estruturalismo*. Lisboa: Portugália Editora, 1968.

BADIOU, A. *Le concept de modèle*. Paris: Maspero, 1972.

______. O re-começo do materialismo dialético. In: *Estruturalismo*: antologia de textos teóricos. Lisboa: Portugália, 1968.

BARTHES, R. et al. *Literatura e semiologia*. Petrópolis: Vozes, 1971.

BARTHES, R. Introduction à l'analyse structurale des récits. In: *Communications*. Paris: Seuil, 1966.

BENVENISTE, E. *Problemas de linguística geral I*. 2.ed. Campinas: Editora da Unicamp/Pontes, 1998.

BOAS, F. *Race language and culture.* Nova York: The Free Press, 1966.

BREHN. *Explorations in cognitive dissonance.* Nova York: John Wiley & Sons, 1962.

CAMPBELL, J.; ROBINSON, H. M, Introdução a um assunto estranho. In: *Panorama do Finnegans Wake.* Trad. Augusto e Haroldo de Campos. São Paulo: Conselho Estadual de Cultura, 1962.

CAMPOS, A. et al. *Ezra Pound cantares.* Rio de Janeiro: MEC, 1960.

CAMPOS, H. de. Notas à margem de uma análise de Pessoa. In: JAKOBSON, R. *Linguística, poética, cinema.* São Paulo: Perspectiva, 1970.

CANDIDO, A. *Ficção e confissão.* São Paulo: Martins, [s. d.].

_______. *Vários escritos.* São Paulo: Duas Cidades, 1970.

COELHO, E. P. (Org.). *Estruturalismo*: antologia de textos teóricos. Lisboa: Portugália, 1968.

CORTÁZAR, J. *La rayuela.* Buenos Aires: Ed. Sudamericana, 1963.

CURTIUS, E. *Literatura europeia e Idade Média latina.* Rio de Janeiro: INL, 1967.

DIÈGUES, M. de. *Science et nescience.* Paris: Gallimard, 1970.

ECO, U. *Apocalípticos e integrados.* São Paulo: Perspectiva, 1970.

_______. *Obra aberta.* São Paulo: Perspectiva, 1968.

ELIOT, T. S. Tradition and individual talent. In: *Selected prose.* London: Penguin, 1955.

ERLICH, V. *Il Formalismo russo.* Milano: Bompiani, 1966.

FERREIRA, A. B. de H. et al. *Pequeno dicionário brasileiro da língua portuguesa.* Rio de Janeiro/São Paulo/Bahia: Civilização Brasileira/ Nacional, 1957.

FOUCAULT, M. *Les mots et les choses.* Paris: Gallimard, 1966.

FREUD, S. *Obras completas.* Madrid: Ed. Biblioteca Nueva, 1948. v.2.

HAUSER, A. *Historia social de la literatura y el arte.* Madrid: Ed. Guadarram, 1969. v.2.

HEISENBERG, W. *Das Naturbild der heutigen Physik.* Hamburgo: Rowohlt, 1957.

HENDRY, I. Joyce's epiphanies. In: JOLAS, E. et al. *James Joyce two decades of criticism.* Nova York: Vanguard Press, 1963.

HILL, A. A construção do nome. In: *Cadernos da PUC,* n.6, 1971.

HUIZINGA, J. *Homo Ludens.* São Paulo: Perspectiva, 1971.

HULL, L. W. *Historia y filosofía de la cienci*. Barcelona: Ediciones Ariel, 1961.

JOLAS, E. et al. *James Joyce: two decades of criticism*. Nova York: Vanguard Press, 1963.

JOYCE, J. *Finnegans Wake*. Londres: Faber & Faber, [s.d.].

KATZ, C. S. et al. *Dicionário crítico de comunicação*. Rio de Janeiro: Paz e Terra, 1971.

LAFETÁ, João Luiz. "O mundo à revelia", in RAMOS, Graciliano. *São Bernardo*. São Paulo: Martins, 1974.

LEFORT, C. A troca e a luta dos homens. In: HEUCH, L. de et al. *O método estruturalista*. Rio de Janeiro: Zahar, 1967.

LÉVI-STRAUSS, C. *Antropologia estrutural*. Trad. Beatriz Perrone-Moisés. São Paulo: Cosac-Naify, 2008.

______. *L'origine des manières de table*. Paris: Plon, 1968.

______. *Le cru et le cuit*. Paris: Plon, 1964.

______. *O pensamento selvagem*. São Paulo: Nacional, 1970.

LIMA, L. C. Clarice Lispector. In: *A literatura no Brasil*. v.5. Rio de Janeiro: [s. n.], 1970.

______. Realismo referencial e realismo sistêmico. *Cadernos da PUC*, n.6, 1971.

LINS, A. *Os mortos de sobrecasaca*. Rio de Janeiro: Civilização Brasileira, 1963.

LISPECTOR, C. *A legião estrangeira*. Rio de Janeiro: Sabiá, 1964.

______. *A maçã no escuro*. São Paulo: Rocco, 1998.

MACEDO, J. M. de. *A moreninha*. São Paulo: Ática, 1998.

MACHADO, J. P. *Dicionário etimológico da língua portuguesa*. Lisboa: [s.n.], 1956.

MANNONI, O. *Chaves para o imaginário*. Petrópolis: Vozes, 1973.

MARTINS, José de Barros (org). *Jorge Amado: Povo e terra. 40 anos de literatura*. São Paulo: Martins, 1972.

MASON, E.; ELLMAN, R. *James Joyce the critical writings*. Nova York: Ells Worth Mason & Richard Ellman, 1959.

MORAZÉ, C. *Os burgueses*: a conquista do mundo (1780-1895). Lisboa/ Rio de Janeiro: Edições Cosmo, 1965.

NUNES, B. *O dorso do tigre*. São Paulo: Perspectiva, 1970.

PAIVA, M. H. N. *Contribuições para uma estilística da repetição*. Lisboa: [s.n.], 1961.

POUND, E. *ABC da literatura*. São Paulo: Cultrix, 1970.

RAMOS, G. *Vidas secas*. 6.ed. São Paulo: Martins, 1960.

RODRIGUES, A. Consistência cognitiva e comportamento social. In: *Arquivo Brasileiro de Psicologia Aplicada*. Rio de Janeiro: [s.n.], abril/junho, 1969.

SANT'ANNA, A. R. de. *Drummond:* o gauche no tempo. Rio de Janeiro: Lia Editor, 1972.

______. "O cortiço". In *Análise estrutural de romances brasileiros*. Petrópolis: Vozes, 1973.

SCHWARZ, R. *A sereia e o desconfiado*. Rio de Janeiro: Civilização Brasileira, 1965.

SYPHER, W. *Loss of the self in modern literature and art*. Nova York: Random House, 1962.

TELES, G. M. *Drummond:* a estilística da repetição. Rio de Janeiro: José Olympio, 1971.

The Random House Dictionary S. V. Nova York: Random House, 1980.

TODOROV, T. *As estruturas narrativas*. São Paulo: Perspectiva, 1969.

TYNIANOV, J. Da evolução literária. In: *Teoria da literatura*: formalistas russos. Porto Alegre: Globo, 1971.

SOBRE O LIVRO

FORMATO: 14 x 21 cm
MANCHA: 23,7 x 40,8 paicas
TIPOLOGIA: Garamond Pro 10/15,5
PAPEL MIOLO: Off-white 80 g/m^2
PAPEL CAPA: Cartão Supremo 250 g/m^2
1ª EDIÇÃO: 2012

EQUIPE DE REALIZAÇÃO

ASSISTÊNCIA EDITORIAL: Olivia Frade Zambone
PREPARAÇÃO DE TEXTO: Sâmia Rios
REVISÃO DE TEXTO: Jean Xavier
CAPA: Estúdio Bogari
PROJETO GRÁFICO: Isabel Carballo
EDITORAÇÃO ELETRÔNICA: Eduardo Seiji Seki